JN440851

京山制 불교음악 I

개성지역 불교음악과의 관련성

京山制 불교음악 I

개성지역 불교음악과의 관련성

초판1쇄 발행 2013년 12월 24일

지은이 손인애 **펴낸이** 홍기원
편집주간 박호원 **총괄** 홍종화 **디자인** 정춘경 · 이효진
편집 오경희 · 조정화 · 오성현 · 신나래 · 정고은 · 김정하 · 김선아
관리 박정대 · 최기엽
펴낸곳 민속원 **출판등록** 제18-1호
주소 서울 마포구 대흥동 337-25 **전화** 02) 804-3320, 805-3320, 806-3320(代) **팩스** 02) 802-3346
이메일 minsok1@chollian.net, minsokwon@naver.com
홈페이지 www.minsokwon.com

ISBN 978-89-285-0543-2 93670

ⓒ 손인애, 2013
ⓒ 민속원, 2013, Printed in Seoul, Korea

저작권법에 의해 한국 내에서 보호를 받는 저작물이므로 무단전재와 복제를 금합니다.
이 책 내용의 전부 또는 일부를 이용하려면 반드시 저작권자와 민속원의 서면동의를 받아야 합니다.
이 도서의 국립중앙도서관 출판시도서목록(CIP)은 서지정보유통지원시스템 홈페이지(http://seoji.nl.go.kr)와 국가자료공동목록시스템(http://www.nl.go.kr/kolisnet)에서 이용하실 수 있습니다. (CIP제어번호 : CIP2013028664)

책 값은 뒤표지에 있습니다.
잘못된 책은 바꾸어 드립니다.

京山制 불교음악 I

개성지역 불교음악과의 관련성

손인애

민속원

책머리에

나의 불교음악 연구는 불교와의 인연으로 시작되었다. 사실 불교음악은 참 심오하고 어렵다. 비록 한국음악을 20년 가까이 공부했지만, 불교음악을 제대로 연구하는 것이 결코 쉽지 않았다. 이러한 어려움은 나를 서울 봉원사의 옥천범음대학으로 향하게 하였고, 그곳에서 좋은 인연들과 불교음악의 진수를 접하며 본격적으로 연구하게 되었다.

본 저서는 그 첫 번째 결과물로, 京山制(또는 京制) 불교음악에 대한 史적 연구이다. 현재 서울과 일부 경기지역을 중심으로 전승되고 있는 경산제는, 다른 지역 불교의식음악에도 영향을 끼치며 한국 불교음악의 주류를 이루고 있다. 그런데 경산제 불교음악의 형성과 발전에는 서울뿐 아니라 개성지역 불교음악의 영향도 지대했던 사실을 우연찮게 발견하게 되었고, 이 책은 이에 대한 논의를 중심으로 정리한 것이다.

이 저서가 나오기까지 도움을 주신 고마운 분들이 참 많다. 귀중한 조언이나 자료를 기꺼이 내주신 구해스님, 일운스님, 만춘스님, 원명스님, 인묵스님, 법안스님, 원허스님, 지허스님, 법현스님, 해사스님, 혜일스님, 수범스님, 이보형 선생님, 권오성 선생님, 최헌 선생님, 윤소희 선생님, 이성운 선생님, 그리고 불교음악을 연구하도록 정신적인 격려와 지지를 아끼지 않으셨던 나의 스승 임조스님, 출판과 번역을 도와주신 민속원 식구들, 이종찬 선생님, 그리고 영원한 나의 후원자인 가족들…모두 진심으로 감사드립니다.

2013년 12월

손인애 합장

차례

제2장 경제 바라춤 관련 음악 039

참고 악보

제2장 경제 바라춤 관련 음악

제1절 〈복청게伏請偈〉

제2절 〈천수바라千手哱羅〉

제3절 〈사다라니四多羅尼〉

제4절 〈보공양진언普供養眞言〉 · 〈보회향진언普回向眞言〉

제5절 〈화의재진언化衣財眞言〉

제3장 경제 〈화청〉계통 음악

제1절 〈축원화청〉

제2절 〈화청〉

제4장 경제 태평소 음악

채보에 대하여

□ 참고악보는 본문의 내용을 보다 원활하게 이해하기 위해, 각 장의 절마다 논의에 이어 같이 수록하였다.

□ 이 책에서 다루는 연구대상 중 이른바 성악인 염불은 대개 송암스님 창의 실음을, 기악인 태평소 가락은 〈대취타〉의 실음에 맞춰 채보하였다.

□ 채보는 최대한 들리는 대로 시가와 음고를 오선보 내에 수용하되, 음계에서 벗어난 미분음의 경우 가장 가까운 음으로 채보하였고, 약간 높은 음(↑)과 낮은 음(↓)을 표시하였다.

□ 박자는 서양음악의 박자개념과 달리 장단 또는 선율 악구 단위로 설정하여, 3/♩., 4/♩., 5/♩., 6/♩.와 같이 표기하였고, 불규칙박자는 박자표기 없이 기보하였다.

□ 3소박(♩.) 불규칙 박자로 된 소리는 최대한 한 악구 또는 한 소절에 해당하는 선율을 1행에 그렸다.

□ 원칙적으로 성악곡은 음표를 음절 단위로 그려 넣지만, 본고에서는 3소박 단위로 음표를 묶어 기보하였다. 이것이 한국음악의 박자구조를 제대로 표현하고, 시각적으로 알아보기 쉽다고 생각되기 때문이다.

□ 요성은 수심가토리계통의 굵게 떠는 음(﹏)과 다른 토리의 보통으로 떠는 음(~~~)을 구분하여 주었고, 흘러내리는 음은 ㄱ, 밀어올리는 음은 ノ로 표시하였다.

□ 長音 중 음의 길이가 해당 박보다 좀 길 때에는 𝄐를 표시하였다.

□ 가창자가 박자를 제대로 채우지 못하는 경우, 해당 박자 또는 마디에 '괄호( )'를 표시하였다.

□ 사설은 들리는 대로 최대한 정확히 받아 적는 것을 원칙으로 하되, 알아듣기 어려운 경우는 ○○로 표기하였다.

京山制
불교음악 I
개성지역 불교음악과의 관련성

서론

경산제, 또는 경제라 부르는 범패[1]는 경기 일대도 속하지만 대개 서울 중심의 소리로 인식되어왔다.[2] 이에 경토리[3] 외 경상도음악어법인 메나리토리[4]와 서도음악어법인 수심가토리[5]도 많이 나타나지만,[6] 대부분 서울을 중심

1 • 경제 어장스님들은 서울, 경기지역의 불교음악을 '경제'보다 '경산제'라고 많이 부른다. 그러나 현재 학계에서는 보편적으로 경제라고 일컬어, 본문에서는 이를 따르고자 한다.

2 • 홍윤식, 「범패자료조사기」, 『문화재』 제2집, 서울 : 국립문화재연구소, 1966, 137쪽.
한만영, 「불교음악개설」, 『한국불교음악연구』, 서울 : 서울대학교 출판부, 1980, 16~18쪽.

3 • 경토리는 경기지역 음악의 전형적인 토리로, sol, la, do', re', mi'의 5음이 고르게 나타난다. 그래도 이 중 sol과 do'의 4도 관계가 선율진행의 중심이 되며, sol 또는 do'로 종지한다. 그런데 예전에는 do'와 함께 서도지역 음악어법인 수심가토리처럼 re'(기음의 5도 위)에도 요성이 있었지만, 현재는 요성의 기능이 많이 쇠퇴하여 do'를 중심으로 약한 요성이 나타난다. 이보형, 「경·서토리 음구조 유형에 관한 연구」, 서울 : 국립문화재연구소, 1992 참조.

4 • 메나리토리는 주요 구성음이 mi, sol, la, do', re'이며, mi-la-do'의 4도+3도 관계가 선율진행의 중심이 된다. 그런데 이 토리는 선율이 상행할 때와 하행할 때의 음조직과 시김새가 조금 차이가 있다. 즉, 대개 상행할 때는 re'-do'에 짧은 퇴성이 나타난다면, 하행할 때는 이들 음에 서서히 점진적으로 흘러내리는 퇴성이 나타나며 sol도 이때만 출현한다. 이보형, 「경·서토리 음구조 유형에 관한 연구」 참조.

5 • 수심가토리는 주요 구성음이 re, mi, sol, la, do'의 5음이며, 이 중 re-la-do'의 5도+3도 관계가 선율진행의 중심을 이룬다. do'에는 퇴성(꺾는 목), la에는 선율의 중심이 되는 기능과 함께 서도 특유의 콧소리로 탈탈 떠는 요성이 나타난다. 이보형, 「경·서토리 음구조 유형에 관한 연구」 참조.

6 • 장휘주, 「범패 홋소리의 음조직 유형 연구」, 『한국음악연구』 제45집, 서울 : 한국국악학회, 2009.6.

으로 형성, 전승된 염불로 여겨졌다. 그런데 1960~1970년대 경제 범패[7]에는 현행보다 수심가토리의 서도음악어법을 근간으로 하거나 그 특징이 나타나는 소리들이 많이 발견된다.

현재 중요무형문화재 제50호 영산재 보유자인 구해스님에 의하면,[8] 파주 장단 출신인 벽응스님과 경제 제3대 중흥조인 송암스님으로부터 "경산소리는 개성소리와 서울소리가 모인 것이다.", "예전에는 개성 염불이 세가 크며 매우 흥했다.", "서울은 개성을 중심으로 황해도, 평안도의 웃녘 지역과 (범패) 교류가 많았다."라는 말을 자주 들었다고 한다. 또한 "송암스님이 분단 이전에는 개성에 자주 행사(재)를 다녔다."고 하여, 예전에는 서울과 개성의 범패 교류가 매우 활발했던 것으로 보인다. 과거 개성은 고려시대 수도로 불교 세력이 강하였고, 살기 좋은 지리적 조건 아래 조선시대 수도인 한양 및 평양과 더불어 대표적인 상업 도시로 경제적 기반이 풍부하였다고 하므로,[9] 불교의 재의식齋儀式이 매우 융성했을 것으로 추정된다. '고려 광종 14년(963년)에 개성 귀법사에서 수륙재를 지냈다'는 기록[10]도 이러한 사실을 뒷받침해준다. 그리고 전통시대에는 황해도 남부와 서울, 경기 서북부 지역이 음악 문화적으로 밀접했던 사실이 굿, 향토민요, 통속민요 등 다른 민속악 장르에서도 두루 확인된다.[11] 따라서 이상의 정황들은 경제 범패에 개성

이 글에는 경제 범패에 나타나는 다양한 토리 유형들이 상세히 조사되어있다.

7• 불교음악은 문화재 조사과정에서 1960년대 이후 음원 자료가 제대로 마련되기 시작하였기 때문에, 이 시기의 소리가 거의 가장 오래된 범패 음원에 해당한다.

8• 2011년 1월 29일 구해스님 대담 외 여러 차례 전화 통화.

9• 임봉식, 『開城誌』, 서울 : 경인문화사, 2000; 송경록, 『북한 향토사학자가 쓴 개성이야기』, 서울 : 푸른숲, 2000 참조.

10• 『고려사』 권93 열전 제6 中.
此弊始於光宗, 崇信讒邪, 多殺無辜, 惑於浮屠果報之說, 欲除罪業, 浚民膏血, 多作佛事. 或設毗盧遮那懺悔法, 或齋僧於毬庭, 或設無遮水陸會於歸法寺. 每値佛齋日, 必供乞食僧, 或以內道場餠果, 出施丐者.

11• 이보형, 『경·서토리 음구조 음형에 관한 연구』, 1992; 졸고, 「20세기 전·후반기 경·서도 통속민요의 변모 양상」, 『경기전통예술 시리즈 II – 경기잡가』, 수원 : 경기도국악당, 2006 참조.

에서 발생한 염불이 많이 수용되어 있을 가능성을 짐작케 한다.

현행 경제 범패는 20세기 초 봉원사에서 전승되는 범패가 유명무실하여, 이에 위기를 느낀 제1대 중흥조 월하스님이 재건한 사실은 이미 널리 알려진 바이다.[12] 이 과정에서 새로운 염불도 만들어졌겠지만, 인근 지역의 흥성했던 범패의 수용이나 그 영향도 충분히 가능했으리라 생각된다. 그런데 지금까지 경제와 개성지역 불교음악[13]의 관계에 대한 연구는 필자가 논의하기 이전에는 거의 전무하였다. 또한 지금까지 경제 범패의 음악적 연구는 대개 특정 시대(거의 20세기 후반)에 국한되고, 연구 대상은 봉원사의 송암스님 창에 집중되어, 그 전·후 세대의 다른 범패승에 대한 음악적 연구도 매우 미진하다.[14]

12• 만춘스님,『한국불교각론 II 시련·재대령·관욕』, 서울: 한국불교출판부, 2002. 月河堂慧芸大宗師功德碑(文) 참조. 영산재 보유자인 구해스님에 의하면, 월하스님 이전에는 서울에서 백련사 어산이 큰 나라재도 많이 주관하며 주류를 이루었다고 한다. 이에 월하스님이 20세기 초 봉원사 범패의 쇄신을 위해 대대적인 중흥을 도모하였다고 한다. 2011년 1월 29일 구해스님 대담.

13• 서울과 개성은 과거 같은 경제 범패권이었던 것으로 보인다. 그런데 현재 서울 중심의 소리로 인식되고 있는 경제와 비교하기 위해, 이하 본고에서는 '개성(지역) 불교음악', 또는 '개성(지역) 범패'라고 구분하여 부르고자 한다.

14• 경제 범패의 음악적 연구는 1960년대 한만영에 의해 시작되었으며, 그에 이어 이를 연구했거나 연구하고 있는 대표적인 학자는 1980~1990년대 백일형, 2000년대 법현스님, 장휘주, 황준연, 2010년대 손인애, 차형석 등이 있다. 이들의 대표적인 연구물은 다음과 같다. 한만영,「범패 짓소리와 홋소리의 비교연구-특사가지에 기하여」, 서울: 서울대 석사학위논문, 1969; 한만영,「허덜품에 관하여: 박운월소장 판본 동음집을 중심으로」,『한국음악연구』 제1집, 서울: 한국국악학회, 1971; 한만영,「동음집에 관한 연구-박운월소장 석본동음집에 기하여」,『한국음악연구』 제5집, 서울: 한국국악학회, 1975; 한만영,「화청과 고사염불」,『한국음악연구』 제6집, 서울: 한국국악학회, 1977; 한만영,「홋소리의 〈聲〉과 形式」,「동음집 복원」,『한국불교음악연구』, 서울: 서울대 출판부, 1980; 백일형,「범패의 종지형」,『국악원논문집』 제5집, 서울: 국립국악원, 1993; 백일형,「불교 음악의 짜임새 : 짓소리를 중심으로」,『한국음악연구』 제22집, 서울: 한국국악학회, 1994; 김응기(법현),「영산재 작법무 범패의 연구」, 익산: 원광대 음대 박사학위논문, 2004; 김응기(법현),『불교음악감상』, 서울: 운주사, 2005; 장휘주,「범패 반짓소리 연구」,『영산재학회 논문집』 제4집, 서울: 옥천범음대학, 2006; 장휘주,「화청의 두 유형-축원화청과 불교가사 화청」,『이화음악논집』, 서울: 이화여대 음악연구소, 2006; 장휘주,「범패 홋소리의 음조직 유형 연구」, 2009.6; 황준연,「범패 짓소리 선율의 구조와 미」,『영산재학회 논문집』 제5집, 서울: 옥천범음대학, 2007; 졸고,「불교 축원화청 연구」,『영산재학회 논문집』, 서울: 옥천범음대학, 2009; 졸고,「경제 〈四多羅尼〉 연구」,『한국음악사학보』 제44집, 서울: 한국음악사학회, 2010; 졸고,「경제 홑소리 〈보공

이 책에서는 우선 지금까지 확인된 개성지역 불교음악과 관련성이 깊은 경제 불교음악의 특징과 그 역사적 변천 양상을 살펴보고자 한다. 이를 통해 과거 경제 불교음악의 다양한 음악적 실태와 그 전승 관계를 제대로 파악하고, 현재에 이르기까지 경제 범패의 역사적 변모 과정을 살펴볼 것이다. 본 책은 현재 공시적 관점에 머물러 있는 한국 불교음악 연구의 지평을 보다 폭 넓게 확대해줄 것이며, 통일 이후 통합된 남·북한 불교음악 연구에도 중요한 토대가 되리라 기대된다.

이 책은 크게 네 개의 장으로 나누어 논의를 전개할 것이다. 제1장은 먼저 경제와 개성지역의 불교음악이 과거 어떤 음악 문화적 상관성 아래 전승되었는지에 대해 조사한다. 즉, 전통시대 음악 문화적 맥락을 통해, 경제와 개성 불교음악의 밀접한 관계를 일차적으로 확인해 볼 것이다. 이는 과거 개성과 서울에서 두루 활동했던 스님들을 통해 주로 이루어지겠다. 제2장부터 제4장까지는 개성지역 불교음악과 관련성이 깊은 경제 불교음악의 특징과 그 역사적 변천 양상을 본격적으로 고찰하겠다. 제2장은 먼저 바라춤 관련 음악들(〈복청게〉, 〈천수바라〉, 〈사다라니〉, 〈보공양진언〉·〈보회향진언〉, 〈화의재진언〉)을 살펴볼 것이다. 제3장은 전형적인 민요가락으로 된 〈화청〉

양진언〉과 〈보회향진언〉 연구」, 『한국음악사학보』 제46집, 서울 : 한국음악사학회, 2011; 졸고, 「범패 〈천수바라〉의 음악 형성사적 연구 - 경제와 개성 및 영남제 〈천수바라〉를 중심으로」, 『한국음반학』 제21호, 서울 : 한국고음반연구회, 2011; 졸고, 「개성 범패 〈천수바라〉 연구 - 개성 출신 용암스님 창을 대상으로」, 『한국음악연구』 제51집, 서울 : 한국국악학회, 2012.6; 졸고, 「경제 〈복청게〉 계통 소리의 음악사적 연구」, 『한국음악사학보』 제48집, 서울 : 한국음악사학회, 2012.6; 졸고, 「20세기 전반기 〈회심곡〉의 전승 양상」, 『한국민요학』 제37집, 서울 : 한국민요학회, 2013.4; 졸고, 「불교음악 〈화청〉의 음악사적 연구 - 서울, 경기일대(경제) 소리를 중심으로」, 『한국음악사학보』 제50집, 서울 : 한국음악사학회, 2013.6; 졸고, 「京制 불교음악의 태평소 가락 연구 - 벽응스님의 가락을 중심으로」, 『한국음악연구』 제54집, 서울 : 한국국악학회, 2013.12; 차형석, 「〈四多羅尼〉의 음악적 연구」, 『한국음악연구』 제48집, 서울 : 한국국악학회, 2010.12; 차형석, 「범패 경문의 사설에 표기된 부호의 음악적 해석」, 『한국음악연구』 제50집, 서울 : 한국국악학회, 2011.12; 차형석, 「유치성의 '직촉' 연구」, 『한국음악문화연구』 제3집, 부산 : 한국음악문화학회, 2011; 차형석, 「경제 안채비소리 '성聲'에 대한 연구」, 서울 : 한양대학교 박사학위논문, 2013.

계통 음악(〈축원화청〉, 일반 〈화청〉)을 살펴보겠다. 마지막으로 제4장은 경제에서 연주되는 태평소 음악을 살펴볼 것이다. 태평소 가락은 경제 범패의 중요한 반주 음악으로, 아직 제대로 음악적 유래 및 그 변천 양상이 논의된 바가 없다.

이상의 논의는 현재 서울 중심의 불교음악으로 알려져 있는 경제에 개성에서 발생한 음악들이 많이 수용되어있는 사실을 앞으로 파악해 가는 데 중요한 근거를 마련하리라 기대된다.

京山制 불교음악 I

개성지역 불교음악과의 관련성

제1장

경제와 개성지역 불교음악의 전승 관계

북한도 남한처럼 지역에 따라 불교음악이 존재했던 것으로 보이지만, 현재 구체적으로 그 존재여부가 확인되는 것은 경제 어장스님들의 증언을 통해 서울과 인접한 개성을 중심으로 전승된 염불이다. 개성도 남한의 지역제처럼 범패 전승의 계보가 있었으리라 짐작되지만, 현재 그 구체적인 사항을 파악하기는 매우 어렵다.

과거 밀접한 음악문화권 아래 개성과 서울 지역의 불교음악은 다른 민속악 장르처럼 음악 문화적 교류가 활발하고, 상호 관련성이 높았던 것으로 보인다. 그 근거로, 앞서 언급했듯이 구해스님은 윗대 어장스님들로부터 '서울은 개성을 중심으로 황해도, 평안도의 웃녘 지역과 (범패) 교류가 많았다'라는 말을 자주 들었다고 한다. 또한 과거 개성 및 그 인근 지역 출신이면서 봉원사 등 서울에서 활동한 스님과 서울 봉원사 출신이면서 개성 및 평양, 원산에서 활동했던 스님들에 관한 증언도 이러한 추정을 뒷받침해준다. 이들 범패승에 대한 활동은 경제와 개성지역 불교음악의 밀접한 관계를 살펴보는데 매우 중요한 근거가 되리라 생각된다. 그런데 현재 안타깝게도 이들은 대부분 열반하여, 과거 일부 조사기록[1]과 現 경제 어장스님 및 주변 지인들의 기억을 통해 그 활동 정황을 유추해볼 수밖에 없다.

1• 노재명, 「20세기 한국전통불교음악 음반 총목록과 인간문화재 증언자료」, 『한국음반학』 제11호, 서울 : 한국고음반연구회, 2001.

이에 여기에서는 기존 조사 자료와 現 영산재 보유자인 구해스님, 봉원사 주지 일운스님, 영산재 이수자인 동희스님, 동방대 교수인 원허스님, 수원 홍법사의 혜명스님 등의 증언[2]을 토대로, 이들의 개성 및 서울에서의 범패 관련 활동에 대해 최대한 추적해 볼 것이다. 그리고 이를 통해 과거 개성과 경제 불교음악의 상호 연관성 및 전승 관계를 조명해보려 한다.

2• 2011년 1월 29일, 3월 4일 구해스님 대담 외 다수의 전화통화.
2010~2011년 옥천범음대학 각배반, 영산반 수업 중 일운스님 대담.
2011년 3월 19일 혜명스님 전화대담.
2011년 6월 29일 원허스님 전화대담.
2012년 4월 26일 동희스님 전화대담.

제1절. 서울과 개성에서 활동한 스님들*

본 절에서는 먼저 개성 및 그 인근 출신이면서 서울에서도 활동을 많이 한 스님에서 서울 출신이면서 개성 및 서도지역에서도 활동한 스님 순으로 그 활동 정황을 살펴보겠다.

1. 장벽응스님(1905~2000)[1]

과거 중요무형문화재 제50호 '범패' 보유자 중 한 사람이었던 벽응스님(속명 장태남)은 경기도 파주군 장마루촌(現 연천) 출신으로, 8세 때부터 現 북한지역인 장단(과거 파주군 소속)의 화장사 미타암에 부목으로 들어가 성장하였다고 한다. 당시 화장사에는 범패, 춤, 의식을 거행하는 스님이 약 80여 명 가량 있었고, 여기서 황청하스님한테 범패 홑소리와 태평소를 사사받았으며, 해방을 전후하여 서울 백련사의 이만월 문하인 김보성스님에게 짓소리를 공부하였다고 한다.[2] 그리고 1·4 후퇴 이후로 김포 문수사에서 열반

* 본 글은 졸고, 「개성 범패 〈천수바라〉 연구－개성 출신 용암스님 창을 대상으로」(2012)의 일부 글을 수정 보완한 것이다.

1• 구해스님에 의하면, 벽응스님은 현재 계축생(1909)으로 알려져 있지만, 본래 기우생(1905)이라고 한다.

2• 노재명, 「20세기 한국전통불교음악 음반 총목록과 인간문화재 증언자료」, 279~281쪽.

벽응스님

할 때까지 지냈는데, 행사(재) 및 교육과 관련해서 봉원사 및 백련사와 교류가 활발하였다고 한다. 이로 인해 구해 및 일운스님은 벽응스님을 거의 봉원사 식구로 생각한다. 구해스님(1943년생)과의 대담 중 개성 범패와 관련된 벽응스님의 내용은 다음과 같다.

(벽응) 스님은 장단에서 태어나셨고,[3] 어렸을 때부터 장단, 개성에서 공부를 많이 했다고 그래요. 장단하고 개성은 가까우니까요. 그리고 예전에는 당연히 개성, 장단과 서울을 오가며 활동도 많이 하셨고요. …(중략)… 스님께서 (60~70년대) 관욕 다음 가지예성편을 할 때 개성, 장단식으로 편게성으로 불렀는데, 여기 서울에서는 유치성으로 부르니까 서울 스님들이 소리가 이상하다, (낯)설다고 하시더래요. …(중략)… 이 분이 우리한테 하신 말씀이 '경산소리는 주로 서울과 개성소리가 주축이 된 소리다, 개성에도 유명한 어장스님이 예전에 많이 있었다'고 하셨어요. 그리고 '서울과 인천, 개성지역의 염불은 모두 경제 범패에 속한다'고 하셨지요.

일운스님(1949년생)은 벽응스님의 개성 범패에 관한 이야기로 다음과 같은 증언을 한다.

예전에 벽응스님께서 하신 말씀이 여기(서울)에서는 시련할 때 〈다게〉 다음엔 〈요잡바라〉, 그리고 〈행보게〉로 진행되지만, 개성에서는 〈다게〉 다음에 〈요잡바라〉, 〈복청게〉, 〈천수바라〉를 다 하고 〈행보게〉로 넘어

3• 구해스님은 벽응스님의 출생지를 장단으로 잘못알고 계셨다.

간다고 해요.

또한 현재 서울에서는 전승이 끊긴 정례작법을 벽응스님께 배웠다는 원허스님(1952년생)은 다음과 같은 증언을 하기도 한다.

벽응스님께서 부르신 염불들이 여기 봉원사 소리랑 크게 다르지는 않구요, 몇몇 소리들이 좀 차이가 있기는 했지요. 그 중 〈복청게〉가 여기 봉원사 소리보다 선율이 좀 더 들어가는 부분이 있구요 〈삼귀의〉 소리도 좀 달랐어요. 그리고 여기서(서울 봉원사)는 없어졌는데, 스님은 〈정례〉 소리와 그 춤을 잘 알고 계셨지요.

이상의 대담 내용으로 보건대, 벽응스님은 젊었을 때 개성 및 장단지역에서 주로 공부하고 이들 지역과 서울을 오가며 활동을 많이 하여, 과거 개성과 서울지역의 활발했던 불교음악 교류의 실상을 잘 보여준다. 그리고 예전에 가지예성편과 시련을 개성식으로 하고, 그가 부른 범패에 수심가토리의 서도음악어법이 강하게 나타나는 점[4]으로 볼 때, 본래 개성에서 염불을 많이 배워온 것으로 보인다.

한편 "경산소리는 서울과 개성소리가 주축이 된 소리다.", "개성에도 예전에는 유명한 어장스님이 많았다."는 증언은 경제와 개성 범패의 밀접한 연관성과 함께 경제 범패에 과거 흥성했던 개성지역 범패가 많이 수용되어 있을 가능성을 의미하여 주목된다. 그리고 "서울과 인천, 개성 염불이 모두 '경제 범패'에 해당한다."는 것으로 보아, 서울과 개성의 염불은 서로 많이 공유되었던 것으로 보인다. 그러나 '개성식'으로 하는 염불 및 '〈복청게〉와

4• 장휘주, 「범패 홋소리의 음조직 유형 연구」, 2009, 405~407쪽; 벽응스님, 『중요무형문화재 제50호 범패』 제1~2집(2CD), 김포 : 김포문화원, 1998 참조.

〈삼귀의〉가 조금 달랐다'는 증언은 나름 지역적 차이도 있었던 것으로 추정된다.

2. 박용암스님(1915~1986?)

용암스님(속명 박창수)은 개성 출신으로 젊었을 때는 주로 개성에서 공부를 하였고, 금강산에서 경전 공부하며 잠시 지낸 적도 있다고 한다. 그리고 벽응스님처럼 분단 이전에는 서울과 개성을 오가면서 재의식에 활발히 참가하였다고 한다.

그는 6·25 전후로 종로 이화동 보광암에서 지냈으며, 여주 실륵사를 거쳐 1970년대 초부터 열반할 때까지 의정부 보광사에서 머물렀다고 한다. 본래 개성에서 동진 출가, 득도하였지만, 1940년대 초 서울 봉원사 월하스님에게도 범패를 잠시 배운 적이 있다는 것으로 보아, 봉원사와의 인연은 이때 형성된 것으로 보인다. 구해스님과의 대담 중 개성 범패와 관련된 용암스님의 내용은 다음과 같다.

> 용암스님은 염불에 수심가조의 떠는 목이 강했어요. 본래 개성 출신으로, 젊었을 때 거기에서 염불을 많이 배우고 오셨다고 했어요. 예전에 개성은 지금 일산과 문산 갔다 오는 정도로 서울과 가까운 생활권이었지요. …(중략)… (6·25 직후) 이화동 보광암의 (용암) 스님 절에는 개성 신도들이 많았어요. 어렸을 때 저를 많이 이뻐해 주셔서 바라지로 스님 절 행사에 자주 갔는데, 그때 보면 행사(재)를 개성식으로 많이 하더라구요. 재에 〈걸수〉가 꼭 들어가고,[5] 끝날 때 신도들의 강력한 요청

5• 서울에서는 큰 재가 아니면 〈걸수〉는 보통 생략한다고 한다.

으로 〈화청 회심곡〉[6]을 꼭 불러야 돼요. 개성 신도들은 〈화청 회심곡〉을 너무 좋아해서 용암스님도 이 소리를 참 잘 불렀어요. 개성에서는 재를 맡은 화주승은 꼭 〈화청 회심곡〉을 해야 하고, 행사(재) 때 스님 10명이 모여도 조금씩 돌아가며 모두 (〈화청 회심곡〉을) 해야 할 정도로 좋아했다고 해요.

〈화청〉에 대해서는 일운스님도 다음과 같은 증언을 한다.

개성 신도들은 〈화청〉을 너무 좋아해서 스님 여러 명이 돌아가면서 (〈화청〉을) 부르기도 했다는 말을 들어봤어요.

한편 現 영산재 이수자인 청량사의 동희스님은 용암스님에 대해 다음은 같은 일화를 말하기도 한다.

용암스님이 개성 출신이라는 말씀을 들은 바가 있어요. …(중략)… 제가 기억하는 것은 여기 서울 스님들과 소리가 좀 다른 게 있어 齋에서 함께 잘 어울리지 못하시는 점이 있었어요.

이상의 내용으로 보건대, 용암스님이 비록 월하스님에게 잠깐 배우긴 했지만, 개성에서 본래 범패를 배웠고, 본인 절(보광암)에 그 지역 출신 신도들이 많아 개성식으로 재를 많이 진행했으며, 서울 스님들과 좀 다른 소리가 있었다는 것으로 볼 때, 그가 부른 염불의 상당수도 개성에서 배운 소리일 가능성이 높아 보인다. 범패승들은 보통 젊었을 때 처음 배운 소리를 본인의 주요 레퍼토리로 보존, 전승하는 경향이 크다. 1960~1970년대 봉원

6 • 여기서 말하는 〈화청 회심곡〉은 공식적인 재가 끝난 후에 4.4조의 한글 가사로 부르는 〈화청〉이다.

사에서 녹음된 서울대 소장 용암스님의 염불로 〈천수바라〉와 〈사다라니〉, 〈보공양진언〉, 〈보회향진언〉 등이 발견되는데,[7] 대부분 전형적인 수심가토리로 되어있다. 그리고 이들 소리는 근자에 필자에 의해 모두 서도음악어법을 근간으로 형성된 소리들로 밝혀진 바 있어,[8] 이러한 추정을 뒷받침해준다.

한편 개성 사람들이 〈화청〉을 특히 좋아하였다는 점은 과거 많은 경제 범패승들(송암, 벽응, 혜경)이 부른 〈화청〉이 수심가토리로 된 이유를 짐작케 하는 중요한 근거이다.[9] 〈화청〉이 현재는 대부분 전형적인 경기음악어법으로 되어있지만, 과거로 갈수록 서도음악어법이 강한 사실이 확인된다. 그리고 개성 사람들이 매우 좋아했던 사실은 이 노래의 연원을 짐작케 하는 대목이다. 요컨대 이상 〈화청〉 관련 증언과 용암스님이 부른 수심가토리의 염불 중 상당수가 現 경제 범패에도 전승되고 있는 점은 과거 두 지역의 활발했던 범패 교류와 함께 경제 범패에 개성지역 범패의 영향이 컸던 사실을 짐작케 한다.

7• 서울대 음대 소장 릴테입 常住勸供齋 中 No. 53-2 제2면 No. 3 〈천수바라〉
서울대 음대 소장 릴테입 十王各拜齋 中 No. 53-11 제2면 No. 3 〈천수바라〉
서울대 음대 소장 릴테입 靈山齋 中 No. 53-7 제2면 No. 9 〈천수바라〉
서울대 음대 소장 릴테이프 常住勸公齋 中 No. 53-4 제1면 No. 2 〈사다라니〉
서울대 음대 소장 릴테이프 十王各拜齋 中 No. 53-16 제2면 No. 1 〈사다라니〉
서울대 음대 소장 릴테이프 常住勸供齊 中 No. 53-4 제1면 No. 4 〈보공양진언〉·〈보회향진언〉
서울대 음대 소장 릴테이프 十王各拜齋 中 No. 53-16 제2면 No. 3 〈보공양진언〉·〈보회향진언〉

8• 졸고, 「경제 〈四多羅尼〉 연구」, 2010, 210~216쪽; 「경제 홑소리 〈보공양진언〉과 〈보회향진언〉의 음악사적 연구」, 2011, 217~222쪽; 「범패 〈천수바라〉의 음악 형성사적 연구 - 경제와 개성 및 영남제 〈천수바라〉를 중심으로」, 2011. II장 〈천수바라〉, 〈사다라니〉, 〈보공양진언〉·〈보회향진언〉 항목 참조.

9• 한만영, 「화청과 고사염불」, 『한국불교음악연구』, 서울 : 서울대학교출판부, 1980, 108쪽.

3. 한법용스님(1914~1975)

왼쪽부터 법용 · 혜경 · 벽응스님

서울대 소장 범패 자료에는 법용스님(속명 한재은)이 부른 염불(〈보공양진언〉, 〈보회향진언〉)이 발견되는데,[10] 전형적인 수심가토리로 되어 있어 그 출신지에 의문이 생긴다. 이에 출신지 및 활동 정황을 조사해본 결과, 아들 한상호(69)에 따르면[11] 법용스님은 경기도 강화 출신으로 젊었을 때는 개성에서 공부를 많이 하였고, 분단 후 누님(탄성스님)이 계신 강화도 백련사에서 좀 머물다가 서울 안암동 개원사를 거쳐 창신동 안양암에서 열반하였다고 한다. 구해스님에 의하면, 법용스님이 1969년 창설된 제1회 옥천범음회에서 송암스님으로부터 영산을 같이 배우면서 봉원사와 인연을 맺었다는 것으로 보아, 이를 계기로 녹음 작업에 같이 참여했던 것으로 보인다. 필자는 구해스님으로부터 법용스님의 지인으로 수원 홍법사의 혜명스님(1960대 후반)을 소개받았다. 혜명스님은 법용스님 누님의 상좌로, 젊었을 때 강화도 백련사에서 함께 머물며 법용스님을 뵈었다고 한다. 혜명스님과의 대담 중 개성 범패와 관련된 법용스님의 내용은 다음과 같다.

> 법용스님과 저의 은사 스님(탄성) 모두 강화에서 태어나셨어요. 그런데 법용스님은 젊었을 때 개성에서 공부하고 거기서 생활을 주로 하셨다고 해요. 금강산 유점사에서도 경학 공부를 잠시 한 적이 있구요. 6 · 25 이

10 • 서울대 음대 소장 릴테이프 No. 51-3 제2면 No. 3 〈보공양진언〉 · 〈보회향진언〉

11 • 2011년 3월 31일 아들 한상호(69) 전화대담.

전에는 개성에 계셨는데, 전쟁 땜에 막혀서 돌아가지 못 했다고 하더라구요. …(중략)… 아마 개성에서 염불도 배우셨을 거예요. 호적도 잘 불고, 염불에 관심이 많고 잘 하셨어요. 예전에 강화에서 재를 하면 스님께서 서울의 구해스님처럼 염불을 많이 하셨어요.

이에 대해서는 아들 한상호씨도 비슷한 증언을 하며, 구해스님은 법용스님에 대해 다음과 같은 증언을 하기도 한다.

법용스님은 69년 창설된 제1회 옥천범음회에서 영산을 공부하실 때 처음 뵀는데, 그때 이미 60세에 가까우셨어요. 그때 처음 봉원사에 와서 범패를 배웠지만, 그 이전에 이미 염불을 많이 배우셨더라구요. 그래서 여기서 배우면서 전에 배운 소리랑 비교도 하면서 열심히 공부하시더라구요. …(중략)… 스님 소리는 중간(음)에 떠는 게 많았어요. 아마 북쪽(지역)에서 배워 그런 것 같아요.

법용스님은 서울에서 범패승으로 크게 활동한 분은 아니라 하지만, 20세기 후반까지 개성과 인접한 강화도에서 많이 활동했던 사실이 확인된다. 그리고 스님이 부른 염불의 음악적 특징과 젊었을 때 개성에서 활동한 정황으로 보건대, 그가 부른 염불들도 대개 개성에서 배운 소리일 가능성이 높아 보이며, 이들 소리가 1960~1970년대 봉원사의 경제 범패에 함께 녹음된 사실은 개성과 서울지역 불교음악의 밀접한 관계를 잘 보여준다.

이상 젊었을 때 개성에서 공부를 많이 한 벽응, 용암, 법용스님을 통해, 과거 개성과 서울 범패의 활발했던 음악적 교류와 함께 분단 이후에도 서울에서 개성이나 그 인근 지역 출신 범패승들이 상당기간 활동한 사실을 살펴볼 수 있다.

4. 박송암스님(1915~2000)

송암스님

경제 제3대 중흥조인 송암스님(속명 박희덕)은 서울 봉원사에서 태어나고 자란 대표적인 경제 범패승으로, 그 스승도 경제 제1대 중흥조인 월하스님과 제2대 벽해스님으로 알려져 있다. 그런데 앞서 언급했듯이 송암스님이 "분단 이전 젊었을 적에는 개성 및 다른 북한 지역을 오가며 재齋바지를 많이 했다."고 한다. 구해 및 일운스님과의 대담 중 개성 범패와 관련된 송암스님의 내용은 다음과 같다.

> 스님께서 소시 적에는 '봉원사 청년 어장이 염불을 아주 잘한다'고 소문이 나서, 어산이 흥했던 개성이나 평양, 금강산 유점사, 장안사, 표은사, 묘향산 보현사, 함경도 원산까지도 초청을 받아 행사(재)를 가셨다고 해요. 예전에는 개성을 중심으로 웃녁 황해도, 평안도와 여기 서울 범패하고 교류가 굉장히 잘 됐다고 하더라구요. …(중략)… 스님께도 '경산소리는 서울과 개성 소리가 모인 소리'라는 얘기를 들어본 적이 있어요.

이상의 증언으로 보건대, 서울의 경제 범패승들이 분단 이전에는 개성을 중심으로 북한 지역의 재의식에도 많이 참여한 사실을 알 수 있다. 이를 통해 경제와 황해도, 평안도지역 범패의 밀접했던 교류 관계도 살펴볼 수 있다. 송암스님은 북한지역의 범패와 활발히 교류한 마지막 경제 범패승 세대 중 한 사람으로 보인다. 이는 1960~1970년대 송암스님이 부른 염불(〈화청〉, 〈축원화청〉, 〈사다라니〉, 〈보공양진언〉, 〈보회향진언〉 등)에 수심가토리의 굵은 요성이나 서도음악어법이 많이 나타나는 원인으로 볼 수 있을 것 같다.[12] 송암스님도 벽응스님처럼 "경산소리는 서울과 개성 염불이 모인 것이다."고 하여, 경제 범패에 개성에서 발생한 염불이 많이 수용되어있을 가능성을 뒷받침해 준다.

이외 동하스님(1918~1992)도 벽응스님처럼 경기도 파주 출신으로 보광사(파주 광탄면)와 진관사(서울 은평구)에서 젊은 시절을 주로 보냈으며, 말년에 봉원사에 와서 활동하다가 열반했다고 한다. 동하스님은 "호적을 잘 불렀고, 〈화청〉은 수심가토리의 요성을 격하게 떨어, 처음 듣는 사람은 가사를 이해하는 것도 쉽지 않았다."고 한다. 그런데 경제 범패승 사이에는 '과거 개성의 한량들은 호적을 못 부르는 사람이 없다'는 말이 있고, 앞서 살펴본 경기 서북부 출신 범패승들(벽응(파주), 용암(개성), 법용(강화))은 모두 젊었을 때 서도음악문화권인 개성에서 공부한 사실이 확인되어, 동하스님도 이상의 음악적 정황으로 볼 때 과거 개성에서 공부했을 가능성이 높아 보인다. 그러나 현재 이에 대해 정확히 증언하는 사람을 찾을 수가 없어, 확인할 수 없었다.

운공스님

또한 구해스님에 의하면, 송암스님과 1960~1970년대 다른 절 행사를 같이 많이 다니던 벽해스님, 창열스님, 운공스님, 화담스님 등도 분단 이전에는 개성이나 다른 북한 지역 재에 많이 참가했던 것으로 안다고 한다. 제2대 중흥조인 벽해스님(1898~1971)은 "예전에 서도민요에도 깊은 관심이 있었다."는 증언을 손자인 만춘스님으로부터 들을 수 있어, 송암스님

12 • 한만영, 「화청과 고사염불」, 108쪽; 졸고, 「불교 축원화청 연구」, 145~149쪽; 「경제 〈四多羅尼〉 연구」, 209~215쪽; 「경제 홑소리 〈보공양진언〉과 〈보회향진언〉의 음악사적 연구」, 217~223쪽. II장 〈사다라니〉, 〈보공양진언〉·〈보회향진언〉, III장 〈축원화청〉, 〈화청〉 항목 참조.

처럼 과거 개성 염불의 영향을 많이 받았을 가능성이 높아 보인다.[13] 그러나 안타깝게도 현재 이에 대해 아는 사람들이 모두 타계하여, 구체적인 정황을 확인할 수 없었다. 한편 송암스님의 선배격인 운파스님(1907~1970)은 주로 봉원사에 기거하며 후학승 양성에 더 주안점을 두는 분이었다고 한다. 이에 "송암스님보다 수심가쪼의 떠는 목이 적었다."는 증언을 들을 수 있었다.

13 • 2011년 4월 15일 만춘스님 E메일 대담. 그런데 안타깝게도 만춘스님은 너무 어렸을 때 일이라, 벽해스님의 개성 범패 관련 활동에 대해서는 전혀 아는 바가 없다고 한다.

제2절. 소결

현재 개성지역의 불교음악을 잘 아는 스님들이 대부분 열반하여 많은 실례를 다루지는 못했지만, 제1절의 논의를 통해 과거 개성 및 그 인근 지역과 서울 출신 스님들이 인접 음악 문화권 아래 서로 활발하게 불교음악을 교류했던 사실을 확인할 수 있다.

구해스님

윗대 어장스님들에 의하면 "서울과 인천, 개성지역의 염불은 모두 '경제 범패'에 해당한다."고 하므로, 서울과 개성은 많은 불교음악이 서로 공유되었던 것으로 보인다. 그러나 '개성식'으로 했다는 일부 염불(예컨대 〈가지예성편〉, 〈삼귀의〉) 및 의식(예컨대 시련)에 대한 증언들로 볼 때, 지역 특유의 염불이나 의식도 존재했던 것으로 보인다. 그리고 과거 경기 서북부 출신 범패승들(벽응, 용암, 법용스님)은 모두 젊었을 때 개성에서 공부한 사실이 확인되는 것으로 볼 때, 예전에는 개성지역의 불교와 범패의 세가 정말 대단했던 것으로 보인다. 구해스님은 "서울과 범패 교류가 가장 활발했던 북쪽지역은 개성이라 들었고, 내가 어렸을 때는 경제 범패에 떠는 목(수심가토리의 굵은 요성)을 넣어 많이 배웠다."고 증언하기도 한다.[1] 현재 일부 경제 범패에 나타나는 서도음악어법 역시 그 증거로, 이는 경제에 개성에서 발생한 불교음악이 많이 수용되어있는 사실을 뒷받침 해 주며,[2] 경제 불교음악이 서울 북부지역의 다른 민속악 장르처럼 경기 서북부 음악문화권과 밀접한 관계가 있는 사실을 잘 시사해 준다.

1 • 구해스님은 現 경제 어장 스님들 중 드물게 수심가토리의 요성을 잘 구사하는 범패승이다.

2 • 서울지역에서 발생한 소리 중 전형적인 서도음악어법을 근거로 하는 소리는 드물다. 예컨대 경기도 서북부지역을 중심으로 전승된 향토민요 〈방아타령〉은 수심가토리를 근본 토리로 하는데, 고양 및 서울 노원구 쪽으로 오면 경토리로 전이가 이루어진다. 졸고, 「경기민요 방아타령 연구」, 서울 : 서울대학교 석사학위논문, 2000.

京山制 불교음악 I

개성지역 불교음악과의 관련성

제2장

경제 바라춤 관련 음악

본 장에서는 경제에서 개성지역 불교음악과 연관성이 깊은 음악 중 바라춤 관련 범패들을 살펴보고자 한다. 여기에 해당하는 음악은, 〈천수바라〉 바로 앞에 부르는 게송인 〈복청게〉와 경제의 바라춤 반주음악 또는 대표적인 진언음악인 〈천수바라〉, 〈사다라니〉, 〈보공양진언〉 및 〈보회향진언〉, 〈화의재진언〉이다.

〈복청게〉는 개성에서 발생한 염불로 현재 확인되지는 않지만, 서울과 개성에서 불렀던 형태가 약간 다르고, 근세기를 거치며 경제에서 변화를 많이 겪은 염불이라 본 장에서 다루려고 한다. 그리고 경제의 바라춤 및 진언 반주음악은 모두 과거로 갈수록 서도음악어법을 근간으로 하며 음악적 뿌리가 같은 선율계통으로, 형성 및 역사적 변천 양상이 상통한다. 이 중 〈보공양진언〉 및 〈보회향진언〉은 현재 바라춤이 없지만 과거에는 '회향게바라춤이 있었다'는 설이 있고,[1] 나머지 바라춤 반주음악과 같은 선율계통이라 함께 다루고자 한다. 〈복청게〉부터 바라춤 및 진언 반주음악 순으로 그 특징을 논의해보면 다음과 같다.

1• 본 장의 〈보공양진언〉 및 〈보회향진언〉 항목에서 이에 대해 상세히 다룰 것이다.

제2장

제1절. 〈복청게伏請偈〉*

가장 대표적인 바라춤인 〈천수바라〉 앞에 부르는 〈복청게〉는 관세음보살의 강림을 엎드려 청하는 게송으로, 의식적으로 〈천수바라〉에 종속되지만 음악적으로는 이와 별개의 홑소리[1]로 볼 수 있다.[2] 그런데 경제에서는 과거 현행 〈복청게〉 외 일명 '별복청게' 또는 '영산복청게'라는 조금 다른 형태의 〈복청게〉가 존재했던 사실이 확인된다.[3] 現 영산재 보유자인 구해스님 및 동방불교대학 교수인 해사스님은 송암스님으로부터 "본래 〈복청게〉는 두 가지 종류가 있었다."고 들었으며, "전수과정에서 두 종류의 〈복청게〉를 모두 배웠다."고 증언한다.[4] 두 소리는 근본적으로 같은 선율 계통이지만, 가사의 차이에 의해 선율이 좀 다르다고 한다. 그렇다면 경제에서는 언제부터 두 종류의 〈복청게〉가 존재했으며, 왜 〈별복청게〉는 전승에서 탈

* 본 글은 필자의 「경제 〈복청게〉계통 소리의 음악사적 연구」(2012)를 수정 보완한 것이다.

1• 봉원사의 만춘스님에 의하면, 현재 학계에서 사용되고 있는 용어인 홋소리(독창)는 짓소리(합창)의 'ㅅ' 받침이 와전된 것으로, 본래 하나, 혼자의 의미인 '홑'을 붙여 '홑소리'라 불러야 한다고 한다. 2009년 봉원사 內 옥천범음대학의 불교이론 수업 中. 이에 본고에서는 이를 따르고자 한다.

2• 법현, 한국의 범패시리즈 2 『무지개소리』, 아세아레코드 ACD-572, 1999. 여기에서도 '복청게곡은 의식구성상 천수바라춤이 시작되기 전에 별도의 홑소리로 불리어지기 때문에 천수바라곡과 다른 곡으로 보아야 된다'고 밝힌 바 있다.

3• 이하 본고에서는 명칭의 혼란을 피하기 위해 전자는 〈복청게〉, 후자는 〈별복청게〉라 이르고자 한다. 그리고 가사 및 선율에 따라 두 가지 유형이 존재하였으므로, 두 소리를 함께 일컬을 경우는 〈복청게〉계통 소리라 하겠다.

4• 필자는 구해스님와 해사스님으로부터 "송암스님이 예전에는 〈복청게〉와 함께 〈별복청게〉도 가르쳐주셨다."는 증언을 개인적으로 여러 차례 들을 수 있었다.

락된 것일까 하는 의문이 든다. 경제 〈복청게〉는 대표적인 홑소리에 해당하지만, 지금까지 대개 〈천수바라〉와 함께 다루어지면서 독립적으로 심도 있는 음악적 논의가 잘 이루어지지 못하였다. 기존 연구는 대부분 토리, 박자 또는 간단한 선율 특징에 대한 것이며,[5] 〈별복청게〉는 아직 논의된 바가 없다. 그리고 〈복청게〉는 현재 서울을 중심으로 전승되고 있는 형태와 과거 개성, 장단에서 배운 형태(벽응스님 창)가 약간의 차이를 보인다.

따라서 본 절에서는 경제 〈복청게〉와 〈별복청게〉의 개별 특징을 상세히 살펴, 이들 소리의 음악적 관계와 함께 경제 〈복청게〉 계통 소리의 역사적 전승 양상에 대하여 논의해보고자 한다. 이를 위해 먼저 조선시대 불교의식집[6]에 수록된 〈복청게〉의 가사 내용 및 특징을 통해 그 역사적 변화를 최대한 추적해보겠다. 그런 다음 경제 〈복청게〉와 〈별복청게〉의 음악적 특징을 면밀히 분석, 비교해보겠고, 마지막으로 이상의 내용을 종합, 정리하여 경제 〈복청게〉 계통 소리의 관계와 오늘날에 이르기까지 역사적 전승 양상에 대하여 논의하겠다. 본고의 연구 자료는 다음과 같다.

5 • 김응기(법현), 「영산재 작법무 범패의 연구」, 익산 : 원광대 박사학위논문, 2004, 78~79쪽; 김응기(법현), 『한국의 불교음악』, 서울 : 운주사, 2005, 141쪽; 노명열(혜일), 「불교 법고 리듬에 관한 연구」, 안성 : 중앙대학교 석사학위논문, 2007, 109쪽; 장휘주, 「범패 홋소리의 음조직 유형 연구」, 2009, 400쪽. 다만 근자에 영남에서 전승된 〈복청게〉는 그 음악적 특징이 심도 있게 다루어진 바 있다. 서정매, 「영남지역에 전승되는 〈복청게〉 선율 연구－부산·마산·밀양을 중심으로－」, 『한국음악문화연구』 제3집, 부산 : 한국음악문화학회, 2012, 5~28쪽.

6 • 박세민 편, 『한국불교의례총서』 권4, 서울 : 삼성암, 1993.

〈표 1〉 경제 〈복청게〉계통 소리의 연구자료

	가창자	곡명	발행년	출처
1	박용암	〈복청게〉	1960~1970년대	서울대 음대 소장 릴테입 No.53-11 제2면 No.2
2	박송암		1960~1970년대	송암 큰스님 유작집 『영산7CD』 /송암대종사문도회 · 불교음악연구소, 2001.
3	장벽응		1980~1990년대	원허스님 模唱(2013.4)
4	김구해		2004	봉원사 옥천범음대 수업자료
5	마일운		2009	봉원사 옥천범음대 수업자료
6	박송암	〈별복청게〉[7]	① 1999.5.	봉원사 옥천범음대 수업자료
7			② 1999.5.	
8			③ 1999.7.9.	
9			④ 1999.10.	
10	김구해		2011.3.	필자 조사자료

1. 조선시대 불교의식집의 〈복청게〉

〈복청게〉는 의식적으로 〈천수바라〉에 종속된 소리여서인지 조선시대 불교의식집에 생략된 경우가 많다. 예컨대, 현재 발견되는 최고最古의 영산재가 수록된 『진언권공眞言勸供』(1496)에 〈천수바라〉는 있지만 〈복청게〉는 보이지 않아,[8] 종속된 소리라 생략된 것인지 이때는 존재하지 않은 것인지

7• 송암스님 창 〈별복청게〉는 동방 불교대학 교수로 계시는 해사스님으로부터 제공받았다. 이 자리를 빌려 자료를 제공해주신 해사스님께 깊은 감사의 인사를 드립니다. 이 자료는 99년 봉원사 소속 옥천범음대학의 영산반 수업 중에 녹음된 것으로, 녹음 날짜에 따라 총 4개의 음원을 제공받았다. 그런데 서로 조금씩 차이가 있어 번호화시켜 살펴보려 한다.

정확히 파악하기가 어렵다. 또한 존재는 확인되지만, 가사가 생략된 경우도 많다.

그런데 1634년에 편찬된 『영산대회작법절차靈山大會作法節次』부터는 곡명 또는 가사를 통해 그 존재여부가 확인된다. 그리고 19세기 이전 의식집에서 간간히 발견되는 〈복청게〉의 가사는 현행과 좀 차이가 있어, 역사적 변화를 짐작케 한다. 또한 당시 〈복청게〉를 부를 때 정황을 설명한 글들이 〈복청게〉 가사의 변화와 연계되는 면도 보인다. 이에 여기에서는 〈복청게〉의 가사 및 관련 기록을 통해 그 시대적 변화를 최대한 유추해 보겠다. 이를 살펴볼 수 있는 조선시대 불교의식집은 『영산대회작법절차靈山大會作法節次』(1634),[9] 『제반문諸般文』(1694),[10] 『천지명양수륙재의범음산보집天地冥陽水陸齋儀梵音刪補集』(1739),[11] 『작법귀감作法龜鑑』(1827),[12] 『요집문要集文』(근세기) 들[13]로, 시대 순으로 제시해보면 다음과 같다.

1) 『영산대회작법절차靈山大會作法節次』(1634)

이 의식집은 조선 인조 때 경기도 삭녕朔寧(현 연천) 수청산水淸山 용복사龍腹寺에서 간행한 책으로, 현행 영산靈山에 해당하는 '영산대회작법절차靈山大會作法節次'에서 〈복청게〉가 〈쇄수게〉 다음에 나온다. 여기에는 〈복청게〉를 부를 때의 정황을 설명한 기록이 있는데, 그 내용이 후에 가사의 변화와

8 • 졸고, 「범패 〈천수바라〉의 음악 형성사적 연구-경제와 개성 및 영남제 〈천수바라〉를 중심으로」, 2011, 77~78쪽. II장 〈천수바라〉 항목 참조.

9 • 박세민 편, 『한국불교의례총서』 2권, 1993, 132쪽.

10 • 박세민 편, 『한국불교의례총서』 2권, 479쪽.

11 • 박세민 편, 『한국불교의례총서』 3권, 1993, 106쪽.

12 • 박세민 편, 『한국불교의례총서』 3권, 376쪽.

13 • 박세민 편, 『한국불교의례총서』 4권, 1993, 308쪽 · 355쪽 · 377쪽 · 506쪽.

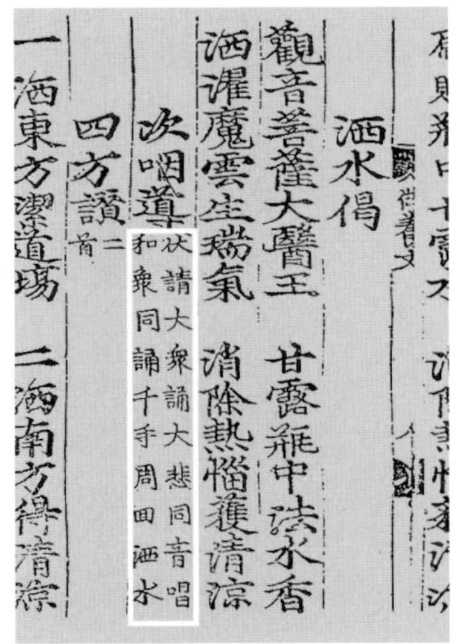
灑水偈
觀音菩薩大醫王 甘露瓶中法水香
灑濯魔雲生瑞氣 消除熱惱獲清凉
次唱道 伏請大衆誦大悲同音唱 和衆同誦千手周回灑水
四方讚 首二
一灑東方潔道場 二灑南方得清凉

〈보례 1〉『靈山大會作法節次』의 靈山作法節次 中 〈복청게〉

연계되는 측면이 있어 제시해보고자 한다.

이 의식집의 〈복청게〉 관련 기록(네모 친 부분)이 만약 가사라면 현행 〈복청게〉 가사(伏請大衆同音唱和복청대중동음창화 神妙章句大多羅尼신묘장구대다라니)와는 사뭇 다르다. 그런데 이 기록은 가사가 아니라 당시 〈복청게〉와 〈천수바라〉를 부를 때의 상황 내지 법주의 지시를 쓴 것으로 보인다. 그 이유는, 이와 같은 가사가 다른 의식집에서는 전혀 보이지 않고, '千手' 다음의 기록인 '週回洒水'는 뒤의 〈사방찬〉과 연관하여 '두루 다니며 주변에 물을 뿌린다'는 내용으로 염불할 때의 정황을 보여주기 때문이다. 따라서 이 부분은 '엎드려 청하매 대중들은 대비주(=천수)를 송誦하기를 동음으로 창화하고 천수(=대비주)를 송하면서 두루 주변에 (정화)물을 뿌린다'는 상황 설명으로 이해하는 것이 타당하겠다. 다만 곡명이나 가사가 아닌 관계로, 이를 통해 이 시기에 〈복청게〉의 존재를 단정하는 것에 의문이 들 수도 있다. 그런데 이전에는 이와 같은 기록이 보이지 않고, 뒤에서 다루는 『천지명양수륙재의범음산보집天地冥陽水陸齋儀梵音刪補集』(1739)의 〈복청게〉 관련 기록이 이와 유사한 방식으로 된 것으로 볼 때, 〈복청게〉는 이때 존재했을 가능성이 높아 보인다.

2) 『제반문諸般文』(1694)

이 의식집은 숙종 때 금구金溝(현 전북 완주) 모악산母嶽山 금산사金山寺에서 발행한 책으로, 현행 '영산'에 해당하는 의식인 '영산작법靈山作法'에 〈복청게〉의 가사가 수록되어있다. 그런데 그 내용이 현행과 좀 달라 제시해보면 〈보례 2〉와 같다.

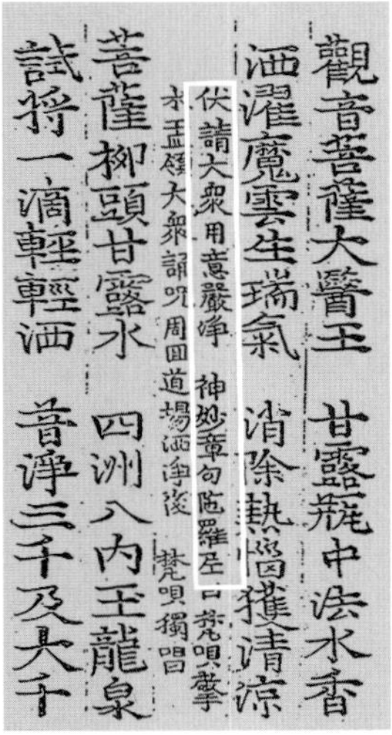
觀音菩薩大醫王 甘露甁中法水香
灑濯魔雲生瑞氣 消除熱惱獲淸凉
伏請大衆用意嚴淨 神妙章句陀羅尼 白 梵唄擧
水盂隨大衆誦呪周回道場洒淨後 梵唄獨唱
菩薩柳頭甘露水 四洲八內王龍泉
試將一滴輕輕洒 普淨三千及大千

〈보례 2〉 『諸般文』의 靈山作法 中 〈복청게〉

여기에는 현행의 가사(伏請大衆同音唱和 神妙章句大多羅尼)와는 좀 다른 '伏請大衆用意嚴淨 神妙章句陀羅尼'가 〈복청게〉의 가사로 기록되어있다. 즉 '동음창화(같은 선율을 조화롭게 부른다)' 대신 '용의엄정(뜻을 엄숙하고 정갈하게 한다)', '신묘장구대다라니'가 아니라 '신묘장구다라니'로 되어있다. 그런데 이는 1713년에 간행된 『산보범음집刪補梵音集』의 영산회상작법靈山會象作法과 중단작법中壇作法, 지반작법志磐作法에서도 똑같이 나타나,[14] 17~18세기 무렵에는 이 가사가 통용되었던 사실을 짐작케 한다. 그리고 『산보범음집刪補梵音集』(1713)의 '지반작법절차志磐作法節次'[15]와 『일판집一判集』(미상) 및 『작법절차作法節次』(미상)의 '영산회靈山會'(現 영산재)[16]에 수록된 〈복청게〉 관련 상황설명 기록(伏請大衆用意嚴淨卽又唱云 神妙章句陀羅尼法 엎드려 청하건대 대중은 뜻을 엄숙하고 정갈하게 하며 또 신묘장구다라니법을 창하고 운하기를)에도 '용의엄정'이 나타나, '용의엄정'은 과거 〈복청게〉에서 많이 애용된 용어로 보인다.

14 • 박세민 편, 『한국불교의례총서』 4권, 584쪽 · 592쪽 · 602쪽.
15 • 박세민 편, 『한국불교의례총서』 2권, 605쪽.
16 • 박세민 편, 『한국불교의례총서』 4권, 137쪽 · 165쪽.

3) 『천지명양수륙재의범음산보집天地冥陽水陸齋儀梵音刪補集』(1739)

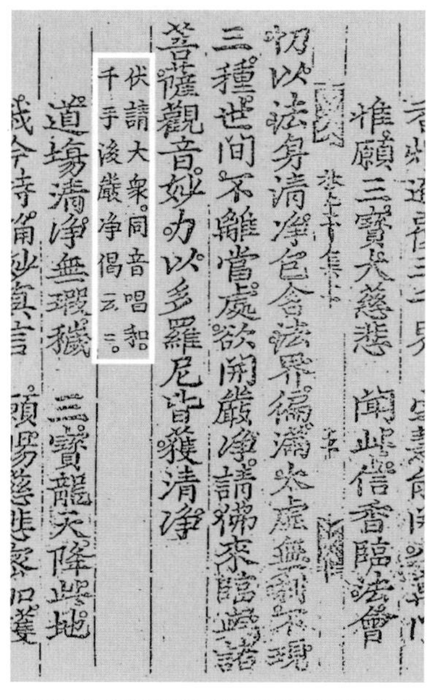

惟願三寶大慈悲 聞此信香臨法會

切以法身淸淨包含法界徧滿太虛無刹不現

三種世間不離當處欲開嚴淨請佛來臨道場諸

菩薩觀音妙力以多羅尼皆獲淸淨

伏請大衆同音唱和

千手後嚴淨偈云云

道場淸淨無瑕穢 三寶龍天降此地

〈보례 3〉『天地冥陽水陸齋儀梵音刪補集』의 最梵修作法節次 中 〈복청게〉

이 의식집은 지환智還이 경기도 양주 삼각산 중흥사重興寺에서 간행한 불서(1721)를 곡성 도림사에서 중간重刊한 것이라 하며, 전체적인 내용은 서로 대동소이하다. 그런데 이 책의 다른 재의식에서는 〈복청게〉의 가사 및 기록이 보이지 않고, 최범수작법절차最梵修作法節次에만 그 관련 기록이 보여 제시해보면 〈보례 3〉과 같다.

이 의식집의 〈복청게〉 관련 기록(네모 친 부분)도 『영산대회작법절차靈山大會作法節次』(1634)의 경우처럼 게송의 가사라기보다 염불할 때의 상황을 설명하거나 지시한 것으로 보인다. 그 이유는, 뒷부분 가사에 해당하는 '신묘장구(대)다라니'가 없고, '동음창화' 다음 문장인 '千手' 이하는 염불 수순 — '천수' 다음 〈엄정게〉를 한다 — 을 설명하고 있기 때문이다. 즉, 『영산대회작법절차靈山大會作法節次』과 『천지명양수륙재의범음산보집天地冥陽水陸齋儀梵音刪補集』의 기록으로 보건대, 본래 '동음창화同音唱和'는 〈복청게〉를 할 때 '同音으로 唱和한다'는 상황 설명 또는 법주의 지시 내용으로, 어느 때부터 〈복청게〉의 가사로 수용된 것이 아닌가 생각된다.

4) 『작법귀감作法龜鑑』(1827)

이 책은 19세기 초 백파 긍선亘璇 스님이 당시 재공齋供에 일정한 격식이 없고 완전한 것이 없음을 염려하여 전에 있던 의식문의 착오와 결함을 교정, 보충하여 저술한 조선 후기 대표적인 불교의식집으로, 전남 장성 운문암에서 간행되었다. 여기에서 〈복청게〉는 가장 첫 번째 의식인 '삼보통청三寶通請'에 가사 전문이 기록되어있다. 다른 의식에서는 생략되어있어, 이를 토대로 그 내용을 살펴보면 〈보례 4〉와 같다.

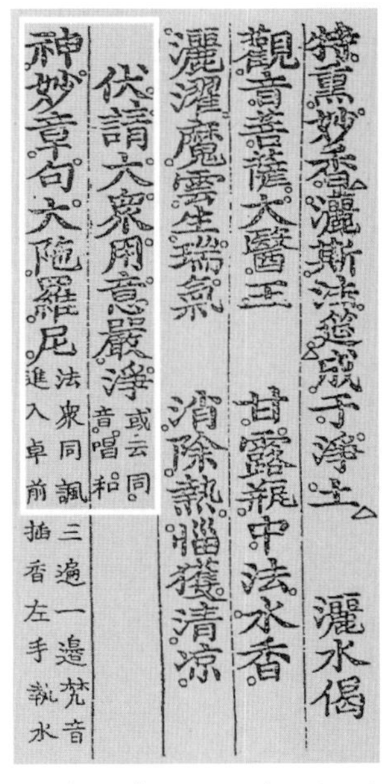
特熏妙香灑斯法筵成乎淨土 灑水偈
觀音菩薩大醫王 甘露甁中法水香
灑濯魔雲生瑞氣 消除熱惱獲淸凉
伏請大衆用意嚴淨 或云同音唱和
神妙章句大陁羅尼 法衆同諷三遍一邊梵音 進入卓前揷香左手執水

〈보례 4〉『作法龜鑑』의 三寶通請 中 〈복청게〉

여기에는 '복청대중 용의엄정 혹은 동음창화 신묘장구대다라니'로 〈복청게〉를 부른다고 기록되어있어, 19세기 초에는 앞서 17~18세기에 많이 나타난 '용의엄정'이 들어가는 형태(일종의 고조古調)와 '동음창화'가 들어가는 현행과 같은 형태(일종의 신조新調)가 공존했던 사실이 확인된다. 그리고 '신묘장구다라니'가 '신묘장구대다라니'로 변화되는데, 이는 현행처럼 4언 4구 체재를 갖추기 위해 또는 다라니의 위신력을 나타내기 위해 '대'를 삽입한 것이 아닌가 생각된다. 그런데 '용의엄정'이 대문자, '동음창화'는 소문자로 기록된 것으로 볼 때, 이때도 전자가 더 보편적인 형태가 아니었을까 추정된다. 이로 보건대, '동음창화'로 부르는 가사는 적어도 18세기 후반 또는 19세기에 와서 본격적으로 나타난 것으로 보인다.

한편 목판본으로 간행된 『작법귀감作法龜鑑』(1827)을 1929년 필사한 서울대 소장 『작법귀감』에는 가장 뒷부분에 20세기 초 당시 연행된 것으로

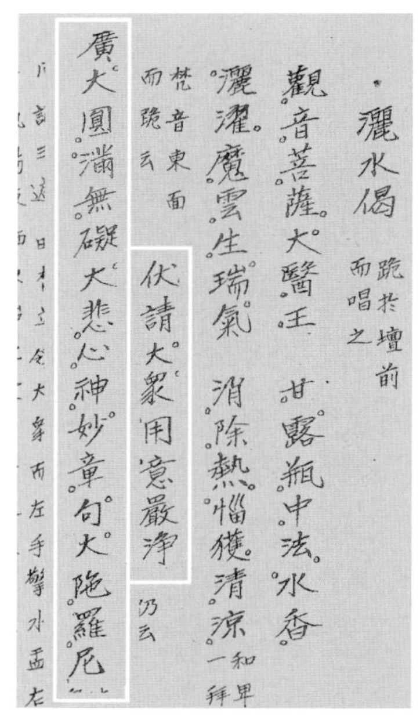

灑水偈

䟽於壇前而唱之

觀音菩薩大醫王 甘露甁中法水香

灑濯魔雲生瑞氣 消除熱惱獲淸凉 一和拜畢

梵音東面而䟽云

伏請大衆用意嚴淨

乃云

廣大圓滿無礙大悲心神妙章句大陁羅尼

〈보례 5〉 1929년 본 『作法龜鑑』의 靈山作法 중 〈복청게〉

보이는 영산작법靈山作法(現 영산재)이 부록처럼 수록되어있다.[17] 그런데 여기 기록된 〈복청게〉 가사가 송암스님이 부른 〈별복청게〉와 같아 주목된다. 이를 제시하면 〈보례 5〉와 같다.

송암스님이 〈별복청게〉라고 부른 소리의 가사는 기록처럼 '복청대중 용의엄정 광대원만 무애대비심 신묘장구 대다라니'로 되어있다. 송암스님의 강의녹음내용(음원① : 1999년 5월)과 구해스님에 의하면, "〈별복청게〉는 〈복청게〉처럼 예전에 영산재, 수륙재, 예수재에서 모두 사용되었다."고 하며, 영산작법靈山作法에 수록된 이상의 기록을 통해 이를 잘 확인할 수 있다. 또한 경제에서는 소위 고조古調에 해당하는 '용의엄정'의 가사가, 근세기에 확대, 변화 현상이 일어난 것을 알 수 있다. 즉, 〈별복청게〉는 고조古調의 맥을 이어 좀 더 발전된 형태로 마련된 것으로 보이며, 대표적인 불교의식집인 『작법귀감作法龜鑑』(1929)에 수록되어있는 것으로 보아 20세기 전반에는 그 인지도가 나름 높았던 사실을 짐작케 한다.

한편 1827년 간행본과 1929년 필사본 『작법귀감作法龜鑑』에는 성조를 나타내는 사성四聲점[18]이 표기되어있는데, 그 위치가 서로 좀 다르다. 이는,

17• 백파 긍선 편, 刊者 미상, 『作法龜鑑』, 서울대학교 규장각 소장, 1929.

18• 四聲점은 본래 한자의 聲調를 표시한 것이다. 그런데 대개 한문으로 된 염불(안채비, 바깥채비소리)은 선율의 고저를 지을 때, 성조의 영향을 받은 흔적이 지금도 많이 나타난다. 一, 八, 佛(이상 제1 또는 2성 : 평성), 不, 大(이상 제4성 : 거성)는 한자에서 모두 높이 또는 강하게 내는 성조로,

〈복청게〉가 음악적 변화를 제법 겪으며 전승되고 있는 사실을 짐작케 한다.

5) 『요집문要集文』들(19세기 후반~20세기 초)

『한국불교의례총서』 제4권에는 발행, 발인 미상인 『요집문要集文』 또는 『요집要集』들이 대거 수록되어있다.[19] 그런데 이들 의식집은 현행과 의식 절차 및 그 내용이 매우 흡사하여 대개 19세기 후반~20세기 전반(근세기)에 간행된 책들로 보인다. 여기에서 '영산작법靈山作法'(現 영산재)에 기록된 〈복청게〉는 현행과 그 가사가 대부분 일치하며, 이를 제시해보면 〈보례 6〉과 같다.

이외 현행 〈복청게〉 가사는 20세기 전반 의식집으로 추정되는 『청문요집請文要集』[20]의 영산작법靈山作法에서도 보인다. 즉, 19세기 후반 이

觀音菩薩大醫王 甘露缾中法水香
灑濯魔雲生瑞氣 消除熱惱獲清凉
伏請大衆同音唱和神妙章句大陁羅尼
四方讚
一洒東方潔道場 二洒南方得清凉
三洒西方俱淨土 四洒北方永安康

〈보례 6〉 『要集文』의 靈山作法 中 〈복청게〉[21]

범패에서도 이 글자들은 대개 높은 음역에서 선율이 긴장감 있게 진행된다.(2009년 5월 옥천 범음대 상주권공 수업 中 일운스님 증언) 그리고 『봉원사요집』(운파 편저, 서울 : 봉원사, 1955)에 수록된 안채비 및 바깥채비소리에는 古下점이 표기되어있는데, 이는 사성점의 흔적으로 선율의 높낮이를 표시한 것이며, 지금도 여전히 범패승들 사이에서 사용되고 있다.(2010년 5월 6일 각배수업 中 일운스님 증언) 영남범패는 현재 사성의 영향을 가장 많이 유지하고 있는 사실이 확인되기도 한다. 김용환 · 윤소희 공저, 『신라의 소리 영남범패』, 서울 : 정우서적, 2010, 15~16쪽.

19 • 박세민 편, 『한국불교의례총서』 4권, 308쪽 · 355쪽 · 377쪽 · 506쪽.

20 • 박세민 편, 『한국불교의례총서』 4권, 582쪽. 이 책은 홍은동 백련사의 해운 스님이 발행한 의식집으로, 백련사의 설산스님에 의하면, "해운스님이 현재 생존해 계신다면 110세가 좀 넘을 것이다."고 하므로 이 책은 20세기 전반기에 작성된 것으로 추정된다. 2009년 10월 22일 설산스님 전화대담.

21 • 박세민 편, 『한국불교의례총서』 4권, 308쪽.

후에 간행된 것으로 보이는 불교의식집에는 주로 현행과 가사가 같은 〈복청게〉가 기록되어있어, 근세기에는 소위 신조新調인 현행의 형태가 '엄의용정'이 들어가는 고조古調보다 더 보편적이었던 것으로 보인다. 한편 강원도江原道 금화군金化郡 복주암福住庵에서 간행된 『요집要集』에는 '동음창화' 대신 '동송창화'(伏請大衆 同誦唱和 神妙章句大多羅尼)라고 기록되어있다.[22] 그런데 '음音'이 아닌 '송誦'은 근세기 영남제 〈복청게〉에서 많이 나타난 글자로 확인된 바 있어,[23] 이를 통해 '동송창화'가 경상도뿐 아니라 강원도를 포함한 동부지역에서 두루 선호된 사실을 엿볼 수 있다.

요컨대, 17~18세기 불교의식집으로 볼 때, 〈복청게〉는 본래 '용의엄정' 가사가 들어가는 것이 고조古調(또는 원조元祖)이다. 그리고 『작법귀감作法龜鑑』(1827)으로 보건대 19세기 초에 이르면, 소위 '용의엄정'의 고조古調와 '동음창화'의 신조新調가 병존하게 된다. '동음창화'는 본래 염불을 부를 때의 상황 설명 또는 법주의 지시에 대한 기록으로 불교의식집에서 나타난 것으로 볼 때, 이를 어느 때부터인가 가사로 수용하여 '용의엄정'과 대체한 것이 아닌가 싶다. 그리고 경제에서는 소위 고조古調에 해당하는 '용의엄정'의 가사가 근세기에 확대, 변화 현상이 일어나며, 이것이 〈별복청게〉의 가사와 동일한 사실이 1929년 本 『작법귀감作法龜鑑』에서 확인된다. 이를 통해, 경제 〈별복청게〉는 근세기 〈복청게〉의 고조古調를 좀 더 발전적으로 계승한 형태로 마련되었고, 20세기 전반에는 그 명맥이 나름 잘 유지된 사실을 알 수 있다.[24] 그러나 『요집문要集文』의 수록곡들로 볼 때, 상대적으로 가사가 간단한 신조新調 〈복청게〉가 19세기 후반~20세기 전반기에 주류였던 것으

22• 박세민 편, 『한국불교의례총서』 4권, 384쪽.

23• 서정매, 「영남지역에 전승되는 〈복청게〉 선율 연구 – 부산 · 마산 · 밀양을 중심으로 –」, 19쪽.

24• 과거 완제와 영남제 등 다른 지역제에서도 소위 〈별복청게〉가 존재했는지를 조사해보았지만, 이에 대해 아는 범패승을 찾을 수 없어 확인할 수가 없었다. 다만 19세기 후반~20세기 전반 불교의식집으로 볼 때, 〈별복청게〉 가사는 널리 많이 사용되지는 않았던 것으로 보인다.

로 보인다. 그리고 의식이 간소화되는 흐름 아래, 현재 경제에서는 〈복청게〉(新調)만 전승되며 이것이 영산재, 수륙재, 예수재 등 각종 크고 작은 재에서 두루 사용되고 있고, 〈별복청게〉는 거의 단절되었다.

2. 경제 〈복청게〉계통 소리

본 항에서는 경제 〈복청게〉와 〈별복청게〉의 음악적 특징을 전자에서 후자 순으로 면밀히 살펴보고, 그 음악적 관계를 파악해보겠다.

1) 경제 〈복청게〉

경제 〈복청게〉는 대표적인 홑소리 중 하나로 현재 대부분의 스님들이 대동소이하게 부르고, 동일 창자가 부른 〈별복청게〉와의 원활한 비교를 위해 대표적인 경제 어장스님인 송암스님의 창을 주요 연구대상으로 하겠다. 경제 〈복청게〉는 선율진행 특징 및 종지선율에 의거하여 크게 네 부분(A-B-C-D)으로 구분이 가능하다. 따라서 보다 상세한 음악적 특징을 논의하기 위해, 본고에서는 네 부분으로 나누어 살펴보고자 한다.

〈악보 1〉 경제 〈복청게〉 中 첫 번째 A부분/ 송암스님 창[25]

25 • 본고의 염불 채보는 대개 송암스님 창의 실음을 기준으로 하였는데, 〈복청게〉는 실음으로 하면 조표가 많이 붙어 단2도 위로 채보하였다.

경제 〈복청게〉는 대개 2소박(♩) 단위로 채보가 많이 이루어져있다.[26] 그런데 송암스님 창을 자세히 들어보면 2소박(♩)과 3소박(♩.)이 혼재되어 있으며, 전반적으로 여느 한국음악처럼 3소박을 더 근간으로 하고 있다. 이외 서울대 소장 자료와 구해 및 일운 창 〈복청게〉도 모두 2소박보다 3소박을 더 근간으로 하고 있는 사실이 확인된다.[27] 참고로 마산 불보산 영산재의 〈복청게〉는 3소박 단위로 채보된 바 있다.[28] 따라서 이 소리는 빠르기가 ♩.(♩)=63~69인 다소 느린 3소박 불규칙박자로 보는 것이 더 타당하다.

첫 번째 부분은 '복청대중伏請大衆'을 가사로 하며, 이른바 음악을 일으키는 시작 부분(起)에 해당한다. 토리는 주요 구성음이 mi, sol, la, do', re'인 메나리토리로 되어있고, 이른바 평으로 내는 목으로 시작하며 (mi)-la-do'-la-sol-mi의 전형적인 메나리토리 선율진행이 많이 나타난다. 악곡구조를 살펴보면, 전체는 A(起)로 볼 수 있지만 세부적으로 선율악구의 단락 및 호흡에 의해 a+b+종지형①의 세 부분으로 구분 가능하다. 종지형①은 두 번째(B)와 세 번째(C) 부분에서도 나타나는 종지형으로 반음진행이 특징적이며, 완전종지보다 반종지의 기능이 나타난다.

'동음창화同音唱和 신묘장구神妙章句'를 가사로 하는 B부분은 '동음창화同音唱和 신묘장神妙章'까지는 상대적으로 선율단락이 짧은 홑소리로 부르지만, 마지막 가사인 '구句'는 길게 지어서 부른다. 그런데 이는 영남제 〈복청게〉에서도 흡사하게 나타나,[29] 〈복청게〉 특유의 노래 방식인 것으로 보이며, 상호 영향도 짐작케 한다.

26 • 각주 5번 글들 참조. 이는 범패 채보에 있어 전반적인 경향이기도 하다.

27 • 〈표 1〉과 〈참고악보 3〉 참조.

28 • 노명열(혜일), 「불교 법고 리듬에 관한 연구」, 118쪽.

29 • 서정매, 「영남지역에 전승되는 〈복청게〉 선율 연구－부산·마산·밀양을 중심으로－」, 12쪽.

〈악보 2〉 경제 〈복청게〉 中 두 번째 B부분/ 송암스님 창

악곡구조를 보면, 크게 B에 해당하지만 세부적으로 선율악구의 단락 및 호흡에 따라 c+d+e+f+g+종지형①로 구분 가능하다. 그런데 토리를 보면, c+d는 A부분에 이어 메나리토리로 되어있지만, e이하는 음역이 다소 높아지며 주요 구성음이 la, do', re', mi', sol'이고 re'에 중심음 기능과 요성이 나타나 반경토리[30]에 더 맞는다. 즉, 이 부분은 소위 전체 구조에서 음악을 점차 발전시켜나가는 승承에 해당하며, 선율이 차츰 고조되면서 청이 이동(4도 위 엇청)하고 토리가 전이되는 현상이 나타난다. 반경토리로의 전이는 음악의 극적효과와 함께 해당 지역음악어법인 경토리(sol, la, do', re', mi')의 영향도 나타난 것이라 볼 수 있겠다. 그리고 B부분은 A부분과 종지 선율형이 거의 동일하며 선율적 단락감을 공유한다.

30 • 반경토리는 주요 구성음이 la, do', re', mi', sol'인 3도+2도+2도+3도의 음정 관계로 되어있고, 제3음 re'에 요성과 선율의 중심음 기능이 나타난다. 이 토리는 특성상 경토리와 메나리토리가 혼재된 형태로 볼 수 있다. 이보형, 「경·서토리 음구조 유형에 관한 연구」 참조.

〈악보 3〉 경제 〈복청게〉 中 세 번째 C부분/ 송암스님 창

이 부분은 마지막 가사인 '대다라니大多羅尼' 중 '대大'자 하나로 선율을 상당히 길게 지으며 범패의 1자字 다음多音(melismatic style)의 전형성을 가장 잘 보여준다. 악곡구조를 보면, 크게 C에 해당하지만 세부적으로 선율악구의 단락과 호흡에 의해 h+i+h'+i'+i''축소+i'''축소+e'축소+f'축소+g'+종지형①로 구분 가능하다. h와 i계 부분은 범패 특유의 선율 특징인 '잣는소리'가 계속 나타나고, 깊고 장엄한 성음을 토대로 한 도약진행으로 음악적 절정을 한껏 자아낸다. 그리고 e'축소 이하는 B의 뒷부분을 축소 변주한 부분으로, 나름 앞부분과 선율적 공유를 마련한다. 한편 C부분의 토리도 전반적으로 주요 구성음이 la, do', re', mi', sol'이고 re'에 중심음 기능과 요성이 나타나 반경토리에 더 맞는다. 즉, 이 부분은 음악적으로 절정을 이루는 클라이맥스(轉)에 해당되며, 새로운 선율형태들이 대거 나타나고 B부분에 이

어 토리의 전이현상이 지속된다.

한편 개성, 장단에서 배운 소리로 보이는 벽응스님 창 〈복청게〉(상세한 논의는 제1장 벽응스님 항목 참조)는 C의 e'축소 부분에 선율이 조금 더 첨가되며 現 경제 〈복청게〉와 다소 차이가 난다.(〈악보 4〉의 네모 부분) 이는 자료 1번 개성 출신의 용암스님 창에서도 확인된다.[31] 그러나 그 외는 선율이 거의 대동소이하다고 한다.[32] 이를 통해 과거 같은 경제로 개성과 서울지역의 범패는 많은 염불이 공유되었던 사실을 확인할 수 있으며, 현재는 소위 서울식 〈복청게〉만 전승되고 있다.

〈악보 4〉 개성식 〈복청게〉 中 C의 e'축소 부분(벽응스님/ 원허스님 模唱)

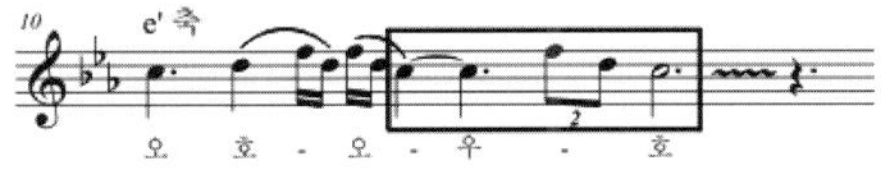

〈악보 5〉 경제 〈복청게〉 中 네 번째 D부분/ 송암스님 창

31 • 용암스님 창은 중간에 실수 또는 생략된 부분이 있어, 본고에서 다루지 못하였다.

32 • 2013년 4월 18일 동방불교대학 교수 원허스님 대담.

'다라니多羅尼'를 가사로 하는 D부분은 이른바 결結에 해당되며, 의식음악다운 음악적 마무리가 잘 드러난다. 이 부분은 다시 본래 음역으로 돌아오며, 주요 구성음이 mi, sol, la, do', re'인 메나리토리, 즉 본조로 회귀한다. 악곡구조를 살펴보면, 크게 D에 해당하지만 세부적으로 선율악구의 단락 및 호흡에 따라 j+k+l+종지형②로 구분 가능하다. k에서 '잦는소리'의 선율진행을 통해 마지막 긴장감을 잠깐 유발한 뒤 l에서 풀어주고, 기음 mi를 중심으로 하는 깊고 무게감 있는 종지형②를 통해 의식음악의 미美를 한껏 자아내며 마무리한다. 즉, A・B・C부분의 종지형①이 반종지의 기능이 나타난다면, 종지형②는 완전종지의 기능으로 〈복청게〉를 끝맺는다.

요컨대, 〈복청게〉는 짧은 홑소리에 해당하지만, 이른바 크게 기승전결起承轉結(ABCD)의 네 부분으로 구성된다. 이는 여느 홑소리의 구조인 ABCB' 또는 ABAB'(대구 구조)와 좀 차이가 있다. 승承(B)과 전轉(C)부분에서는 청의 이동(4도 위 엇청) 및 토리의 전이(반경토리)와 새로운 다양한 선율형태를 통해 음악의 극적상황을 한껏 마련하고, 결結(D)에서는 의식음악다운 장엄한 마무리를 통해 구성미가 뛰어난 범패음악의 미美를 여실히 보여준다. 이상의 내용을 표로 정리하면 다음과 같다.

〈표 2〉 경제 〈복청게〉의 특징

	경제 〈복청게〉			
구조	A	B	C	D
내용	기	승	전	결
토리	메나리토리	메+반경토리(4도 위 엇청)	반경토리	메나리토리(본조회귀)
종지		종지형①(반종지)		종지형②(완전종지)
가사	복청대중	동음창화 신묘장구	대	다라니

2) 경제 〈별복청게〉

〈별복청게〉는 〈복청게〉와 근본적으로 같은 소리이다. 다만 가사의 중간부분이 〈복청게〉보다 좀 더 길고 다소 내용의 차이가 있다. 즉 〈복청게〉의 '동음창화'가 〈별복청게〉에서는 '용의엄정 광대원만 무애대비심'으로 되어있다. 〈별복청게〉는 이로 인해 선율도 좀 더 긴데, 다른 내용의 가사가 앞서 살펴본 〈복청게〉의 두 번째 B부분에 집중적으로 배치되어있다. 이에 중복되는 논의를 피하기 위해 서로 다른 B부분만 제시하여 그 음악적 특징을 살펴보겠다.

그런데 구해스님에 따르면, 〈별복청게〉의 B부분은 "좀 빠르게 부를 때는 전체를 '유치성'[33]으로 부르지만, 시간적 여유가 있거나 의식의 상황에 따라 유치성과 홑소리를 섞어 부르기도 한다."고 한다. 이에 본고는 두 경우의 선율을 모두 잘 파악하기 위해, 전자(유치성)는 '용의엄정'의 선율에서 제1선율로, 후자(유치성+홑소리)는 '용의엄정'의 선율에서 제2선율로 이어지도록 채보하였다.[34] 그리고 제2선율의 홑소리는 앞서 다룬 〈복청게〉의 일부선율과 같아, 〈복청게〉의 형식기호를 빌려 그 해당선율의 구조를 표시하였다.

33• 유치성은 편게성, 착어성과 함께 안채비소리의 대표적인 선율형태 중 하나이다.

34• 〈별복청게〉의 악보는, 유치성으로만 부른 소리는 송암스님 창 음원②, 홑소리를 섞어 부른 소리는 음원③으로 채보하였다.

〈악보 6〉 경제 〈별복청게〉 중 B부분/ 송암스님 창

이하 '신묘장구'는 〈복청게〉와 동일

〈별복청게〉는 '용의엄정用意嚴淨 광대원만廣大圓滿 무애대비심無礙大悲心'의 가사를 메나리토리의 '유치성'으로 좀 간단히 부른 형태가 시간관계상 많이 선호된 것으로 보인다. 송암스님 창 음원①,②번은 모두 유치성으로만 되어있고, 해사스님은 "이를 수업시간에 가장 많이 들어보았다."고 증언한다. 그런데 구해스님에 따르면, "大자는 본래 四聲 중 '上聲'이기 때문에, 홑소리로 높여서 많이 부른다고 배웠다."고 한다. 즉, 〈악보 6〉의 제2선율처럼 광대廣大의 대大는 〈복청게〉의 신묘장'구' 중 e+f+g+종지형①부

분(반경토리), 무애대비심無礙大悲心의 대大는 '대'다라니 중 h와 신묘장'구'의 e+f+g+종지형①부분의 선율을 축소 변형시켜 부르기도 한다는 것이다. 이를 뒷받침해주는 자료로, 송암스님 창 음원③은 광대廣大와 무애대비심無礙大悲心의 대大를 모두 이와 같은 홑소리로 불렀고, 음원④는 광대廣大의 대大만 홑소리로 불렀다. 구해스님이 필자가 부탁하여 부른 〈별복청게〉는 후자와 같다.(〈참고악보 3〉) 그런데 아마도 처음 형성되었을 때는 대大자를 모두 홑소리로 부르는 것이 가장 이상적인 형태였을 것으로 보인다. 이를 통해 〈별복청게〉는 상황에 따라 유치성 또는 유치성과 홑소리를 섞어 다양하게 부른 양상을 살펴볼 수 있다. 따라서 이 소리는 〈복청게〉에 비해 음악적으로 한층 길고 웅장했던 것으로 보이며, 의식 상황에 따른 선율적 가변성도 높았던 것으로 보인다.

한편 문헌의 기록상 〈별복청게〉는 〈복청게〉보다 뒤에 나온 소리로 보이는 바, 음악적 형성 원리로 볼 때도 〈복청게〉가 먼저 형성되고, 〈별복청게〉는 근세기 가사가 확대되면서 기존의 선율을 재이용하여 만들어진 소리로 보인다. 〈복청게〉에 비해 선율의 가변성이 크고, B부분에 나오는 '대大'자를 모두 홑소리로 부르면 반복되는 선율(e+f+g+종지형①)이 많아[35] 구성이 치밀하지 못한 점은 이러한 사실을 잘 보여준다. 그렇다면 〈복청게〉 외 경제에서는 왜 〈별복청게〉를 또 마련하였던 것일까 하는 의문이 든다. 송암스님의 강의녹음내용(음원①)과 구해스님에 의하면, 〈별복청게〉와 〈복청게〉는 모두 과거 영산재, 수륙재, 예수재 등에서 같이 사용되었다고 하므로, 용도의 차이는 없다. 다만 구해스님은 "〈별복청게〉는 가사나 선율의 특징으로 볼 때, 의식을 좀 더 장엄하게 할 때 별칭대로 더 '특별하게' 사용했던 것 같다."라고 말한다. 하지만 "내가 어렸을 때도 이미 봉원사에서 잘 부르

35 • 바로 뒤의 '신묘장구'까지 하면 B부분에서만 같은 선율(e+f+g+종지형①)이 세 번이나 나타나, 음악적 지루함을 유발할 수 있다.

지 않았다."고 하므로,[36] 분단 이후 실제 재의식에서는 거의 사용되지 않은 것으로 추정된다. 즉, 〈별복청게〉는 근세기 경제에서 보다 '특별한 형태'로 마련되었지만, 분단 이후 의식이 간소화되는 추세 아래 전승과정에서 이내 도태된 것으로 보인다. 이상 〈별복청게〉의 음악적 특징을 표로 정리하면 다음과 같다.

〈표 3〉 경제 〈별복청게〉의 특징

	경제 〈별복청게〉			
구조	A	B	C	D
내용	기	승	전	결
토리	메나리토리	①유치성 : 메나리토리 ②유치성+홑소리 : 메+반경토리(4도 위 엇청)	반경토리	메나리토리 (본조회귀)
종지		종지형① (반종지)		종지형② (완전종지)
가사	복청대중	용의엄정 광대원만 무애대비심 신묘장구	대	다라니

3. 경제 〈복청게〉계통 소리의 역사적 전승 양상

과거 경제에서는 〈복청게〉와 〈별복청게〉, 두 가지 종류의 〈복청게〉가 존재했던 사실이 경제 어장 스님들에 의해 확인된다. 이에 두 소리의 음악

36 • 현재 구해스님(1943년생)은 법납이 55세로, 16살 때(1958) 봉원사에서 출가하였다고 한다. 이로 보면, 이미 50~60년대 〈별복청게〉는 서울에서 단절되기 시작한 것으로 보인다.

적 관계와 그 역사적 전승 양상을 살펴보기 위해 조선시대 불교의식집의 관련기록과 두 소리의 음악적 특징을 면밀히 파악해보았다. 여기에서는 이상의 내용을 종합하여 경제 〈복청게〉 계통 소리가 현행에 이르기까지 그 전승 양상에 대하여 논의해보겠다.

17~18세기 조선시대 불교의식집을 보면, 〈복청게〉는 본래 '동음창화' 대신 '용의엄정' 가사가 들어가는 것이 소위 원형태(복청대중 용의엄정 신묘장구다라니)이다. 그리고 19세기 초에 이르면, 이른바 '용의엄정'의 고조古調와 '동음창화'의 신조新調가 병존했던 것으로 보인다. '동음창화'는 본래 염불을 부를 때 법주法主 또는 인도引導의 지시에 대한 기록으로 의식집에서 나타난 것으로 볼 때, 이를 어느 때부터 가사로 수용하여 '용의엄정'과 대체한 것이 아닌가 생각된다. 그런데 경제에서는 소위 고조古調에 해당하는 '용의엄정'의 가사가 근세기에 확대, 변화 현상이 일어나며, 이것이 〈별복청게〉의 가사와 동일한 사실이 1929년 필사본 『작법귀감作法龜鑑』에서 확인된다. 이를 통해, 경제 〈별복청게〉는 근세기 〈복청게〉의 원형태를 좀 더 발전적으로 계승한 형태로 마련되었고, 20세기 전반에는 그 명맥이 나름 잘 유지된 사실을 알 수 있다. 그러나 『요집문要集文』(19세기 후반~20세기 전반)의 수록곡들로 볼 때, 상대적으로 가사가 간단한 현행 〈복청게〉(新調)가 19세기 후반 이후 대세였던 것으로 보인다. 〈복청게〉 신조新調(복청대중 동음창화 신묘장구대다라니)가 〈별복청게〉보다 〈복청게〉 고조高調(복청대중 용의엄정 신묘장구(대)다라니)와 4언 4구로 가사길이가 거의 같기 때문에, 음악적으로 전승하기 더 쉬운 점도 있었으리라 추정된다.

이상의 내용을 토대로, 〈복청게〉와 〈별복청게〉의 음악적 특징 및 그 관계를 살펴본 결과, 〈복청게〉는 짧은 홑소리에 해당하나, 이른바 크게 기승전결起承轉結(ABCD)의 네 부분 구조로 이루어진다. 이는 여느 홑소리의 구조인 ABCB' 또는 ABAB'(대구 구조)와 좀 차이가 있다. 그리고 메나리토리를 근간으로 하지만, 승承(B)과 전轉(C)부분에서는 좀 더 높은 음역으로 청의 이동(4도 위 엇청) 및 토리의 전이(반경토리)와 새로운 다양한 선율형태를 통해 음악의 극적상황을 한껏 마련한다. 또한 결結에서는 의식음악다운 장엄한 마무리로, 구성미가 뛰어난 범패음악의 미美를 여실히 보여준다. 한편 〈복청게〉는 소위 개성식이 서울식보다 첨가되는 선율이 좀 있지만 전반적으로 거의 같아, 과거 두 지역의 염불이 많이 공유된 사실을 알 수 있고, 현재는 서울식만 전승되고 있다.

〈별복청게〉는 〈복청게〉와 A(복청대중)·C(대)·D(다라니)부분은 음악적 특징이 같다. 다만 B부분의 선율이 가사에 의해 좀 차이난다. 즉, 상대적으로 〈복청게〉(동음창화)보다 길고 다른 내용의 〈별복청게〉 가사(용의엄정 광대원만 무애대비심)가 B부분에 집중적으로 배치되며 선율이 길어진다. B부분은 시간 관계상 '유치성'으로 간단하게 많이 불렀던 것으로 보인다. 그러나 의식 규모 및 상황에 따라 상성上聲에 해당하는 광대廣大와 무애대비심無礙大悲心의 '대大'는 홑소리로 더 길고 웅장하게 부르기도 하였다. 그리고 문헌의 기록으로도 〈별복청게〉는 〈복청게〉보다 후에 나온 소리이지만, 음악적 형성 원리로 보아도 근세기 가사가 확대 변화되면서 기존의 〈복청게〉 선율을 활용하여 만들어진 소리임이 확인된다. 이러한 〈별복청게〉는 〈복청게〉처럼 수륙재, 영산재, 예수재 등에서 두루 쓰여 용도는 별 차이가 없지만, 별칭대로 장엄한 의식에서 좀 더 '특별하게' 사용하기 위해 마련되었던 것으로 보인다. 그런데 비교적 〈복청게〉에 비해 선율이 길고 가변성이 커, 이것이 〈별복청게〉의 원활한 전승에 장애가 되지 않았을까 생각된다. 현 영산재 보유자인 구해스님에 의하면, "〈별복청게〉를 전수과정에서 배우기는 하였지만, 6·25이후 서울에서는 실제 재에서 거의 사용하지 않았다."고 한다.

요컨대, 근세기 경제 〈별복청게〉는 〈복청게〉의 원형태를 좀 더 발전적으로 계승한 형태로 마련되었던 것으로 보이지만, 전통사회가 붕괴되고 의식이 간소화되어가는 시대적 흐름 아래 이내 도태되었다. 그러나 경제 〈복청게〉계통 소리는 과거 활발했던 경제 범패의 전승 양상을 보여주는 대표적인 실례로, 범패의 활발한 전승을 화두로 삼는 현재, 의미하는 바가 크리라 생각된다. 이상의 내용을 도식화시켜보면 다음과 같다.

경제 〈복청게〉 → 〈복청게〉(서울식, 개성식) → 〈복청게〉(서울식)만 전승
→ 〈별복청게〉 → 단절

참고악보 1

〈복청게〉

창 : 송암스님
자료 : 송암스님 유작집 『영산』
채보 : 손인애

으 - 아 으 - 으 - 잉 아 - 다 - 려 - 어 - 어 - 으어니 이
accel.
에 - 이에 에 - 이에 에 - 이에 이 - 에 이 - 에 이 - 에 이 - 에
이 - 이 - 에 - 으 - 아 아 으 - 으 - 으잉 - 야 으흐 - 으흐 으

참고악보 2

〈별복청게〉

창 : 송암스님
자료 : 1999년 영산반 수업
채보 : 손인애

이상 '복청대중'은 〈복청게〉와 동일

이하 '신묘장구'는 〈복청게〉와 동일

참고악보 3

〈별복청게〉

창 : 구해스님
자료 : 2011년 3월 녹음
채보 : 손인애

이하 '신묘장구대다라니'는 송암스님 창 〈복청게〉와 거의 동일

제2장

제2절. 〈천수바라千手哱羅〉*

현재 상주권공, 각배, 영산재 같은 큰 재의 상단권공에서 〈복청게〉에 이어 바라춤에 맞춰 연행되는 〈천수바라〉[1]는 가장 대표적인 바라춤 음악이다.[2] 그런데 제1장에서 살펴본 분단 이후 남한에서 활동했던 개성 출신의 용암스님이 부른 〈천수바라〉가 현행 경제 소리와 달리 전형적인 수심가토리로 되어있어 주목된다. 그가 부른 〈천수바라〉는 1966년부터 1970년대 초에 걸쳐 당시 서울대 한만영 교수가 문화재지정 조사 과정에서 녹음한 자료에서 발견되며, 상주권공, 시왕각배, 영산재에 모두 녹음되어있다.[3] 따라서 총 3곡이 확인되는데, 토리 및 선율이 서로 거의 같아 일시적인 소리 형태가 아님을 짐작케 한다. 용암스님은 개성 출신으로, 젊었을 때는 주로 그 지역에서 공부하고 활동한 사실이 확인된다. 따라서 그가 부른 〈천수바라〉는

* 본 글은 필자의 「범패 〈천수바라〉의 음악 형성사적 연구 – 경제와 개성 및 영남제 〈천수바라〉를 중심으로」(2011)와 「개성 범패 〈천수바라〉 연구 – 개성 출신 용암스님 창을 대상으로」(2012)를 수정 보완한 것이다.

1 • 〈천수바라〉는 본래 바라춤의 명칭이지만, 現 범패승들은 그 반주음악을 지칭할 때도 사용한다. 본고에서는 〈천수바라〉의 반주음악을 의미하는 용어로 사용하고자 한다.

2 • 〈천수바라〉의 가사인 천수다라니는 불교경전의 하나로, 관세음보살이 부처에게 청하여 허락을 받고 설법한 경전이다. 본래 명칭은 〈천수천안관자재보살광대원만무애대비심대다라니경〉으로, '한량 없는 손과 눈을 가지신 관세음보살이 넓고 크고 걸림 없는 대자비심을 간직한 큰 다라니에 관해 설법한 말씀'이라는 뜻이다. 노명열(혜일), 「불교 법고 리듬에 관한 연구」, 안성: 중앙대학교 석사학위논문, 2007, 105쪽 재인용.

3 • 용암스님은 現 영산재 보유자인 구해스님과 전수조교인 일운스님을 통해 확인할 수 있었다.

과거 개성에서 부른 형태였던 것으로 보이는 바, 현재 서울을 중심으로 전승되고 있는 경제 〈천수바라〉와 토리 및 선율이 다소 차이나지만 박자와 선율진행에서 유사점이 많이 발견된다. 그리고 두 〈천수바라〉는 유사점으로 볼 때, 밀접한 음악적 관련성이 있으리라 추정된다. 현재 경제 〈천수바라〉의 음악적 연구는 주로 그 특징 및 다른 남한 지역제 〈천수바라〉와의 비교에 관한 것이며,[4] 자료의 한계 상 어떤 역사적 전승 과정을 통해 현행에 이르고 있는지에 대한 논의는 아직 이루어지지 못하였다.

따라서 본 절에서는 현재 서울에서 전승되고 있는 경제와 개성 〈천수

4• 현재 경제 〈천수바라〉는 박자, 토리, 리듬 같은 기본 음악적 특징에 대한 연구가 가장 많이 이루어졌다. 김응기(법현), 『불교무용』, 서울 : 운주사, 2002, 32~53쪽; 김응기(법현), 「불교무용 천수바라춤의 반주음악 채보」, 『불교문화연구』 제3집, 경주 : 동국대학교경주사학 국사학회, 2002, 147~173쪽; 김응기(법현), 『한국의 불교음악』, 서울 : 운주사, 2005, 140~142쪽; 김종형(능화), 『천수바라무』, 서울 : 한국불교무용연구소, 2002; 서정매, 「천수바라의 리듬구조에 관한 연구」, 『영산재학회논문집』 제7집, 서울 : 옥천범음대학, 2009.
그리고 근자에 호남제, 영남제 같은 다른 지역제 〈천수바라〉와의 음악적 비교로 그 연구범위가 점차 확대되고 있다. 임미선, 「호남 범패의 전승과 특징 - 전북 영산작법을 중심으로」, 『한국음악연구』 제38집, 서울 : 한국국악학회, 2005.12; 노명열(혜일), 「불교 법고 리듬에 관한 연구」,

바라〉[5]의 음악적 특징 및 그 관계를 면밀히 살펴, 두 지역의 〈천수바라〉가 과거 어떠한 역사적 형성 과정을 거쳐 오늘에 이르고 있는지에 대하여 논의해보려 한다. 이를 위해 먼저 조선시대 불교의식집[6]에 수록된 〈천수바라〉의 기록을 통해 그 형성 및 변화를 최대한 파악해보겠다. 그런 다음, 용암스님 창을 대상으로 아직 제대로 알려진 바 없는 개성 〈천수바라〉의 특징을 최대한 고찰해보겠다. 그리고 현행 경제 〈천수바라〉는 그 특징이 어느 정도 밝혀졌기에 경제와 개성 〈천수바라〉를 비교함으로써 더 상세히 살펴보는 기회를 마련하겠고, 비교 분석을 토대로 두 〈천수바라〉의 음악적 관계 및 역사적 변천 양상을 논의해볼 것이다. 본고의 연구 자료는 다음과 같다.

〈표 1〉 경제 〈천수바라〉의 연구자료

	가창자	곡명	발행년	출처
1	박용암	〈천수바라〉	1960~1970년대	서울대 음대 소장 릴테입 常住勸供齋 中 No. 53-2 제2면 No. 3
2				서울대 음대 소장 릴테입 十王各拜齋 中 No. 53-11 제2면 No. 3
3				서울대 음대 소장 릴테입 靈山齋 中 No. 53-7 제2면 No. 9
4	박송암[7]		1966.1.22	서울대 음대 소장 릴테입 No. 51-2 제1면 No. 3
5			1960~1970년대	송암 큰스님 유작집 『각배5CD』 / 송암대종사문도회 · 불교음악연구소, 2001.

5 • 개성 지역에서 부른 〈천수바라〉도 궁극적으로 경제이지만, 현행 경제 〈천수바라〉와 구분하기 위해 편의상 본고에서는 개성 〈천수바라〉라고 부르고자 한다.

6 • 박세민 편, 『한국불교의례총서』 권4.

7 • 송암스님 창은 유작집 中 『각배』에 수록된 노래 상태가 가장 좋아, 이를 대상으로 채보하였다.

1. 조선시대 불교의식집의 〈천수바라〉

〈천수바라〉는 현재 발견되는 전통시대 불교 의식집에 '천수' 또는 '천수다라니'라는 명칭으로 거의 모든 크고 작은 재의식에 수록되어있다. 그런데 대부분 진언 가사가 길어서인지 곡명(제목)만 보이고 진언(내용)은 생략되어있다. 그리고 곡명 외 기록이 있다면, 대개 '천수다라니를 송誦할 때 도량을 돌며 물을 뿌려 청정케 한 후 다시 법당으로 온다'는 내용[8]과 '천수다라니를 3회 염송한다거나 그 이유'에 관한 내용[9]이다.

따라서 〈천수바라〉의 음악 특징이나 바라춤과 관련된 사실을 알 수 있는 기록은 거의 없어, 여기에서는 현행과 연계되는 〈천수바라〉의 발생 및 그 역사에 대해 조금이나마 엿볼 수 있는 문헌을 중심으로 살펴보고자 한다. 일명 '천수(다라니)'가 수록된 가장 오래된 문헌은 학조 스님 편찬의 『오대진언집五大眞言集』(1485)[10]이다. 여기에는 '신묘장구대다라니'라는 명칭으로 드물게 진언 전체가 수록되어있다. 그러나 이 소리는 당본唐本에 언음석諺音釋을 한 것이라 하므로, 현행 소리와 연계되는 형태로 보기가 힘들 것 같다. 이에 최고最古의 영산靈山이 수록된 문헌인 『진언권공眞言勸供』(1496)[11]과 천수바라춤의 존재 여부가 확인되는 『천지명양수륙재의범음산보집天地冥陽水陸齋儀梵音刪補集』(1721)[12] 수록곡을 중심으로 그 내용을 살펴보겠다. 전

8 • 이러한 내용이 기록된 의식집으로, 『眞言勸供』(1496)(박세민 편, 『한국불교의례총서』 제1권, 449쪽), 『靈山大會作法節次』(1634)(박세민 편, 『한국불교의례총서』 제2권, 132쪽), 『諸般文』(1694)(박세민 편, 『한국불교의례총서』 제2권, 479쪽), 『刪補梵音集』(1713)(박세민 편, 『한국불교의례총서』 제2권, 592쪽), 『一判集』(박세민 편, 『한국불교의례자료총서』 제4권, 137쪽) 등이 있다.

9 • 이러한 내용이 기록된 의식집으로 『五種梵音集』(1661)(박세민 편, 『한국불교의례총서』 제2권, 185쪽), 『作法龜鑑』(1827)(박세민 편, 『한국불교의례총서』 제3권, 376쪽) 등이 있다.

10 • 박세민 편, 『한국불교의례총서』 제1권, 136쪽 · 148~166쪽.

11 • 박세민 편, 『한국불교의례총서』 제1권, 449쪽.

12 • 박세민 편, 『한국불교의례총서』 제3권, 21쪽.

자에서 후자 순으로 보면 다음과 같다.

1) 『진언권공眞言勸供』(1496)

이 의식집은 1496년(연산군 2)에 인수대비가 불가佛家에서 상행常行하는 권공勸供, 시식절차施食節次 등을 학조스님에게 교정, 번역하도록 명하여 간행한 책이라 한다. 여기에서 이른바 〈천수바라〉는 현행 영산靈山과 연계되는 '작법절차'[13]에 나타난다. 이를 제시하여 보면 다음과 같다.

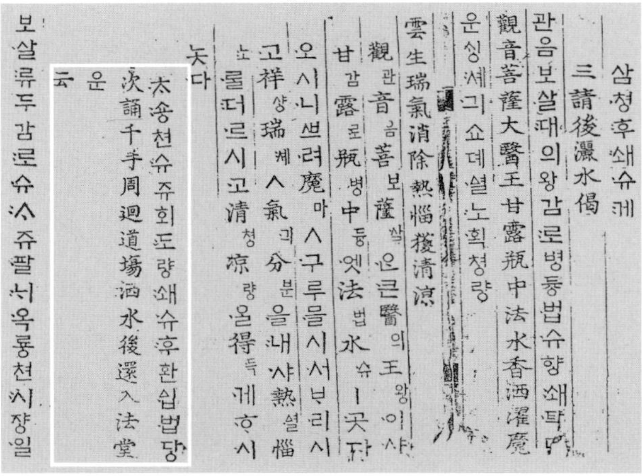
三請後灑水偈
觀音菩薩大醫王甘露甁中法水香洒濯魔
雲生瑞氣消除熱惱獲清凉
次誦千手周迴道場洒水後還入法堂

〈보례 1〉『眞言勸供』의 作法節次 中 〈천수바라〉

이 의식집에는 '천수'라는 곡명의 소리가 〈쇄수게〉 다음에 나온다. 그런데 현행 영산재에서는 〈쇄수게〉 다음 〈복청게〉, 그리고 〈천수바라〉가 연행되어 당시에도 지금과 같은 형태의 바라춤이 수반되었는지는 모르겠

13 • 이 책의 '작법절차'에 기록된 재의식이 부분적 차이는 있지만, 현행 영산재의 것과 흡사하다. 이를 바탕으로 향후 전통시대와 현행 영산재의 역사적 변모에 대한 비교 연구가 이루어져야 하겠다.

다. 그러나 늦어도 15세기 말에는 현행과 연계되는 〈천수바라〉가 존재했던 것으로 보인다.

2) 『천지명양수륙재의범음산보집天地冥陽水陸齋儀梵音刪補集』(1721)

이 의식집은 지환智還이 경기도 양주 삼각산 중흥사重興寺에서 간행한 불서(1721)라고 한다. 이 책의 현행 영산靈山과 연계되는 '영산작법'에는 〈천수바라〉의 곡명('천수') 외 별 다른 기록이 없으나, 제후작법절차齊後作法節次[14] 중 중단中壇에서 염화게 다음 '천수(다라니)'를 할 때 바라춤이 수반되는 내용이 나타난다. 이를 제시해보면 〈보례 2〉와 같다.

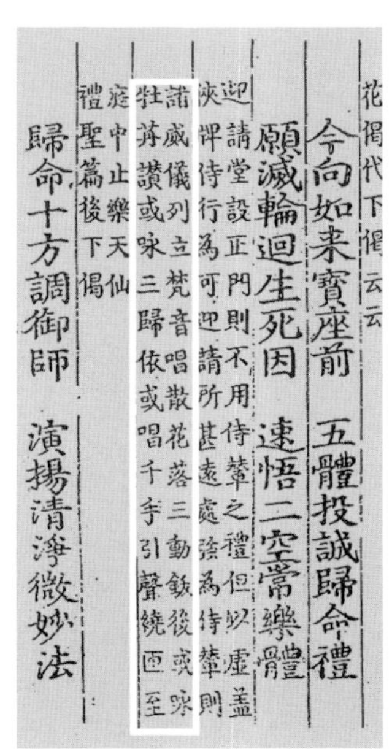

〈보례 2〉『天地冥陽水陸齋儀梵音刪補集』의 齊後作法節次 中

이 글에 따르면 염화게를 한 다음, "梵音(범패승)이 산화락을 세 번 부르고 동발을 한다. 그런 연후, 〈모란찬〉, 혹은 〈삼귀의〉, 혹은 〈천수(바라)〉를 읊고, 〈인성〉(짓소리)[15]을 부르며 돌아 殿中에 이르러 음악을 마치고 天仙禮聖篇을 한 후 아래의 게를 한다."는 대목(네모 친 부분)이 있다. 그런데 여기서 '〈모란찬〉, 혹은 〈삼귀의〉, 혹은 〈천수(바라)〉를 부른다'는 내용을 현행 의식에 비추어 보면 이들은 모두 공통적으

14 • '齊後作法'이란, 일종의 간략하게 하는 상단권공으로 齋食 후(영산재를 마치고 점심 식사 후)에 하는 의식이라 한다. 2013년 8월 1일 이성운(동국대 불교학과 박사, 동아시아 불교의례문화연구소 연구위원) 증언.

15 • 짓소리 '引聲'은 지금도 행보하며 많이 부른다.

로 춤이 들어가는 소리로 볼 수 있어, 〈천수바라〉는 이미 오래 전부터 크고 작은 재에서 바라춤이 수반되며 연행되었던 사실을 알게 한다.

이상을 정리하면, 비록 전통시대 불교의식집을 통해 〈천수바라〉의 음악 및 바라춤의 특징을 알기는 어렵지만, 최소 15세기 말에는 영산靈山과 같은 큰 재에서 현행과 연계되는 〈천수바라〉가 존재했던 것으로 보인다. 그리고 18세기 초 문헌인 『천지명양수륙재의범음산보집天地冥陽水陸齋儀梵音刪補集』(1721)의 기록을 통해, 〈천수바라〉가 이미 오래 전부터 크고 작은 재에서 두루 바라춤이 수반되며 연행되었던 사실을 알 수 있다.

한편 〈천수바라〉는 과거 경기도,[16] 평안도,[17] 전라도,[18] 강원도[19] 등지에서 간행된 의식집에서 나타나는 것으로 보아, 예전에는 지역 특유의 바라춤 및 반주음악이 잘 전승되었을 가능성이 높아 보인다.

2. 개성 〈천수바라〉

앞서 언급했듯이, 용암스님이 부른 〈천수바라〉는 서울대 소장 자료 중 상주권공, 각배, 영산재에 모두 녹음이 되어, 총 3곡이 발견된다. 그런데 재 의식의 현장 또는 조사과정에서 녹음된 관계로 세 곡 모두 부분적으로 생략되거나 실수한 부분들이 있어, 비록 동일 창자가 불렀지만 한 곡만의 채

16 • 『眞言勸供』(1496), 박세민 편, 『한국불교의례총서』 제1권; 『靈大會作法節次』(1634), 박세민 편, 『한국불교의례총서』 제2권; 『請文要集』(20세기 전반), 박세민 편, 『한국불교의례총서』 제4권.

17 • 『刪補梵音集』(1713), 박세민 편, 『한국불교의례총서』 제2권; 『雲水壇儀文』(1732), 박세민 편, 『한국불교의례총서』 제3권.

18 • 『諸般文』(1694), 박세민 편, 『한국불교의례총서』 제2권; 『作法龜鑑』(1827), 박세민 편, 『한국불교의례총서』 제3권; 『五種梵音集』(1661), 박세민 편, 『한국불교의례총서』 제3권.

19 • 『要集』(미상), 박세민 편, 『한국불교의례총서』 제4권.

보를 통해 그 특징을 제대로 파악하기가 쉽지 않다. 이에 부득이 세 곡의 보편성을 최대한 잘 지니고 있는 부분들을 선별 채보하는 방법을 택하였다. 앞의 3분의 2에 해당하는 부분은 영산, 나머지 뒷부분 3분의 1은 각배에 수록된 〈천수바라〉의 노래 상태가 가장 양호하여 이를 중심으로 채보하였고, 중간 몇몇 부분도 노래 상태에 따라 선별 채보하였다.[20](〈참고악보 1〉) 그리고 바라춤을 확인할 수 없어, 박자에 따른 마디 설정은 선율 진행과 태징법에 최대한 준거하였고, 1960년대 말~1970년대 초 녹음된 송암스님 창 경제 〈천수바라〉도 적극 참조하였다.(〈참고악보 2〉) 여기에서는 개성 〈천수바라〉를 최대한 잘 파악하기 위해, 박자구조, 토리 및 선율 특성, 태징법의 항목으로 구분하여 그 특징을 살펴보겠다.

1) 박자구조

용암스님 창 개성 〈천수바라〉는 빠르기가 대개 ♩.=76~80으로, 요즘 연행되는 경제 〈천수바라〉에 비해 속도가 좀 느리다. 그런데 일운스님에 의하면, "예전에는 〈천수바라〉나 〈사다라니〉의 노래 속도가 지금보다 느려 바라춤 추는 스님들이 애를 많이 먹었다."고 하므로,[21] 그의 〈천수바라〉는 이러한 면을 잘 보여준다고 생각된다.

박자구조를 살펴보면, 전반적으로 3소박 4박자가 가장 많이 나타난다. 서두 부분의 노래 선율과 시작 및 유일하게 나타나는 간주 태징의 박자가 3소박 4박자로 구성되며, 전체 박자구조의 근간을 잘 보여준다.(〈악보 1〉) 종지 부분은 시작 부분의 진언을 다시 반복하며 마무리하는 관계로, 여기에서

20 • 영산과 상주권공의 〈천수바라〉는 모두 뒷부분이 탈락되거나 실수가 많이 보인다. 각배의 것은 다소 생략된 부분(상주권공을 통해 보충)이 있으나, 전반적으로 음악적 모양새를 잘 갖추고 있어 이를 택하였다.

21 • 2009년 봉원사 옥천범음대학의 상주권공반 수업 中 일운스님 증언.

도 3소박 4박자가 많이 나타난다. 한편 경제 〈천수바라〉도 3소박 4박자가 기본 박자인 사실이 확인된 바 있다.[22] 이 박자는 주로 진언이 2자+2자(예컨대 다라다라, 시리시리) 또는 4자(예컨대 모다나야, 다라야야) 구성일 때 나타난다.[23]

한편 개성 〈천수바라〉는 시작 첫 진언인 '나모라'와 간주 후의 첫 진언인 '모지사다'를 다른 진언과 달리 다소 끌며 느리게 불러, 나름대로 시작신호가 두 번 나타난다. 현재 경재 〈천수바라〉도 이와 그 특징이 흡사하여 서로 뿌리가 같은 음악임을 짐작케 한다. 현재 경제에서는 바라춤이 '옴살바'(개성 〈천수바라〉의 제13마디 해당)부터 시작되지만, 본래는 간주 후 첫 진언인 '모지사다'부터 존재했다고 하므로,[24] 개성 〈천수바라〉도 시작부분의 특징으로 볼 때 경제와 바라춤의 시작이 같았을 것으로 보인다. 이를 제시하면 다음과 같다.

〈악보 1〉 용암스님 창 〈천수바라〉 중 제1~11마디

22 • 서정매, 「천수바라의 리듬구조에 관한 연구」 참조.

23 • 불가에서 본래 진언은 해석하지 않는 것이 불문율이라 한다. 그러나 근자에 해석을 시도한 글들이 보이는데, 이들 글에 의하면 〈천수바라〉의 진언을 2자와 3자의 구성으로만 보기 어렵다. 예컨대 '다라야야'는 관세음보살, '모지사다바야'는 보살, '마발타이사미'는 빛나다, 말하다를 의미한다고 한다. 따라서 이들 해석을 보면, 개성 및 現 경제 〈천수바라〉의 선율 및 춤동작은 진언의 내용 및 의미에 맞춰 이루어지지 않은 것으로 보인다. 임근동, 『신묘장구대다라니강해』, 서울 : 솔바람, 2002 참조.

24 • 재가 끊어지지 않게 하기위해 〈천수바라〉 앞부분은 前곡인 〈복청게〉 뒷부분과 다소 겹쳐져, 바라춤이 '모지사다'부터 시작되었다고 한다. 그런데 '모시사다~나가야' 부분이 바라춤을 정확히 맞추기가 쉽지 않아, 근자에 '옴살바'부터 시작하는 것으로 통일하였다고 한다. 구해, 일운스님 증언.

그 다음으로 3소박 3박자가 많이 나타나며, 진언이 모두 3자 구성이다. 이 박자가 많이 출현하는 이유는 〈천수바라〉의 가사인 천수다라니의 진언이 3자 구성(예컨대 니가수, 바예수)이 많은데 기인한다고 볼 수 있겠다. 3자 구성은 후반부에 특히 많아, 3소박 3박자의 구조도 후반부로 갈수록 많아진다.[25] 이를 제시하면 다음과 같다.

〈악보 2〉 용암스님 창 〈천수바라〉 중 제89~96마디

25 • 3자 진언 중에는 본래 3자가 아닌 것도 범패승들이 노래와 춤에 맞춰 3자화시킨 것들이 보인다. 예컨대 '마발타이사미'는 개성과 경제 〈천수바라〉에서 3자+3자로 끊어 부르지만, 본래 '빛나다, 말하다'는 의미의 6자 구성 진언이라 한다. 임근동, 『신묘장구대다라니강해』, 77쪽. 이는 〈천수바라〉가 진언의 내용에 맞춰 만들어진 춤음악이 아님을 뒷받침해준다.

세 번째로 많이 나타나는 박자구조는 3소박 5박자이다. 이 박자는 진언이 2자+3자 혹은 3자+2자의 5자 구성(예컨대 사다남+수반, 아예염+살바)으로 인식될 때 주로 나타나며, 드물게 3자+1자의 4자 구성(예컨대 다냐타+옴)이 있다. 이 박자는 경제 〈천수바라〉의 경우처럼 바라춤 동작에 의거하여 나온 것으로 보인다. 이를 제시하면 다음과 같다.

〈악보 3〉 용암스님 창 〈천수바라〉 중 제101~104마디

마지막으로 나타나는 박자구조는 3소박 6박자로, 다른 박자들에 비해 출현 빈도가 가장 낮다. 이 박자는 진언이 4자(또는 2+2)+2자 또는 2자+4자(또는 2+2)의 결합으로 인식될 때(예컨대 구로구로+갈바, 나바+사라사라) 주로 나타난다. 이로 인해 이를 3소박 4박자와 3소박 2박자 또는 그 역으로 구분할 수도 있다. 그러나 선율이 대개 3소박 6박자 단위로 단락 지어지고, 태징을 3소박 6박자 단위로 달아가며 치는 경우(♩♪♩♪♩♪♩♪♩♪♩♪ 또는 ♩♪♩♪♩♪♩♪♩♪𝄽·)가 많아,[26] 두 개의 박자로 구분하는 것보다 3소박 6박자로 묶어 보는 것이 더 타당할 것 같다. 이 박자도 진언 구성보다 바라춤의 동작과 그 맥을 같이하리라 생각되는데, 경제 〈천수바라〉에서도 이와 동일한 진언의 선율은 바라춤에 의거하여 "3소박 6박자로 보는 것이 더 맞다."고 한다.[27] 이를 제시하면 다음과 같다.

26 • 경제에서도 3소박 5박자의 경우, 5박자 단위로 달아가는 리듬형태의 태징법이 많이 나타나면서 단락감을 보여준다. 서정매, 「천수바라의 리듬구조에 관한 연구」, 98~104쪽 참조.

〈악보 4〉 용암스님 창 〈천수바라〉 중 제16~19마디와 제43~ 45마디

요컨대, 용암스님 창으로 볼 때 개성 〈천수바라〉는 3소박 4박자가 근간을 이루고, 이외 진언의 글자 구성수와 바라춤 동작에 의거하여 3소박 3박자, 3소박 5박자, 3소박 6박자 같은 다양한 박자구조가 나타난 것으로 보인다. 그런데 이상 개성 〈천수바라〉의 박자구조 및 그 구성은 경제 〈천수바라〉와 상당히 유사하여(〈참고악보 3〉 참조), 두 〈천수바라〉의 밀접한 연관성을 짐작케 한다.

27 • 2010년 1월 29일 구해스님 대담 중 증언.

〈표 2〉 용암스님 창 〈천수바라〉의 박자구조

	박자	해당 진언
1	3소박 4박자	다나다라, 바로기제, 새바라야, 모지사다, 바야마하, 사다바야, 마하가로, 옴살바, 나막가리, 다바니라, 간타나막, 하리나야, 바바말아, 미수다감, 마지로가, 지가란제, 혜혜하례, 마하모지, 하리나야, 도로도로, 다라다라, 다린나례, 모하자라, 호로호로, 시리시리, 소로소로, 못자못자, 매다리야, 니라간타, 바라하리, 나야마낙, 싯다유예, 목카싱하, 모다나야, 살마이바
2	3소박 3박자	나모라, 니가야, 바예수, 다라나, 가라야, 다사명, 새바라, 마발타, 이사미, 살바타, 보다남, 아로게, 아로가, 사다바, 삼마라, 사다야, 미연제, 미마라, 미사미, 나사야, 바나마, 모다야, 가마사, 날사남, 사바하, 싯다야, 간타야, 바아라, 목카야, 바나마, 하따야, 자가라, 욕따야, 섭나네, 다라야, 시체다, 가릿나, 이나야, 먀가라, 사나야
3	3소박 5박자	사다남수반, 아예염살바, 다냐타옴, 미연제마하, 아마라몰제, 에혜혜로계, 새바라라아, 마하싯다야, 사바하니라, 사바하상카, 마하라구타, 사바하바마, 사간타이사
4	3소박 6박자	야야나막알약, 다바이맘알약, 구로구로갈바, 자라자라마라, 나베사미사미, 마라호로하례, 나바사라사라

2) 토리 및 선율 특성

용암스님 창 개성 〈천수바라〉는, 주요 구성음이 re, mi, la, do'이며 la에 선율이 회귀하는 중심음 기능과 굵은 요성이 나타나는 전형적인 수심가토리로 되어있다. 이 소리는, 다른 지역제의 〈천수바라〉도 마찬가지이지만, 길이가 긴 천수다라니 진언의 전개에 따라 선율이 통절식으로 진행되며 일정한 형식적 구분이 없다. 이에 악곡형식을 체계적으로 논하는 것이 쉽지 않다. 서두와 종지 선율이 동일한 진언(나모라 다나다라 야야나막알약 바로기제 새바라야)으로 인해 거의 같아, 수미쌍관首尾雙關의 구조를 보여주는 정도이다. 그러나 특정한 형태의 짧은 선율형들이 전체에 걸쳐 반복적으로 나타나는 것을 살펴볼 수 있다. 이들은 주로 박자구조에 준거하여 나타나,

3소박 3박자, 3소박 4박자, 3소박 5박자, 3소박 6박자 단위로 주요 선율형을 추려 그 특징을 살펴보겠다. 3소박 3박자부터 차례대로 제시해보면 다음과 같다.

〈악보 5〉 3소박 3박자의 주요 선율형

3소박 3박자에 가장 많이 나타나는 선율형은 ①형이다. 다만 3소박 3박자가 연속 진행될 때 음악적 지루함을 피하기 위해 ②형이 다소 출현하며, 그 외 ③형, ④형이 조금씩 나타난다. 이들은 대개 1자 1음식으로 진언 1자가 ♩.의 일정한 길이로 구성되어, 진언 3자 구성의 음악적 공통성을 보여준다. 한편 첫 진언 '나모라'의 선율은 ①형을 밀고 끌어당기는 음기법으로 다소 변화를 주며, 〈천수바라〉의 독특한 선율 특성을 잘 나타낸다.

〈악보 6〉 3소박 4박자의 주요 선율형

3소박 4박자에는 이상 4가지 선율형이 고루 많이 나타나며, 이들을 토대로 변주한 형태들이 조금씩 출현한다. ③형과 ④형에서 첫 음을 끌어올리는 기법은 3소박 3박자로 된 첫 진언(나모라)의 선율 특성과 맞닿는 것으로, 〈천수바라〉 특유의 음악적 분위기를 자아낸다.

〈악보 7〉 3소박 5박자의 주요 선율형

3소박 5박자에 나타나는 선율형은 ①형(소위 산형山型)이 대다수를 이루며, 3소박 5박자가 연속적으로 나올 때 변화를 꾀하며 ②형이 조금 나타난다. 이들 선율형은 3소박 4박자의 주요 선율형 중 ②형의 확대 변주 형태로 볼 수 있다.

〈악보 8〉 3소박 6박자의 주요 선율형

3소박 6박자는 가장 적게 나타나는 박자구조이다. 이에 그 선율형도 위의 3가지 형태가 2번씩 나타나며, 이를 변주한 형태가 1~2가지 더 있는 정도이다. 그리고 진언 4자(또는 2+2자)와 2자, 또는 2자와 4자(또는 2+2자)의 혼합 구성으로 된 박자라, 3소박 4박자의 주요 선율형이 확대 변주 또는 조합된 형태가 주를 이룬다.

요컨대, 용암스님 창으로 볼 때 개성 〈천수바라〉는 비록 일정한 악곡형식을 지니고 있지 않지만, 박자구조에 따라 특정한 선율형들이 존재하고, 이들이 곡 전체에 걸쳐 반복적으로 나타나면서 곡의 유기성을 이끌어낸 것으로 보인다. 크게 3소박 3박자와 3소박 4박자 선율형으로 분류 가능하며, 3소박 5박자와 6박자 선율형은 3소박 4박자의 것을 토대로 확대 변주 또는 조합된 것으로 볼 수 있다. 즉, 3소박 4박자에 나타나는 선율형이 개성 〈천수바라〉의 핵심 선율에 해당한다.

그런데 이상의 선율 특징을 지닌 소리가 경제 범패의 바라춤 또는 진언 반주음악에 많이 나타나 주목된다. 즉, 경제 〈사다라니〉와 〈화의재진언〉,[28] 〈보공양진언〉·〈보회향진언〉의 진언 선율은 개성 〈천수바라〉와 토리 및 곡조, 주요 선율형 등이 많이 유사하다. 개성 〈천수바라〉와 비슷한 이들 진언의 선율을 제시해 보면 다음과 같다.

〈악보 9〉 경제 〈사다라니〉 中

28 • 현재 〈화의재진언〉은 메나리토리로 된 형태가 전승되고 있지만, 구해스님에 따르면 이 소리도 "예전에는 창자에 따라 수심가제로 불렀다."고 한다.(II장 〈화의재진언〉 항목 참조) 경제 어장스님들은 〈사다라니〉, 〈화의재진언〉, 〈보공양진언〉, 〈보회향진언〉을 "모두 〈사다라니〉 가락이다."고 말하기도 한다.

〈악보 10〉 경제 〈보공양진언〉·〈보회향진언〉 中

즉, 앞서 살펴본 개성 〈천수바라〉의 박자구조에 따른 주요 선율형(⌐표시)이 경제의 주요 바라춤 및 진언 반주음악에도 많이 나타나며, 전부 수심가토리를 근간으로 한다. 이상의 비교로 보건대, 경제의 주요 바라춤 반주음악은 근본적으로 개성 〈천수바라〉와 같은 계통의 음악으로 볼 수 있겠다.

한편 지금까지 학계에서는 〈천수바라〉, 〈사다라니〉, 〈화의재진언〉 같은 경제의 주요 바라춤 반주음악을 대개 홑소리로 간주해왔지만,[29] 現 봉원사 어장스님들(구해, 일운스님)은 '안채비소리'로 본다.[30] 경제 범패승들은 불교성악을 크게 평염불(평으로 내며 층층 엮어가는 소리), 안채비소리(유치성, 착어성, 게탁성, 가영성, 소성, 축원성 등), 겉채비소리(홑소리, 짓소리), 〈화청〉 계통 소리(〈축원화청〉, 〈화청〉)로 분류하는데,[31] 규모가 작은 재에서 또는 좀 쉽게 부르고자 할 때는 이들 진언을 평염불로 부른다. 그러나 정식 바라춤 반주음악으로 부를 때는, 선율이 평염불보다 훨씬 굴곡지며 경쾌하고, 그 진행 방식이 민

29 • 한만영, 『한국불교음악연구』, 서울: 서울대출판부, 1980, 177~178쪽.

30 • 현재 봉원사의 옥천범음대학에서는 '안채비소리' 과정에서 이들 진언음악을 가르치고 있다.

31 • 2009~2011년 봉원사 옥천범음대학의 일운스님 수업내용 중.

요와 맞닿는 면이 있다. 이는 화려하고 장엄한 바라춤 반주음악의 특성 상 염불에 민요가락이 섞인 것으로 보인다.[32] 그리고 경제 범패승들은 이러한 형태의 소리를 안채비로 보아, 개성 〈천수바라〉을 비롯한 진언 반주음악들은 민요의 영향을 받은 안채비소리로 보는 것이 타당할 것 같다. 이에 본고에서는 이들 소리를 '민요가락이 섞인 안채비소리'라 부르고자 한다.

3) 태징법

용암스님 창 개성 〈천수바라〉의 태징법은 경제 〈천수바라〉의 것과 큰 차이는 없다.(〈참고악보 1·2〉 참조) 다만 연속으로 달아가는 선율에서 이에 상응하며 ♩♪ ♩♪ ♩♪ ♩♪ ♩♪ ♩♪ 또는 ♩♪ ♩♪ ♩♪ ♩♪ 𝄽· 등과 같은 달아가는 리듬 형태가 경제에 비해 더 많이 나타난다.

〈악보 11〉 용암스님 창 〈천수바라〉 중 제65~71마디

32 • 본고에서 이르는 '염불(가락)'은 평염불, 안채비, 겉채비 같은 불교성악 특유의 선율진행 특성 및 음악적 스타일을 지닌 선율로, 여기에는 다른 장르의 한국음악과 달리 반음 진행이나 주요 구성음 밖의 음들이 나타나기도 한다. 그리고 '민요가락'은 향토민요 및 통속민요와 같은 음조직 및 음기능, 시김새, 선율진행 특성을 지닌 선율을 의미한다.

이로 인해 3소박 6박자 단위의 박자구조 및 선율 단락에 대한 인식을 가능케 하기도 하고, 전반적으로 경제의 태징법에 비해 경쾌하면서 선율의 연결감 내지 고조감을 잘 살려준다. 그런데 이는 용암스님 개인의 특성일 수도 있어, 개성 〈천수바라〉 고유의 태징법으로 보기에 다소 조심스러운 면이 있다. 따라서 개성 〈천수바라〉의 태징법에 대한 보다 정확한 특징은 차후 더 많은 자료의 보충이 필요할 것 같다.

이상 용암스님 창을 통해 개성 〈천수바라〉의 특징을 최대한 살펴본 결과, 다양한 박자구조 및 그 구성은 현행 경제 〈천수바라〉와 맞닿고, 토리 및 선율은 경제의 주요 바라춤 또는 진언 반주음악들과 그 특징이 흡사하다. 이상의 논의는 개성과 서울을 중심으로 전승된 〈천수바라〉가 비록 구분되지만, 상호 밀접한 음악적 연관성을 짐작케 한다.

3. 경제 〈천수바라〉 : 現 경제와 개성 〈천수바라〉의 관계

이상 살펴본 대로, 現 경제와 개성 〈천수바라〉는 서로 음악적으로 흡사한 점이 많이 보인다. 이에 여기에서는 두 소리를 면밀히 비교, 분석하여 그 음악적 관계를 제대로 파악해보려 한다. 두 소리를 비교한 전체 악보는 〈참고악보 3〉에 수록하였으며, 태징법은 경제의 경우 기존 연구 자료가 많아 개성 〈천수바라〉의 것만 수록하였다. 이 악보를 보면 두 소리의 유사성을 박자와 선율에서 두루 확인할 수 있는데, 지면 관계상 대표적인 부분들을 제시해보면 다음과 같다.

〈악보 12〉 現 경제와 개성 〈천수바라〉의 비교악보

창 : 경제-송암, 개성-용암

現 경제 〈천수바라〉는 주요 구성음이 mi, sol, la, do', re'인 메나리토리, 개성 〈천수바라〉는 sol이 생략된 re, mi, la, do'의 전형적인 수심가토리로 되어있다. 두 소리는 토리로 인해 선율이 다소 차이나지만, 박자구조

및 그 구성위치는 거의 일치한다. 즉, 두 소리 모두 가장 많이 나타나는 3소박 4박자를 근간으로, 진언의 글자 구성 및 바라춤에 의거하여 3소박 3박자, 5박자, 6박자 등이 나타나며,[33] 이상의 박자들이 구성된 위치가 거의 같다. 그런데 앞서 살펴본 〈천수바라〉의 가사 '천수다라니'의 해석을 보면, 진언이 2자와 3자로만 구성되어있지 않고, 4자, 6자 등 다양한 글자 구성으로 이루어져있다. 그러나 현행 경제 및 개성 〈천수바라〉의 박자와 선율 구성은 전반적으로 이러한 진언 내용 및 의미와 맞지 않아, 이들 음악은 가사(진언)를 지녔음에도 이에 맞춰 만들어지지 않은 것으로 보인다. 이는 예전에 불가에서 진언은 해석하지 않는 것이 불문율이었다고 하므로, 범패승들이 진언의 의미에 연연하지 않고 춤과 음악을 만든 결과로 보인다. 그럼에도 경제와 개성 〈천수바라〉의 박자구성과 그 위치가 거의 일치한다는 것은, 서로 음악적 뿌리가 같다는 것을 의미한다고 볼 수 있겠다.

또한 두 소리는, 비록 토리가 다르지만 선율진행 및 그 방식이 근본적으로 같다. 개성 〈천수바라〉는 앞서 살펴보았듯이 길이가 긴 천수다라니 진언에 따라 선율이 통절식으로 진행되며 일정한 악곡형식이 없다. 그러나 박자구조에 따라 주요 선율형들(⌐표시)이 존재하고, 이들이 곡 전체에 걸쳐 반복적으로 나타나면서 곡의 유기성을 이끌어낸다. 그리고 現 경제 〈천수바라〉의 선율진행 및 선율型이 근본적으로 개성 〈천수바라〉와 같은 사실이 비교악보에서 두루 확인되므로, 이 소리 역시 이와 같은 선율 특성을 지니고 있다고 볼 수 있다. 또한 두 소리 모두 독특하게 민요가락이 섞인 안채비소리로 되어있다.

따라서 이상의 유사성으로 볼 때, 두 〈천수바라〉는 밀접한 음악적 관계를 넘어 상호 음악적 선후, 파생 관계가 존재할 가능성이 매우 높다고 생각

33 • 3소박 3박자는 진언의 글자 구성수, 3소박 5박자와 6박자는 바라춤 동작에 맞춰 나온 박자구조로 보인다.

된다. 그렇다면 어떤 곡이 음악적으로 먼저 형성된 것일까. 이를 확인할 수 있는 가장 중요한 음악적 근거 중 하나는 현재 경제 범패에서 전승되는 주요 바라춤 또는 진언 반주음악들의 특징이다. 경제 범패에는 현재 여섯 종류의 바라춤(천수바라, 사다라니바라, 화의재진언바라, 관욕게바라, 내림게바라, 요잡바라)이 전승되고 있는데,[34] 이 중 천수바라, 사다라니바라, 화의재진언바라 이상 세 가지만 가사가 있는 선율 반주음악이 따른다. 그런데 〈사다라니〉 이하 반주 음악은 앞서 살펴보았듯이, 개성 〈천수바라〉와 토리(수심가토리) 및 곡조, 주요 선율형 등 음악적 특징이 흡사하여, 서로 음악적 뿌리가 같다. 그리고 현재 바라춤은 없지만, 〈보공양진언〉 및 〈보회향진언〉도 이들과 같은 선율 계통인 사실이 확인된다.

따라서 이 중 경제 〈천수바라〉만 이들 진언과 토리 및 선율이 좀 다르다는 사실은 음악적 변화가 이루어졌을 가능성이 높음을 짐작케 한다. 즉, 본래 경제의 주요 바라춤 및 진언 반주음악이 모두 개성 〈천수바라〉와 같은 수심가토리 계통인데, 전승과정에서 現 〈천수바라〉는 변화가 일어났다는 추정이다. 이를 뒷받침해주는 증언으로, 現 영산재 보유자인 구해스님은 "개성 〈천수바라〉가 원식原式이다."라고 말한다. 구해스님에 의하면, "〈천수바라〉를 예전에는 윗대 스님들이 개성 〈천수바라〉처럼 부르기도 했는데, 청이 좀 높아 서울에서는 그렇게 (오래) 부르는 것이 힘들다."고 한다. 이때 청은 '기음의 5도 위 음(수심가토리의 굵은 요성이 나타나는 음)을 중심으로 노래 부르는 것'을 의미하는 것으로 이해된다. "그래서 좀 낮춰 부르는 것이 지금의 형태다."라고 한다.[35]

34 • 김응기(법현), 「영산재 작법무 범패의 연구」; 한정미(해사), 「불교의식의 작법무 연구」, 서울 : 동국대학교 문화예술대학원 석사학위논문, 2010 참조.
한편 후자의 글에는 송암스님의 증언에 근거하여 "과거 〈보공양진언〉과 〈보회향진언〉에도 (회향게)바라춤이 있었다."고 언급하기도 한다.(한정미(해사), 「불교의식의 작법무 연구」, 81쪽)

35 • 2011년 1월 29일, 3월 4일 구해 스님 대담.

또한 〈천수바라〉는 음을 밀고 끌어당기는 기법(네모 친 부분)이 선율 특성 중 하나로 이를 통해 특유의 음악적 분위기를 자아낸다.(이는 제2장에서 다루는 바라춤 관련 음악들의 공통적인 특징이기도 하다) 그런데 경제보다 개성 〈천수바라〉에서 이러한 특징이 훨씬 잘 나타나며, 일종의 시작 신호로 시작 첫 진언(나모라)과 간주 후 첫 진언(모지사다)을 다른 진언과 달리 다소 끌며 느리게 부르는 특징(제2·8마디, 〈악보 1〉)이 개성 〈천수바라〉에서 더 돋보이는 점도 경제보다 개성 〈천수바라〉가 좀 더 원식의 면모를 지니고 있는 것으로 보인다.[36]

따라서 現 경제 〈천수바라〉는 5도 관계 중심의 수심가토리인 개성 〈천수바라〉에서 4도 관계 중심의 메나리토리로 나름 음역을 다소 낮추며 서울식으로 바뀐 형태로 볼 수 있을 것 같다. 수심가토리(서도음악어법)에서 경토리(경기음악어법)가 아니라 메나리토리(동부음악어법)로 변화된 것은 염불의 주요 음악어법이 메나리토리이기 때문으로 보인다. 그리고 경제의 다른 주요 바라춤 및 진언음악들보다 〈천수바라〉가 상대적으로 많이 변화된 것은 〈천수바라〉의 진언 길이가 다른 진언들에 비해 매우 길어, 서울에서 좀 더 편하게 부르기 위한 음악적 모색이 아니었나 생각된다.

4. 경제 〈천수바라〉의 전승 양상

이상의 내용을 토대로 경제 〈천수바라〉가 현행에 이르기까지 그 전승 양상을 정리해보면 다음과 같다. 〈천수바라〉는 문헌상 최고最古의 영산靈山

36 • 시작 진언인 '나모라'와 간주 후 첫 진언인 '모지사다'는 음악적 상황이 흡사하다. 이에 개성 〈천수바라〉에서는 서로 그 특징이 거의 같지만, 경제에서는 '모지사다'의 속도가 다른 진언들과 별 차이가 없고, 밀고 끌어당기는 음기법도 약하다.

이 수록된 『진언권공』(1496)에서 보이는 것으로 볼 때, 최소 15세기 말에는 오늘날과 연계되는 형태가 있었던 것으로 보인다. 다만 이때는 선행곡으로 〈복청게〉가 없어, 오늘날과 같은 틀의 바라춤이 있었는지는 잘 모르겠다. 그리고 18세기 초 문헌인 『천지명양수륙재의범음산보집天地冥陽水陸齋儀梵音刪補集』(1721)의 기록을 통해, 〈천수바라〉가 오래 전부터 크고 작은 재에서 바라춤이 수반되며 연행되었던 사실이 확인된다. 또한 경기도, 평안도, 강원도, 전라도 등지에서 편찬된 의식집에 두루 나타나는 것으로 보아, 예전에는 지역 특유의 바라춤 및 반주음악이 존재했을 가능성도 높아 보인다. 본 절에서는 먼저 과거 개성에서 전승된 〈천수바라〉의 특징을 면밀히 고찰하고, 이와 現 경제 〈천수바라〉가 음악적으로 연계되는 점을 근거로 비교, 분석해 본 결과, 이 중 원조元祖에 해당하는 형태는 개성 〈천수바라〉로 보인다. 그 근거는 다음과 같다. 두 소리는 비록 토리가 수심가토리와 메나리토리로 차이가 나지만, 박자 및 선율 특징이 매우 흡사하다. 즉, 모두 〈천수바라〉의 진언 내용에 의거하지 않고 형성되었음에도 불구하고, 박자 및 그 구성위치, 선율 진행형이 근본적으로 같다. 이는 두 소리의 밀접한 음악적 연관성을 넘어 선후, 파생 관계를 짐작케 하는 바, 現 영산재 보유자인 구해스님의 '개성 〈천수바라〉가 원식原式'이라는 증언과 경제의 다른 주요 바라춤 및 진언 반주음악이 모두 개성 〈천수바라〉와 같은 선율계통인 점, 개성이 경제 〈천수바라〉보다 좀 더 원식의 음악적 특징을 지니고 있는 점은 개성 〈천수바라〉가 현행 경제 〈천수바라〉의 전신前身에 해당하는 소리임을 알게 한다.

제1장에서 살펴보았듯이 "예전에 개성 범패는 그 세가 매우 크고 흥하였으며, 서울과 개성은 범패 교류가 상당히 활발하였다."고 한다. 현재 남북이 분단된 상황이라 개성지역 불교음악에 대한 연구는 거의 전무한 실정이지만, 과거 고려의 수도로 장구했던 불교 역사와 경제 어장스님들의 증언들로 볼 때 그 음악적 세勢를 가히 짐작할 수 있다. 전통시대 경, 서도지

역의 밀접했던 음악 문화적 환경 아래, 서울에서는 과거 음악적 짜임새와 대중적 인기가 좋았던 개성 〈천수바라〉를 수용했던 것으로 보인다. 일운스님이 벽응스님으로부터 들은 바에 의하면, "서울에서는 시련할 때 〈다게〉 다음 〈요잡바라〉, 그리고 〈행보게〉로 진행되지만, 개성에서는 〈다게〉 다음에 〈요잡바라〉, 〈복청게〉, 〈천수바라〉를 다 하고 〈행보게〉로 넘어간다."고 한다.[37] 이를 통해 개성 범패가 서울 범패보다 〈복청게〉와 〈천수바라〉를 더 비중 있게 다룬 경우가 확인된다. 이는 〈천수바라〉가 개성에서 그만큼 인지도가 높았기 때문이 아닐까 추정해 본다. 그리고 "개성 〈천수바라〉는 청이 좀 높아 서울에서 그렇게 (오래) 부르는 것이 힘들다."는 증언으로 볼 때, 오늘날의 형태는 전승과정에서 나름 편하게 부르기 위해 서울식으로 변화된 것으로 보인다. 한편, 20세기 중반 이후 영남제와 전북제에서는 상대적으로 높은 대중적 인지도와 전승력을 갖추고 있던 경제 〈천수바라〉를 수용하여 지역화시킨 사실이 확인되기도 한다.[38]

분단 이후 개성 〈천수바라〉는 개성이나 서울에서 모두 그 전승이 끊어졌다. 그러나 서울을 비롯해 현재 전승되고 있는 다른 지역의 〈천수바라〉를 통해 그 음악적 영향이 아직도 남아있는 사실을 살펴볼 수 있다. 그리고 본 논의를 통해 과거 개성과 서울 범패의 밀접했던 관계를 잘 확인할 수 있다. 이상의 내용을 도식화시켜보면 다음과 같다.

개성 〈천수바라〉 → 現 경제(서울) 〈천수바라〉 → 영남, 전북제 〈천수바라〉

37 • 2010년 9월~12월 옥천범음대학 각배반 수업 중 일운스님 대담.

38 • 졸고, 「범패 〈천수바라〉의 음악 형성사적 연구 – 경제와 개성 및 영남제 〈천수바라〉를 중심으로」, 85~89쪽; 임미선, 「호남 범패의 전승과 특징 – 전북 영산작법을 중심으로」 참조.

참고악보 1

개성 〈천수바라〉

창 : 용암스님
자료 : 서울대 소장 자료
채보 : 손인애

20 바 로 - 기 제 - 새 바 라 다 - 바 니 - 라 간 타 - 나 막
24 하 리 - 나 야 - 마 발 다 이 - 사 미 살 - 발 타
28 사 다 남 - 수 반 - 아 예 염 - 살 바 - 보 다 남
31 바 - 바 말 아 - 미 수 다 감 - 다 냐 타 - 오 옴 - 아 로 게
35 아 - 로 가 마 - 지 로 가 - 지 가 - 란 제 혜 혜 하 례
39 마 하 - 모 지 - 사 다 바 삼 - 마 라 삼 - 마 라
43 하 - 리 나 야 - 구 로 - 구 로 - 갈 마 - 사 다 야

사 - 다 야 도 - 로 도 - 로 - 미 연 미 - 마 하 - 미 연 제
다 - 라 다 라 - 다 련 - 나 례 - 새 바 라
자 - 라 자 라 마 라 - 미 - 마 라 아 - 마 라 - 볼 제 - 에 헤 헤 로 계 -
새 바 라 - 라 아 - 미 새 미 나 - 사 야 나 - 베 새 미 - 새 미 -
<상주권공>
미 새 미 - 나 - 사 야
나 사 야 모 하 - 자 라 - 미 새 미 - 나 사 - 야
<시왕각배>
호 - 로 호 로 - 마 라 - 호 로 - 하 례 - 바 나 마
나 - 바 사 라 사 - 라 - 시 리 - 시 리 - 소 로 - 소 로 못 자 - 못 자 -

72
모 다 야 모 - 다 야 매 - 다 리 - 야 - 니 라 간 타 -
76
가 마 사 날 사 남 바 - 라 하 리 나 야 - 마 낙 - 사 바 하
<상주권공>
마 하 - 싯 다 야 사 바 하
81
싯 - 다 야 사 바 하 싯 다 - 유 예 새 바 - 라 야 -
85
사 바 하 - 니 라 - 간 타 야 사 - 바 하 바 - 아 라
89
목 카 - 싱 하 - 목 카 야 사 바 하 바 나 마
93
하 따 야 사 바 하 자 가 라 욕 따 야
97
사 바 하 - 상 카 - 섭 나 네 모 - 다 - 나 - 야 - 사 바 나

101
101 마 - 하 라 구 - 타 다 라 야 사 바 하 - 바 마 - 사 간 타 이 - 사
105
105 시 체 다 가 릿 나 이 나 야 사 바 하 먀 가 라
110
110 잘 마 - 이 바 - 사 나 야 사 바 - 하 나 - 모 라
114
114 다 - 나 다 - 라 - 야 야 나 막 알 약 바 로 기 제 -
117
117 새 바 - 라 야 - 사 바 하
rit.
<상주권공>

참고악보 2

경제 〈천수바라〉

창 : 송암스님
자료 : 송암스님 유작집 『각배』
채보 : 손인애

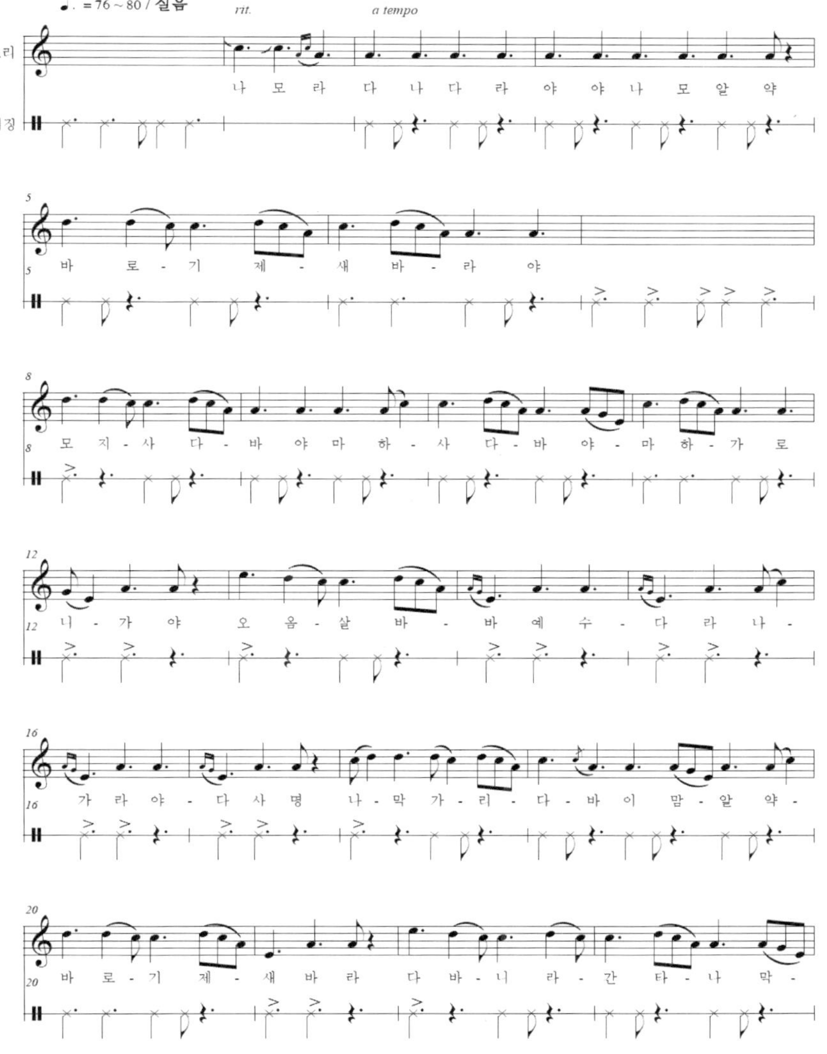

24
하 - 리 - 나 야 - 마 발 타 이 - 사 미 살 - 발 타
28
사 - 다 남 - 수 반 - 아 예 염 - 살 바 - 보 다 남
31
바 - 바 말 - 아 - 미 - 수 - 다 - 감 - 다 냐 타 - 오 옴 - 아 로 게
35
아 - 로 가 마 지 - 로 - 가 - 지 - 가 란 - 제 - 혜 혜 하 례 -
39
마 하 - 모 지 - 사 다 바 삼 - 마 라 삼 - 마 라
43
하 - 리 나 - 야 - 구 - 로 - 구 - 로 - 갈 - 마 - 사 다 야
46
사 - 다 야 도 로 - 도 - 로 - 미 연 제 - 마 - 하 - 미 연 제

50
다 - 라 다 - 라 - 다 - 린 - 나 - 레 - 새 바 라
53
자 라 - 자 라 - 마 라 - 미 마 라 아 - 마 라 - 몰 제 - 에 헤 헤 - 로 계 -
57
새 - 바 라 - 라 아 - 미 사 미 나 - 사 야 나 베 - 사 - 미 사 - 미 -
61
나 사 야 모 하 자 - 라 - 미 사 미 나 - 사 야
65
호 - 로 호 로 - 마 라 - 호 로 - 하 례 - 바 나 마
68
나 - 바 사 라 - 사 라 - 시 - 리 - 시 리 소 로 - 소 로 못 자 - 못 자 -
72
모 다 야 모 - 다 야 매 - 다 리 - 야 - 니 - 라 - 간 타 -

76
76 가 마 사 날 - 사 남 바 - 라 하 리 - 나 야 - 마 낙 - 사 바 하
81
81 싯 - 다 야 사 - 바 하 - 마 하 - 싯 다 야 사 - 바 하
85
85 싯 - 다 유 - 예 - 새 - 바 - 라 - 야 - 사 바 하 - 니 라 - 간 - 타 야
89
89 사 - 바 하 바 - 아 라 목 카 싱 하 - 목 - 카 야
93
93 사 - 바 하 바 - 나 마 하 - 따 야 사 - 바 하 자 - 가 라
98
98 욕 - 따 야 사 - 바 하 - 상 - 카 - 섭 나 네 모 - 다 나 - 야 -
102
102 사 - 바 하 마 - 하 라 - 구 타 - 다 라 야 사 - 바 하 - 바 마 -

106
106 사 간 타 - 이 사 시 - 체 다 가 - 릿 나 이 - 나 야 사 - 바 하
111
111 먀 - 가 라 잘 - 마 이 바 - 사 - 나 야 사 - 바 하
115
115 나 - 모 라 다 - 나 다 - 라 아 야 야 - 나 막 알 약 바 - 로 기 - 제 -
119
119 새 - 바 - 라 야 사 바 (하)

참고악보 3

경제와 개성 〈천수바라〉의 비교

창 : 경제(송암스님), 개성(용암스님)
자료 : 송암 큰스님 유작집 『각배5CD』,
서울대 소장 자료
채보 : 손인애

16
경제
가 라 야 - 다 사 명 나 - 막 가 - 리 - 다 바 이 맘 - 알 약 -
개성
가 라 야 다 - 사 명 나 막 가 리 다 바 이 맘 알 - 약 -
20
경제
바 로 - 기 제 - 새 바 라 다 바 - 니 라 - 간 타 - 나 막 -
개성
바 로 - 기 제 - 새 바 라 다 - 바 니 - 라 간 타 - 나 막
24
경제
하 - 리 - 나 야 - 마 발 타 이 - 사 미 살 - 발 타
개성
하 리 - 나 야 - 마 발 다 이 - 사 미 살 - 발 타
28
경제
사 - 다 남 - 수 반 - 아 예 염 - 살 바 - 보 다 남
개성
사 다 남 - 수 반 - 아 예 염 - 살 바 - 보 다 남
31
경제
바 - 바 말 - 아 - 미 - 수 - 다 - 감 - 다 냐 타 - 오 옴 - 아 로 계
개성
바 - 바 말 아 - 미 수 다 감 - 다 냐 타 - 오 옴 - 아 로 계

35
경제
아 - 로 가 마 지 - 로 - 가 - 지 - 가 란 - 제 - 혜 혜 하 례 -
35
개성
35 아 - 로 가 마 - 지 로 가 - 지 가 - 란 제 혜 혜 하 례
39
경제
마 하 - 모 지 - 사 다 바 삼 - 마 라 삼 - 마 라
39
개성
39 마 하 - 모 지 - 사 다 바 삼 - 마 라 삼 - 마 라
43
경제
하 - 리 나 - 야 - 구 - 로 - 구 - 로 - 갈 - 마 - 사 다 야
43
개성
43 하 - 리 나 야 - 구 로 - 구 로 - 갈 마 - 사 다 야
46
경제
사 - 다 야 도 로 - 도 - 로 - 미 연 제 - 마 - 하 - 미 연 제
46
개성
46 사 - 다 야 도 - 로 도 - 로 - 미 연 미 - 마 하 - 미 연 제
50
경제
다 - 라 다 - 라 - 다 - 린 - 나 - 례 - 새 바 라
50
개성
50 다 - 라 다 라 - 다 린 - 나 례 - 새 바 라

53
경제
자 라-자 라-마 라-미 마 라 아-마 라-몰 제-에 혜 혜-로 계-
개성
자-라 자 라 마 라-미-마 라 아-마 라-몰 제-에 혜 혜 로 계-
57
경제
새-바 라-라 아-미 사 미 나-사 야 나 베-사-미 사-미-
개성
새 바 라-라 아-미 새 미 나-사 야 나-베 새 미-새 미-
61
경제
나 사 야 모 하 자-라-미 사 미 나-사 야
개성
나 사 야 모 하-자 라-미 새 미-나-사 야
65
경제
호-로 호 로-마 라-호 로-하 례-바 나 마
개성
호-로 호 로-마 라-호 로-하 례-바 나 마
68
경제
나-바 사 라-사 라-시-리-시 리 소 로-소 로 못 자-못 자-
개성
나-바 사 라 사-라-시 리-시 리-소 로-소 로 못 자-못 자-

72
경제
모 다 야 모 - 다 야 매 - 다 리 - 야 - 니 - 라 - 간 타 -
개성
모 다 야 모 - 다 야 매 - 다 리 - 야 - 니 라 간 타 -
76
경제
가 마 사 날 - 사 남 바 - 라 하 리 - 나 야 - 마 낙 - 사 바 하
개성
가 마 사 날 사 남 바 - 라 하 리 나 야 - 마 낙 - 사 바 하
81
경제
싯 - 다 야 사 - 바 하 - 마 하 - 싯 다 야 사 - 바 하
개성
싯 - 다 야 사 바 하 마 하 - 싯 다 야 사 바 하
85
경제
싯 - 다 유 - 예 - 새 - 바 - 라 - 야 - 사 바 하 - 니 라 - 간 - 타 야
개성
싯 다 - 유 예 새 바 - 라 야 - 사 바 하 - 니 라 - 간 타 야
89
경제
사 - 바 하 바 - 아 라 목 카 싱 하 - 목 - 카 야
개성
사 - 바 하 바 - 아 라 목 카 - 싱 하 - 목 카 야

93
경제
사 - 바 하 바 - 나 마 하 - 따 야 사 - 바 하 자 - 가 라
개성
사 바 하 바 나 마 하 따 야 사 바 하 자 가 라
98
경제
욕 - 따 야 사 - 바 하 - 상 - 카 - 섭 나 네 모 - 다 나 - 야 -
개성
욕 따 야 사 바 하 - 상 카 - 섭 나 네 모 - 다 - 나 - 야 -
102
경제
사 - 바 하 마 - 하 라 - 구 타 - 다 라 야 사 - 바 하 - 바 마 -
개성
사 바 나 마 - 하 라 구 - 타 다 라 야 사 바 하 - 바 마 -
106
경제
사 간 타 - 이 사 시 - 체 다 가 - 텃 나 이 - 나 야 사 - 바 하
개성
사 간 타 이 - 사 시 체 다 가 텃 나 이 나 야 사 바 하
111
경제
먀 - 가 라 잘 - 마 이 바 - 사 - 나 야 사 - 바 하
개성
먀 가 라 잘 마 - 이 바 - 사 나 야 사 바 - 하

115
경제
나 - 모 라 다 - 나 다 - 라 아 야 야 - 나 막 알 약 바 - 로 기 - 제 -
개성
나 - 모 라 다 - 나 다 - 라 - 야 야 나 막 알 약 바 로 기 제 -

119
경제
새 - 바 - 라 야 사 바 (하)
개성
새 바 - 라 야 - 사 바 하

제2장

제3절. 〈사다라니四多羅尼〉*

불보살을 찬탄하고 일체중생에게 공양을 베푸는 내용의 진언으로 된 〈사다라니〉는 상주권공, 각배, 영산재의 상단권공의식에서는 장엄하게 하기 위해 바라춤이 수반된다.[1] 현재 바라춤이 따르는 〈사다라니〉는 경제와 전북제, 영남제에서 전승되고 있는데,[2] 전북제는 경제와 작법이 좀 다르지만 음악적으로는 큰 차이가 없다.[3] 영남제는 해방 전후까지도 전통을 잘 전승했던 것으로 보이지만,[4] 현재 마산 불모산이나 부산에서 행해지는 것은 근자에 많이 변화되었거나 경제의 영향을 받았다며 논란의 대상이 되고 있

* 본 글은 필자의 「경제 〈四多羅尼〉 연구」를 수정 보완한 것이다.

1 • '사다라니'는 재에서 올린 공양물이 불보살님뿐 아니라 일체중생이 모두 공양할 수 있도록 변화하여 온 법계에 충만하길 바라는 진언이다. 상단과 중단에서 거행하는 권공의식에서는 바라춤이 수반되며 반주음악도 화려하고 장엄하다. 반면 영가 및 아귀, 冥府의 중생들을 대상으로 하는 하단시식에서는 바라춤 없이 평염불로 진행된다. 〈사다라니〉의 구체적인 내용과 구성은 다음 글들을 참조하기 바란다. 심상현, 『불교의식각론』 3, 서울 : 한국불교출판부, 2001, 267~277쪽; 차형석, 「〈四多羅尼〉의 음악적 연구」, 『한국음악연구』 제48집, 서울 : 한국국악학회, 2010.12.

2 • 현재 전남 광주 한국불교전통의식대학에서도 바라춤이 수반되는 〈사다라니〉를 전승하고 있지만, 이수자인 혜공스님이 서울 봉원사 옥천범음회 출신으로 그 음악 및 작법 특징이 경제와 대동소이하다. 慧空, 『범패 상주권공 제반의식집』 1권, 광주 : 한국불교전통의식대학, 2005의 DVD 부록자료 참조.

3 • 이연경(도경), 「사다라니 바라춤에 관한 연구 – 경제와 완제의 비교를 통하여」, 경주 : 동국대 문화예술대학원 석사학위논문, 2009. 이 글에 두 지역 〈사다라니〉의 작법과 선율이 비교 제시되어있다.

4 • 현재 영남범패를 조사, 연구하고 계시는 윤소희 선생님에 따르면, 전통 영남 〈사다라니〉를 기억하는 노스님들이 간혹 계시다고 한다. 마산 불모산의 은파스님(80대)이 그 대표적인 분으로, 이 스님은 통범소리의 〈사다라니〉를 기억한다고 하므로 근자에도 전통 영남제를 고수했던 스님들이 있었던 것으로 보인다. 김용환 · 윤소희, 『신라의 소리 영남범패』, 서울 : 정우서적, 2010, 234~261쪽.

다. 따라서 〈천수바라〉처럼 현재 전통시대부터 바라춤을 수반하며 잘 계승되고 있는 것은 경제가 유일해 보인다.

〈사다라니〉는 크게 네 가지 진언으로 구성되며, 경제에서는 특이하게 네 개의 진언 제목이 모두 순수 민요가락으로 되어있다. 그리고 진언 부분은 앞서 살펴본 개성 〈천수바라〉와 곡조가 상통하여, 깊은 연관성을 짐작케 한다. 본 절에서는 조선시대 불교의식집[5]과 20세기 중, 후반 경제 〈사다라니〉를 중심으로 경제 〈사다라니〉가 어떤 역사적 변화 과정을 통해 오늘에 이르고 있는지에 대해 논의해보겠다. 경제 〈사다라니〉는 여느 범패와 달리 민요와 안채비소리가 융합된 독특한 음악 형태로 되어있지만, 아직 이에 대한 고찰이 제대로 이루어진 바 없어[6] 그 음악적 특징도 면밀히 살펴볼 것이다.

5• 박세민 편, 『한국불교의례총서』 권4.

6• 현재 〈사다라니〉에 관한 연구는 대개 무용 분야에 집중되어있다. 백재화, 「영산재 바라춤 연구」, 서울 : 동덕여자대학교 대학원 석사학위논문, 1998; 김현주, 「영산재 바라춤에 관한 연구」, 서울 : 숙명여자대학교 전통예술대학원 석사학위논문, 2007; 이연경(도경), 「사다라니 바라춤에 관한 연구-경제와 완제의 비교를 통하여」; 「경제 四多羅尼 바라춤에 관한 연구」, 제6회 동아시아 불교음악 국제학술대회, 2009.12. 음악 관련 연구는 바라춤 음악을 다루는 과정에서 그 일부로 조금씩 논의되었고, 최근 차형석에 의해 홑소리와 평염불 형태로 구분되어 비교 논의된 바 있다. 김응기(법현), 「영산재 작법무 범패

이를 위해 먼저 조선시대 불교의식집에 수록된 〈사다라니〉의 기록을 통해 그 역사적 변화를 최대한 추적해보겠고, 그런 다음 가장 오래된 경제 음원인 1960~1970년대 자료를 기점으로 현행에 이르기까지 경제 〈사다라니〉의 음악적 특징을 살펴보겠다. 한편 〈사다라니〉도 〈천수바라〉처럼 개성 출신의 용암스님 창이 발견되며, 수심가토리의 특성이 매우 강하다. 따라서 개성식으로 추정되는데, 〈천수바라〉에 비해 소위 서울식의 現 경제 〈사다라니〉와 많이 유사하여, 같이 비교하며 논의해보고자 한다. 그리고 이상의 내용을 종합하여 현재에 이르기까지 경제 〈사다라니〉의 전승 양상을 정리해보겠다. 본고의 연구 자료는 다음과 같다.

〈표 1〉 경제 〈사다라니〉의 연구자료

	가창자	곡명	발행년	출처
1	박용암[7]	〈사다라니〉	1960~1970년대	서울대 음대 소장 릴테이프 常住勸公齋 中 No. 53-4 제1면 No. 2
				서울대 음대 소장 릴테이프 十王各拜齋 중 No. 53-16 제2면 No. 1
2	박송암[8]		1960~1970년대	송암 큰스님 유작집 『상주권공5CD』 /송암대종사문도회 · 불교음악연구소, 2001.
3				송암 큰스님 유작집 『각배5CD』 /송암대종사문도회 · 불교음악연구소, 2001.
4				송암 큰스님 유작집 『영산7CD』 /송암대종사문도회 · 불교음악연구소, 2001.
5	마일운		2009	봉원사 옥천범음대 수업자료
6	김구해		2010.2.11	봉원사 짓소리 특강

의 연구」; 김민재, 「중요 무형문화재 제50호 영산재 바라춤 음악 연구」, 경주 : 동국대학교 문화예술대학원 석사학위논문, 2007; 차형석, 「〈四多羅尼〉의 음악적 연구」.

7 • 용암스님 창은 각배의 자료에서 '나무시방불법승' 부분이 생략되어, 상주권공의 자료를 중심으로 채보, 분석하였다. 다만 상주권공의 자료 중 시감로수진언 앞부분을 창자가 다소 실수하여 각배의 자료를 활용하였고, 이를 악보에 표시하였다.

8 • 송암스님 창 〈사다라니〉는 유작집에 수록된 소리들의 특징이 거의 같아, 『영산』의 것을 대상으로 하였다.

1. 조선시대 불교의식집의 〈사다라니〉

〈사다라니〉는 현재 발견되는 조선시대 불교의식집에 대부분 수록되어 있다. 부처님 시대부터 존재했다고 하며,[9] 고려 때 스님인 죽암竹庵 유공猷公이 편집한 불서인 『천지명양수륙재의찬요天地冥陽水陸齋儀纂要』에도 수록된 것으로 보아,[10] 한국에서도 그 역사가 오래되고, 불교의식에서 널리 사용되었던 것으로 보인다. 그런데 현행과 연계되는 형태의 〈사다라니〉는 15세기 말부터 보이기 시작한다. 최고最古의 '영산'이 수록된 문헌인 『진언권공眞言勸供』(1496)[11]에서 최초로 보이며, 『권공제반문勸供諸般文』(1574),[12] 『영산대회작법절차靈山大會作法節次』(1634),[13] 『오종범음집五種梵音集』(1661),[14] 『제반문諸般文』(1694),[15] 『산보범음집刪補梵音集』(1713),[16] 『천지명양수륙재의범음산보집天地冥陽水陸齋儀梵音刪補集』(1721),[17] 『작법귀감作法龜鑑』(1827),[18] 『석문의범釋門儀範』(1931),[19] 『청문요집請文要集』(20세기 전반기),[20] 『작법절차作法節次』(미상),[21] 『요집문要集文』(미상)[22] 등에서 나타난다.

이들 문헌에서 〈사다라니〉는 크고 작은 재 의식절차에 두루 나타나지만,

9 • 이연경, 「사다라니 바라춤에 관한 연구-경제와 완제의 비교를 통하여」, 19~20쪽.
10 • 박세민 편, 『한국불교의례총서』 제2권, 238쪽.
11 • 박세민 편, 『한국불교의례총서』 제1권, 456쪽.
12 • 박세민 편, 『한국불교의례총서』 제1권, 666쪽.
13 • 박세민 편, 『한국불교의례총서』 제2권, 135쪽.
14 • 박세민 편, 『한국불교의례총서』 제2권, 186쪽.
15 • 박세민 편, 『한국불교의례총서』 제2권, 484쪽.
16 • 박세민 편, 『한국불교의례총서』 제2권, 589쪽.
17 • 박세민 편, 『한국불교의례총서』 제3권, 7쪽.
18 • 박세민 편, 『한국불교의례총서』 제3권, 378쪽.
19 • 안진호 편, 『석문의범』, 서울 : 법륜사, 1931, 126쪽.
20 • 박세민 편, 『한국불교의례자료총서』 제4권, 583쪽.
21 • 박세민 편, 『한국불교의례자료총서』 제4권, 167쪽.
22 • 박세민 편, 『한국불교의례자료총서』 제4권, 310쪽.

상당수의 문헌은 그 특징이 같거나 진언 가사가 생략되어있다. 따라서 여기에서는 당시 〈사다라니〉의 음악적 상황이나 그 특징을 잘 엿볼 수 있는 문헌을 중심으로 살펴보고자 한다. 여기에 해당하는 문헌은 『진언권공眞言勸供』(1496), 『오종범음집五種梵音集』(1661), 『천지명양수륙재의범음산보집天地冥陽水陸齋儀梵音刪補集』(1721), 『작법귀감作法龜鑑』(1827), 『청문요집請文要集』(20세기 전반기)으로, 본 항에서는 15세기 문헌부터 현행까지 〈사다라니〉의 가사 및 제반 사항을 살펴 그 시대적 변모 양상을 최대한 유추해보겠다.

1) 『진언권공眞言勸供』(1496)

이 의식집은 1496년(연산군 2) 인수대비의 명에 의해 당시 불가佛家에서 상행常行하는 권공勸供, 시식절차施食節次 등을 학조스님이 교정, 번역하여 간행한 책이다. 〈사다라니〉는 여기에서 현행 영산靈山에 해당하는 '작법절차作法節次'에 수록되어있으며, 가사가 현행과 차이나는 점이 있어 제시해보면 다음과 같다.

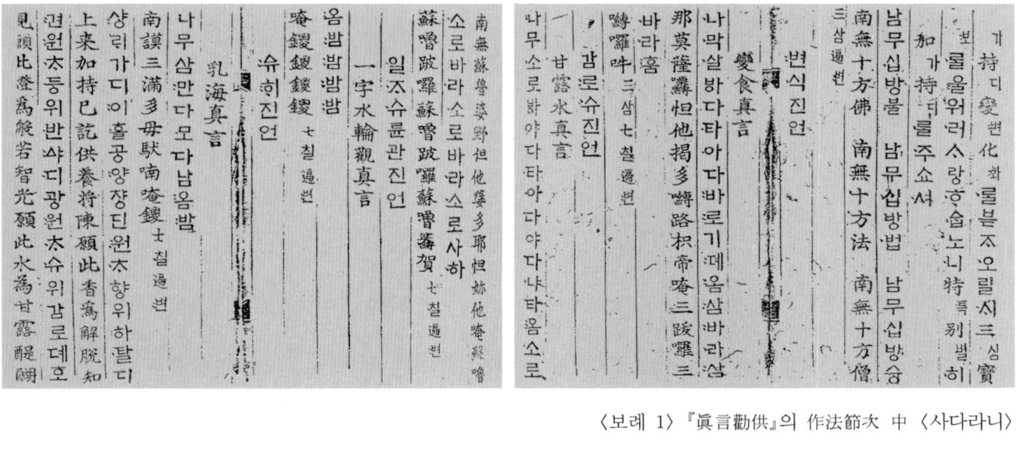

〈보례 1〉『眞言勸供』의 作法節次 中 〈사다라니〉

현행 경제 〈사다라니〉는 시작 문구로 '나무시방불법승'을 세 번 반복하지만, 이 의식집에서는 나무시방불, 나무시방법, 나무시방승으로 삼창한다. 그리고 현재 첫 번째 진언 제목을 '무량위덕자재광명승묘력변식(시)다라니'라 부르는데, 여기에는 '무량위덕자재광명승묘력'이 생략되고 '변식(시)다라니'는 '변식진언'으로 되어있다. 『불설구발염구아귀다라니경』에 의하면, 첫 번째 진언은 본래 '무량위덕자재광명승묘력'이 제목이고, '변식다라니'는 다라니의 공능功能을 첨가하여 나중에 진언의 제목을 삼은 것이라 한다.[23] 그런데 당시에는 '변식진언'만을 제목으로 부르며, 이는 16세기까지 지속되는 것이 여러 의식집에서 확인된다.[24] 또한 지금은 진언을 대개 3번 반복하지만, 이 당시에는 7번 반복하는 것을 권고하는 것으로 보아 이것이 보편적이었던 것으로 보인다.

한편 이 의식집의 〈사다라니〉에는 보통 염불들처럼 왼쪽에 성조를 나타내는 방점,[25] 소위 사성四聲(평성, 거성, 상성, 입성)에 해당하는 점이 표기되어있어 주목된다. 그리고 방점으로 보건대, 선율의 높낮이가 현행의 것과 사뭇 다르다. 따라서 이상 가사의 차이점과 방점으로 볼 때, 15세기의 〈사다라니〉는 민요가락이 섞인 현행 경제와 달리 순수 염불 계통이었을 가능성이 높아 보이며, 바라춤도 현행과는 사뭇 달랐을 것으로 보인다.

23 • 이연경(도경), 「사다라니 바라춤에 관한 연구-경제와 완제의 비교를 통하여」, 17쪽.

24 • 박세민 편, 『한국불교의례총서』 제2권 中 『豫修十王生七齊儀纂要』(1576), 83쪽, 『靈山大會作法節次』(1634), 135쪽, 『諸般文』(1694), 484쪽.

25 • 방점은 본래 중세국어에서 聲調를 표시하는 방법이다. 평성은 점이 없고, 상성은 왼쪽에 점을 두 개, 거성은 점을 한 개 찍는다. 이러한 방점은 四聲점과 그 기능이 거의 같다. 『한국민족문화대백과사전』 참조.

2) 『오종범음집五種梵音集』(1661)

이 의식집은 지선智禪이 당시 불가의 의례집이 보편적이지 못하고 산만하다고 여겨 고금古今의 여러 의례집을 채록, 보완하여 1661년경(현종 2) 편찬한 불서라 한다. 이 책은 18세기 호남지역에서 성행하였다 하며, 여기에 〈사다라니〉의 진언 가사는 나타나지 않지만 당시의 음악적 사정을 엿볼 수 있는 내용이 있어 살펴보면 다음과 같다.

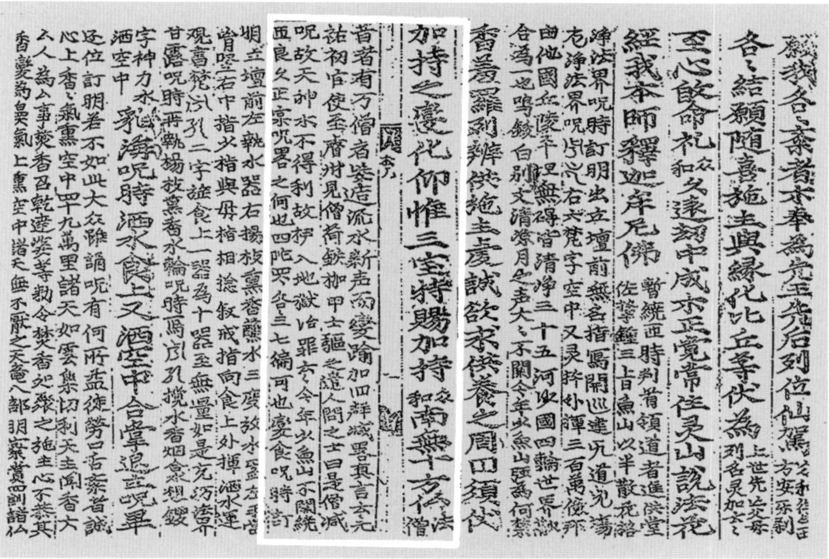

〈보례 2〉 『五種梵音集』의 靈山作法節次 中 〈사다라니〉

(원본의 일부가 선명하지 않아, 가사를 아래 다시 적었다)

加持(衆和) 南無十方佛法僧

昔者有萬僧者 妄造流水新聲 而變踰加四聲減略眞言云云

元祐初 官使至睿州 見僧荷鐵枷 甲士驅之 遣人問之 士曰 是僧減呪故 天神等不得利故 攝入地獄治罪云云 今年少魚山不關 **繞匝良久** 正實呪 略之何也 四陀羅各各三七徧可也

이 책에는 옛 중국의 범패승들을 예로 들며, 새로운 선율과 사성四聲을 규칙 없이 첨가하고, 진언의 반복 횟수를 줄이는 것에 대해 크게 경계한다. 그리고 "조선의 젊은 어산(범패승)들도 괘념치 않고 요잡繞匝과 양구良久(보통 착어를 모실 때 요령을 흔들어놓고 관觀하는 의식 모양)를 하며, 실다운 주를 간략히 줄이는 것은 어째서인가? 〈사다라니〉는 각 진언을 3×7편(21번) 해야 한다."는 문구가 있다.

이를 통해 바라춤이 수반되는 〈사다라니〉의 형성 시기가 제법 오래되고, 당시 진언 횟수를 줄이는 경향이 점차 커져가는 사실을 알 수 있다. 또한 현재는 전라도 고유의 〈사다라니〉가 거의 단절되었지만, 이 의식집이 호남지역에서 많이 유통됐던 사실로 볼 때, 완제 〈사다라니〉도 예전에는 성행했을 가능성이 높아 보인다.

3) 『천지명양수륙재의범음산보집天地冥陽水陸齋儀梵音刪補集』(1721)

이 의식집은 지환智還이 경종 1년(1721) 경기도 양주 삼각산 중흥사重興寺에서 간행한 불서로, 당시 상용된 수륙제에 관한 의식과 절차가 상세히 기록되어있다. 여기에는 〈사다라니〉가 여러 의식 절차에서 나타나지만, 구체적인 진언은 수록되어있지 않다. 그러나 〈사다라니〉와 관련된 당시의 음악적 상황을 엿볼 수 있는 내용이 있어, 이를 살펴보면 다음과 같다.

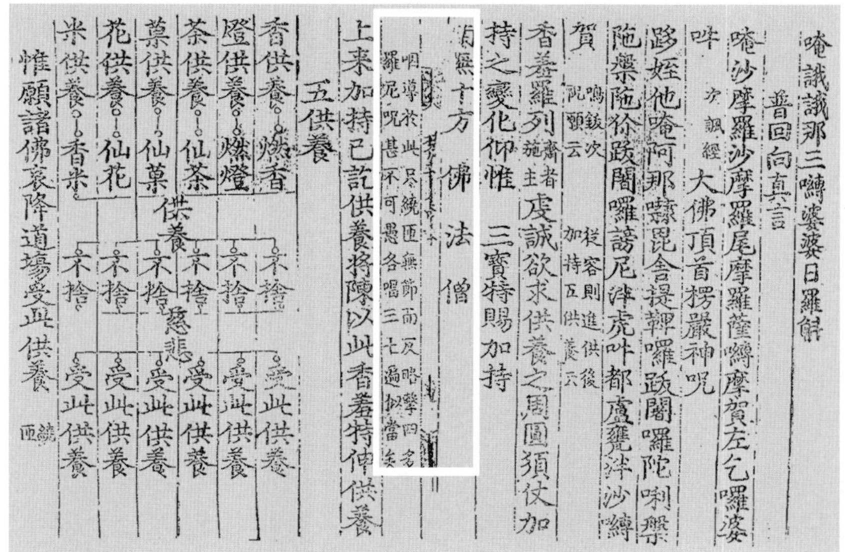
唵誐誐那三嚩婆婆日羅斛

普回向真言

唵沙摩羅沙摩羅尾摩羅薩嚩摩賀左乞囉婆

吽 次誦經 大佛頂首楞嚴神呪

跢姪他唵阿那嚟毗舍提鞞囉跋闍囉陀唎槃

陁槃陁你跋闍囉謗尼泮虎吽都嚧甕泮沙嚩

賀 鳴鈸次呪願云 從容則進供後加持五供養云

香羞羅列 齋者施主 虔誠欲求供養之周圓須仗加

持之變化仰惟 三寶特賜加持

南無十方佛法僧

唱導於此只繞匝無節而反略擊四多羅尼呪甚不可愚各唱三七遍似當矣

上來加持已訖供養將陳以此香羞特伸供養

五供養

香供養 燃香

燈供養 燃燈

茶供養 仙茶

菓供養 仙菓

花供養 仙花

米供養 香米

供養

不捨 不捨 不捨 不捨 不捨 不捨

慈悲

受此供養 受此供養 受此供養 受此供養 受此供養 受此供養

惟願諸佛哀降道場受此供養 繞匝

〈보례 3〉『天地冥陽水陸齋儀梵音刪補集』의 大梵修作法 中 〈사다라니〉

(원본의 일부가 선명하지 않아, 가사를 아래 다시 적었다)

南無十方佛法僧

咽導於此 <u>只繞匝無節</u> 而反略擊四多羅尼呪 甚不可愚 各唱三七遍似當矣

이 의식집을 비롯하여 18세기 초 문헌부터 '나무시방불법승' 삼편三遍이 초구로 많이 보여, 점차 현행에 가까워지는 양상을 살펴볼 수 있다. 이 책의 대범수작법大梵修作法 中 〈사다라니〉 항목에는 '단지 바라춤을 하매 (일정한) 절주가 없음에도 진언을 축소하려한다'고 우려하며, '3×7(21)편에 걸쳐 진언을 해야 마땅하다'고 지적하고 있다. 그런데 보통 음악에서 '節'(절주)의 용어는 박자 또는 리듬을 일컬어, 이로 보면 '〈사다라니〉가 당시 일정한 박자(리듬)가 없는 소리임에도 진언을 축소하려고 한다'가 된다. 그런데 현행 경제는 바라춤에 맞추면서 박자가 다소 불규칙하지만 일정한 기본 박자가 있어(이에 대해서 뒤에서 상세히 다룰 것이다), 이때의 〈사다라니〉는 보통 염불처럼 박자가 일정하지 않는 형태를 의미하는 것으로 보인다.

4) 『작법귀감作法龜鑑』(1827)

이 책은 19세기 초 백파 긍선亘璇 스님이 당시 재공齋供에 일정한 격식이 없고 완전한 것이 없음을 염려하여 전에 있던 의식문의 착오와 결함을 교정, 보충하여 저술한 불교의식집으로, 전남 장성 운문암에서 간행되었다. 이 책에서 〈사다라니〉는 크고 작은 여러 의식에 나타나는데, 그 전문이 맨 앞의 삼보통청에 나온다. 그 가사를 살펴보면 다음과 같다.

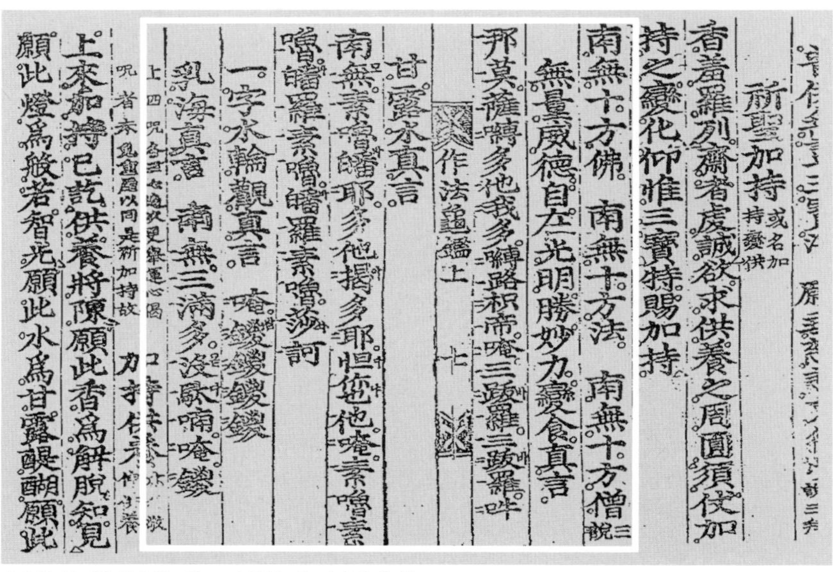

〈보례 4〉『作法龜鑑』의 三寶通請 中 〈사다라니〉

이 의식집의 〈사다라니〉에는 『진언권공眞言勸供』(1496)의 수록곡처럼 보통 염불성念佛聲에 나타나는 사성四聲점이 기록되어 있다. 그리고 『진언권공』의 〈사다라니〉처럼 시작 문구를 '나무시방불, 나무시방법, 나무시방승'으로 삼창한다. 이 시기에는 이와 같은 형태(고제)와 현행의 '나무시방불법승' 삼창 형태가 공존하는데, 여기에서는 일종의 고제를 따르고 있다. 또한 첫 번째 진언 제목 중 뒷부분은 여전히 '변식진언'으로 되어있지만, 앞은 현행처럼 '무량위덕자재광명승묘력'이 붙어있어, 고제와 현행의 과도기적 양상을 보인다.

그런데 『작법귀감作法龜鑑』의 〈사다라니〉는 사성점으로 미루어 볼 때, 선율의 고저가 『진언권공眞言勸供』뿐 아니라 현행과도 사뭇 다르다. 이는 〈사다라니〉가 시대적으로 변화되면서, 또는 이 의식집의 발행처로 볼 때 그 소리가 완제이기 때문일 수도 있다. 그러나 『진언권공』과 『작법귀감』의 〈사다라니〉를 통해 알 수 있는 사실은 본래 〈사다라니〉가 현행 경제처럼 민요가락이 섞인 염불이 아니라 일반 염불처럼 가변성이 큰 소리였을 가능성이 매우 높다는 점이다.

5) 『청문요집請文要集』(20세기 전반기)

이 책은 서울 홍은동 백련사의 해운海雲 스님이 20세기 전반기 당시 행해지는 재공의식에 대해 기록한 불교의식집으로, 맨 앞의 상주권공常主勸供에는 변식진언만, 약례청略禮請에는 전체 〈사다라니〉가 수록되어있다.[26] 그런데 두 기록이 모두 시사해주는 바가 있어, 함께 살펴보고자 한다.

26 • 박세민 편, 『한국불교의례자료총서』 제4권, 583쪽 · 610쪽.

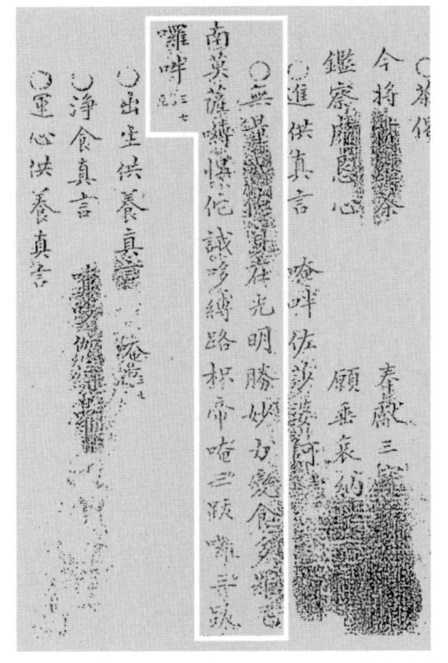

〈보례 5〉『請文要集』의 常住勸供 中 〈사다라니〉　〈보례 6〉『請文要集』의 약례청 중 〈사다라니〉

(원본의 일부가 선명하지 않아, 가사를 아래 다시 적었다.)

南無十方 佛 法 僧 三唱

無量威德自在光明勝妙力變食多羅尼

南莫薩嚩但°他誐아多嚩°嚧枳帝唵°三°跋羅三°跋羅吽° 三七遍

상주권공에는 초구로 '나무시방불법승'이 세 번 반복되고, 첫 번째 진언 제목이 '무량위덕자재광명승묘력변식(시)다라니'로 되어있어, 현행 민요가락이 섞인 안채비소리의 경제와 가사가 거의 같다. 그런데 보통 평염불의 약식으로 하는 약례청에서는 제목이 '변식진언'으로 되어있어, 안채비소리와 평염불로 부를 때 진언 제목이 다소 차이가 있었던 것으로 보인다. 현재도 그러하기 때문이다. 따라서 이상의 특징으로 볼 때, 현행 경제와 같은 소리는 19세기 말~20세기 초 근세기에 형성되었을 가능성이 높아 보인다.

6) 현행

경제 〈사다라니〉는 현재 대부분 범패승들이 송암스님 창을 이어받아 부르고 있다. 이에 이를 대상으로 그 가사를 살펴보면 다음과 같다.[27]

南無十方佛法僧 (3번)

무량 위덕 자재 광명 승묘력 변식(시) 다라니(變食眞言)

나막 살바 다타 아다야 바로 기제 오옴 삼마라 삼마라

오옴 나막 살바다타 아다야 바로 기제 오옴 삼마라

삼마라 오옴 나막 살바다타 아다야 바로 기제 오옴

삼마라 삼마라아훔

施甘露水眞言

나무소로 바아야 다타 아다 혜혜 다냐타옴

소로 소로바라 소로 바라소로 사바하 나무소로

바아야 다타 아다 혜혜 다냐 타옴

소로 소로바라 소로 바라 소로 사바하 나무소로

바아야 다타 아다 혜혜 다냐 타옴

소로 소로바라 소로 바라소로

一字水輪觀眞言

옴 바옴바옴 밤바옴(3번)

乳海眞言

나무 사만다 못다남오옴 바예염(3번)

27 • 김응기(법현), 『영산재 연구』, 서울 : 운주사, 1997, 199~200쪽.

현행 경제 〈사다라니〉는 『청문요집請文要集』 수록곡과 그 가사가 거의 같다. 초구로 '나무시방불법승'을 삼창하며, '변식진언'이 '변식(시)다라니'로 되어있고, 진언은 모두 3번 반복한다. 그러나 20세기 이전 문헌들과 변식진언 제목을 비롯해 일부 진언 가사(밑줄 친 부분)가 좀 다르거나 첨가되었고, 방점 및 사성점으로 볼 때 선율도 사뭇 다르다. 그리고 現 영남범패에서는 〈사다라니〉의 첫 번째 진언 제목을 『작법귀감作法龜鑑』(1827)처럼 '무량위덕자재광명승묘력변식진언'으로 부르고 있어,[28] 근세기 경제 〈사다라니〉에 변화가 온 사실을 뒷받침해준다. 이로 볼 때, 제목이 '변식(시)다라니'로 된 것은 근세기 경제에서 이루어진 변화가 아닐까 짐작케 한다.

이상을 정리하면, 현행과 연계되는 〈사다라니〉가 수록된 최고最古의 문헌은 『진언권공眞言勸供』(1496)이고, 『오종범음집五種梵音集』(1661)의 '요잡繞匝' 관련 기록으로 볼 때 늦어도 15~16세기에는 바라춤이 수반되는 형태가 마련된 것으로 추정된다. 부처님 당시부터 존재했던 진언이라, 한국에서도 제법 이른 시기부터 의식음악이 된 것으로 보인다. 그리고 지금은 경제가 중심이 되고 있지만, 남도에서 편찬된 의식집에도 많이 나타나, 과거에는 전국적으로 성행했을 것으로 보인다. 그런데 『진언권공』의 〈사다라니〉에는 보통 염불들에 나타나는 방점(일종의 사성四聲점)이 표기되어있고, 선율의 고저도 현행과 사뭇 다르다. 이로 볼 때 민요가락이 섞인 현행 경제와 달리 본래 〈사다라니〉는 순수 염불가락이었을 가능성이 높아 보인다. 그리고 이러한 사성점은 19세기 초 문헌인 『작법귀감作法龜鑑』(1827)의 수록곡에도 나타나, 이러한 소리가 19세기까지 대세를 이루었던 것으로 보인다. 18세기 초 문헌인 『천지명양수륙재의범음산보집天地冥陽水陸齋儀梵音刪補集』의 '지요잡무절只繞匝無節'이라는 문구도, 〈사다라니〉가 과거에는 보통 염불처럼 불

28 • 隱坡 金漢奎, 『상용천도집』, 부산 : 범음범패제작연구소, 불기 2541(1997), 34쪽.

규칙한 박자(리듬)로 된 소리였을 가능성을 짐작케 한다.

그런데 20세기 전반기 서울 백련사에서 편찬된 문헌인 『청문요집請文要集』 수록곡은 현행 경제와 가사가 거의 흡사해, 그 특징이 현행에 많이 가까워지는 양상이 보인다. 따라서 현행 경제와 같은 소리는 근세기에 형성되었을 가능성이 높아 보인다.

2. 경제 〈사다라니〉: 現 경제와 개성 〈사다라니〉의 관계

현재 경제에서 가장 오래된 〈사다라니〉의 음원은 1960~1970년대 녹음된 서울대 소장 자료와 송암스님 유작집(1968~1973년)의 소리들이다. 서울대 소장 자료 중 용암스님 창은 송암스님 창과 곡조가 흡사하지만 수심가토리의 특성이 강하게 나타나, 앞서 살펴본 〈천수바라〉처럼 과거 개성에서 부른 형태일 가능성이 높아 보인다. 송암스님 창은 그 윗세대이거나 스승인 운파, 벽해스님이 부른 소리와 거의 같다고 증언되어,[29] 20세기 초중반 이후 서울에서는 이처럼 부르는 것이 대세였던 것으로 보인다. 여기에서는 소위 서울과 개성 〈사다라니〉[30]의 특징 및 그 관계를 잘 파악하기 위해, 두 소리를 비교하며 논의해 보려 한다.

경제 〈사다라니〉는 크게 나무시방불법승, 무량위덕자재광명승묘력진언(변식진언), 시감로수진언, 일자수륜관진언, 유해진언으로 가사가 나뉘며 이에 따라 음악도 그 특징이 다소 차이난다. 따라서 여기에서는 이상 다섯 부분으로 나누어 살펴보겠고, 태징법은 現 경제의 경우 기존 연구 자료가

29 • 2010년 1월 26일 봉원사 짓소리 특강 중 구해스님 증언.

30 • 現 경제 〈사다라니〉와 비교를 위해, 이하 본고에서는 용암스님 창 〈사다라니〉를 편의상 개성 〈사다라니〉라 부르고자 한다.

많아 개성 〈사다라니〉의 것만 수록하였다.

〈악보 1〉 경제와 개성 〈사다라니〉의 비교악보 중 나무시방불법승

창 : 경제-송암, 개성-용암

이 부분은 〈사다라니〉가 본격적으로 시작되기 전 일종의 도입부로 유일하게 순수 염불가락으로 되어있고, 現 경제는 송암스님 창처럼 '나무시방불법승'의 삼창이 거의 같은 선율로 세 번 반복된다. 그런데 용암스님 창은 가사가 15~16세기 〈사다라니〉(나무시방불, 나무시방법, 나무시방승)와 거의 흡사한 '나무시방불, 나무시방법, 나무시방불법승'으로 되어있어, 현행보다 고제의 특징을 보인다.

3소박 불규칙박자로 되어있고, 선율은 두 소리가 근본적으로 같지만 주요 구성음이 송암스님 창은 sol, la, do#, re, mi로 경토리, 용암스님 창은 re, mi, sol#, la, do'로 수심가토리를 근간으로 한다. 이 부분은 메나리토리로 된 여느 염불가락과 달리 경제 범패의 특성을 잘 보여주며, a+b+b+c의 구조로 이루어진다.

〈악보 2〉 경제와 개성 〈사다라니〉의 비교악보 중 무량위덕자재광명승묘력진언(변식진언)

〈사다라니〉는 용암스님 창이 송암스님 창보다 속도가 전반적으로 좀 느리다. 그런데 앞서 살펴본 〈천수바라〉에서 "예전에는 바라춤의 반주 노래 속도가 지금보다 느렸다."는 것으로 볼 때, 그의 창 역시 그러한 면을 잘 보여준다고 생각된다. 이 부분은 변식진언이라 부르기도 하는데, 용암스님은 제목을 『작법귀감作法龜鑑』(1867)의 기록처럼 '변식진언'으로 마무리하여 앞의 부분처럼 가사가 고제의 특징을 잘 보여준다. 이로 볼 때 현행 경제의 '변식(시)다라니'는 서울에서 생긴 변화일 가능성이 매우 높아 보인다.

제목 '무량위덕자재광명승묘력변식다라니(또는 변식진언)'는 경제 〈축원화청〉의 시작부분 선율과 거의 같다.(제3장 〈축원화청〉 항목의 〈악보 1〉 中 첫 번째 a+b) 이에 송암스님 창은 주요 음구성이 sol, la, do', re', mi'인 경토리의 전형적인 경기민요가락으로 되어있다. 그런데 용암스님 창은 re, mi, la, si로 구성되며 수심가토리의 선율진행 특성이 나타나, 서도음악문화권의 강한 영향이 보인다. 장단 및 장단은 모두 3소박 3박자의 세마치 장단에 맞는다.

진언은 제목과 달리 3소박 3박자, 4박자, 6박자가 불규칙하게 나타난다.[31] 이는 본격적으로 시작되는 바라춤에 맞추면서 박자가 불규칙해지는 것으로,[32] 3소박 4박자가 가장 많이 나타나 이것이 기본 박자라 할 수 있겠다. 종지에서 따로 3소박 4박자를 태징으로 짚어주는 것도 이를 뒷받침한다. 토리는 모두 주요 구성음이 re, mi, (sol), la, do'이며 제4음 la에 선율의 중심음 기능과 굵은 요성이 나타나는 전형적인 수심가토리로 되어있다.[33] 〈사다라니〉는 반주 범패를 주요 구성음이 sol, la, do', re', mi'인 경토리로 보기도 하지만,[34] 이상 두 소리로 볼 때 본래 수심가토리를 근간으로 형성된 소리로 보인다. 그리고 바라춤의 반주가 되는 선율이라 그 진행이 상대적으로 단순하면서도, 개성 〈천수바라〉와 선율이 유사하며 염불과 민요가락이 섞여있다.

한편 변식진언은 보통 세 번 반복되는데, 특이하게 선율(a표시)과 진언(㉠표시)의 반복 주기가 조금 다른 양상을 보인다. 이는 바라춤에 맞춰 선율

31 • 진언 선율의 박자에 따른 마디 설정은 바라춤의 동작 및 선율에 준거하였다.

32 • 〈사다라니〉 바라춤의 특징 중 하나가 진언 제목을 부를 때는 춤사위가 멈추는 것이다. 즉 진언을 부를 때만 바라춤이 수반되는데, 이에 대해서는 이연경(도경), 「사다라니 바라춤에 관한 연구 – 경제와 완제의 비교를 통하여」를 참조하기 바란다.

33 • 송암스님 창에는 간혹 sol(경토리의 do')과 si(경토리의 mi')가 출현해, 경토리의 영향이 좀 나타나기도 한다.

34 • 김응기(법현), 「영산재 작법무 범패의 연구」, 79쪽; 장휘주, 「범패 홋소리의 음조직 유형 연구」, 404쪽.

이 확대되면서 나타나는 현상으로 보이며, 선율은 a+a'확대+a"확대의 구조로 이루어진다. 전반적으로 송암스님보다 용암스님 창의 선율진행이 단순소박하고, 송암스님 창에서는 생략된 '아타야'를 용암스님 창에서는 부른다. 그리고 〈천수바라〉처럼 밀고 끌어당기는 음기법 및 그 맛이 용암스님 창에서 훨씬 잘 나타난다.

〈악보 3〉 경제와 개성 〈사다라니〉 비교악보 중 시감로수진언

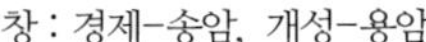

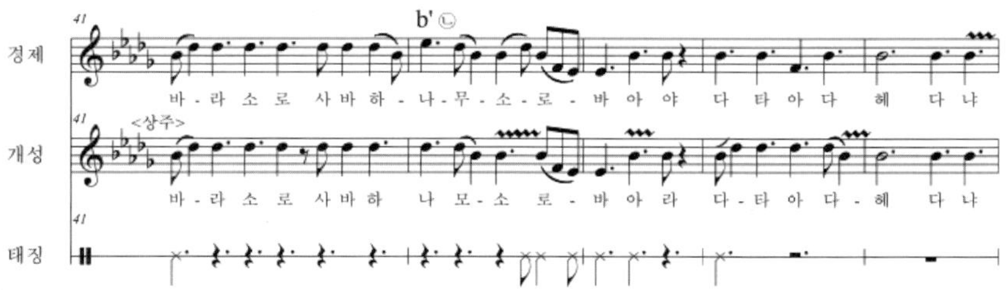

시감로수진언도 제목은 변식진언처럼 전형적인 민요가락이며, 규칙적인 3소박 4박자로 되어있다. 그리고 선율이 짧지만, 토리는 두 소리 모두 그 다음 전형적인 수심가토리로 된 진언 선율과 연계되며 다소 높은 음역에서 나타나는 수심가토리로 볼 수 있겠다.

진언도 3소박 4박자를 기본 박자로 하고, 바라춤 및 가사에 맞추며 부분적으로 3소박 3박자, 3소박 6박자가 나타난다. 박자가 변식진언보다 더 규칙적인 편이며, 여기에서도 종지부분에서 따로 3소박 4박자를 태징으로 짚어주며 마무리한다. 그리고 선율이 b+b'+b'의 구조로 이루어지며, 앞부분 선율만 조금 차이나는 것을 제외하면 가사와 선율이 같은 주기로 세 번 반복된다. 이 부분도 밀고 끌어당기는 음기법이 용암스님 창에서 훨씬 잘 나타나며, 송암스님 창에서는 생략된 '사바하'를 용암스님은 부른다.

〈악보 4〉 경제와 개성 〈사다라니〉 비교악보 중 일자수륜관진언

창 : 경제-송암, 개성-용암

일자수륜관진언은 제목이 시감로수진언의 것과 동일한 선율의 민요가락(x)으로 되어, 그 특징이 같다. 진언 부분은 바라춤에 맞춰 3소박 6박자+3소박 3박자 구조가 진언과 같은 주기(㉠표시)로 세 번 반복되며, 선율도 c+c+c의 구조로 이에 완전히 상응한다. 이 진언도 선율이 수심가토리를 근간으로 하고, 태징으로 3소박 4박자를 짚어주며 마무리한다. 여기에서도 송암스님보다 용암스님 창의 선율진행이 상대적으로 단순 소박하다. 그리고 송암스님 창에서는 생략된 '밤바옴'을 용암스님 창에서는 부르며, 용암스님은 본래 진언 가사대로 '밤밤'이라 불러 고제의 특징을 더 잘 지니고 있다.

〈악보 5〉 경제와 개성 〈사다라니〉의 비교악보 중 유해진언

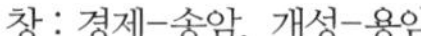

69 x' 축소 d ㉠

경제: 유 - 우 - 해 진 - 언 - 나 - 무 - 사 만 다

개성: 유 우 해 진 - 언 - 나 - 무 - 사 만 다

태징

74 d' 확대 ㉡

경제: 못 다 남 - 오 - 옴 - 바 예 - 염 - 나 무 - 사 만 다

개성: 못 다 남 - 오 옴 - 바 아 암 나 - 무 사 만 다

태징

77 d' 확대 ㉢

경제: 못 다 남 - 오 - 옴 - 바 예 염 - 나 무 - 사 만 다

개성: 못 다 남 - 오 옴 바 아 암 나 - 무 사 만 다

태징

80

경제: 못 다 남 오 - 옴 - (바 예 염)

개성: 못 다 남 오 - 옴 밤

태징

유해진언도 제목 선율(x'축소)이 시감로수진언 및 일자수륜관진언의 것과 거의 같다. 다만 제목이 짧아 뒷부분 선율이 반각으로 되어있는데, 진언의 첫 대목이 반각 형태로 잇대어 나타나며 3소박 4박자를 이룬다. 진언은 바라춤에 맞추며 3소박 5박자와 3소박 3박자가 주요 박자를 이루지만, 종지에서 태징을 3소박 4박자로 치며 마무리하여, 곧 전체의 기본 박자는 3소박 4박자로 인식하고 있다. 즉, 〈사다라니〉는 네 가지 진언이 끝날 때마다 따로 3소박 4박자의 태징을 치며 마무리하여, 나름대로 기본 박자를 강조한다. 한편 유해진언은 변식진언처럼 선율(d표시)과 진언(㉠표시)이 조금 다른 주기로 세 번 반복된다. 그런데 이것은 진언이 제목의 뒷부분 반각에 잇대어 들어가면서 생긴 현상이 아닐까 생각된다. 선율구조는 d+d'확대+d'확대로 이루어지며, 역시 수심가토리로 되어있다.

여기서도 송암스님보다 용암스님 창의 선율진행이 단순 소박하다. 그리고 송암스님 창에는 생략된 마지막 진언 '밤예염'을 용암스님 창에서는 부르며,[35] 용암스님은 본래 진언 가사대로 '밤'이라 불러 고제의 특징을 잘 보여준다.

한편 현재 송암스님 창을 계승한 영산재 보유자 구해스님 창에는 수심가토리의 굵은 요성이 간간히 나타나기도 한다. 그런데 영산재 준보유자인 일운스님 및 그 문하생들이 부르는 〈사다라니〉는 굵은 요성이 탈락되며 수심가토리의 특성이 많이 약화되고 있다. 그러나 일운스님은, 송암스님 창에서 생략한 마지막 진언 가사를 용암스님처럼 거의 다 부른다.(〈참고악보 4〉 참조) 옥천범음회 출신인 전남 광주 한국불교전통의식대학 학장 혜공스님은 진언 부분을 모두 경토리로 전이시켜 부르기도 한다.[36] 즉, 경제 〈사다라

35 • 송암스님 창 〈사다라니〉에서 네 가지 진언의 마지막 문구 및 그 선율을 대부분 생략하는 이유는 다음 진언으로 넘어가기 전 태징 반주에 맞추어 숨을 고르기 위해서라고 한다. 구해스님 증언

36 • 慧空, 『범패 상주권공 제반의식집』 1권(2005) DVD 부록자료 참조.

니〉는 최근 빠르게 경기(서울)화가 진행되고 있다. 이는 분단 이후 서도음악 문화와 단절되면서 소위 서울, 경기화의 흐름 아래 이루어지는 음악적 변화라고 할 수 있을 것 같다.[37]

또한 근자에 장상철스님이 전북 실상사를 근거지로 전승한 〈사다라니〉는 1970~1980년대 자료인 『상주권공 음보』에 수록된 소리로 볼 때,[38] 민요가락이 섞인 현행 경제와 별반 다르지 않아 보인다. 최근 조사된 그 문하의 석정스님이 부른 소리가 경제보다 장식음이 적고, 전라도 소리의 특징이 부분적으로 나타나는 점이 차이나는 정도이다.[39] 이로 볼 때, 전북제에서는 근자에 경제 〈사다라니〉를 수용한 후 전승과정에서 지역화가 진행되고 있는 것으로 보인다.

3. 경제 〈사다라니〉의 전승 양상

이상의 내용을 토대로 경제 〈사다라니〉가 현행에 이르기까지 그 전승 양상을 정리해보면 다음과 같다. 현재 〈사다라니〉가 발견되는 최고의 문헌은 『진언권공眞言勸供』(1496)이고, 『오종범음집五種梵音集』(1661)의 '요잡繞匝' 관련 기록으로 볼 때 늦어도 15~16세기에는 바라춤이 수반되는 형태가 마련된 것으로 추정된다. 그리고 지금은 경제가 중심이 되고 있지만, 남도에서 편찬된 의식집에도 두루 나타나, 과거에는 전국적으로 행해졌을 것으로 생각된다. 그런데 『진언권공眞言勸供』의 〈사다라니〉에는 보통 염불성念佛聲에 나타나는 방점(일종의 사성四聲점)이 표기되어있고, 음의 고저도 현행과 사

37 • 경·서도 통속민요에서도 이와 같은 음악적 변화가 많이 확인된다. 졸고, 「20세기 전·후반기 경·서도 통속민요의 변모 양상」, 『경기전통예술 시리즈 II - 경기잡가』, 경기 : 경기도국악당, 2006 참조.

38 • 장상철(일암), 『상주권공 음보』, 전주 : 태고종 실상사, 1970~1980년대, 334~335쪽.

39 • 이연경(도경), 「사다라니 바라춤에 관한 연구 - 경제와 완제의 비교를 통하여」, 95~98쪽.

뭇 다르다. 이로 볼 때 본래 〈사다라니〉는 민요가락이 섞인 현행 경제와 달리 순수 염불가락이었을 가능성이 높아 보인다. 그리고 이러한 사성점은 19세기 초 문헌인 『작법귀감作法龜鑑』(1827)의 수록곡에도 나타나, 이런 형태의 소리가 19세기까지 대세를 이루었던 것으로 보인다. 18세기 초 문헌인 『천지명양수륙재의범음산보집天地冥陽水陸齋儀梵音刪補集』의 '지요잡무절只繞匝無節'이라는 문구도, 〈사다라니〉가 과거에는 보통 염불처럼 불규칙한 박자(리듬)로 된 소리였을 가능성을 뒷받침해 준다. 그런데 20세기 전반 서울 백련사에서 편찬된 문헌인 『청문요집請文要集』 수록곡은 현행 경제와 가사가 거의 흡사해, 그 특징이 현행 경제에 많이 가까워지는 양상이 보인다. 따라서 현행 경제와 같은 소리는 근세기에 형성되었을 가능성이 높아 보인다. 現 일부 진언 가사가 20세기 이전 문헌의 것과 좀 다르거나 첨가된 점 및 영남범패에서는 여전히 〈사다라니〉의 첫 번째 진언 제목을 『작법귀감作法龜鑑』(1827)처럼 '무량위덕자재광명승묘력변식진언'으로 부르고 있는 점도, 근세기 경제 〈사다라니〉에 변화가 온 사실을 보여준다.

경제 〈사다라니〉의 음악 특징을 소위 개성식의 용암스님 창과 서울식의 송암스님 창을 비교하여 살펴본 결과, 네 가지 진언의 제목은 3소박 3박자 또는 4박자를 기본 박자로 하는 전형적인 민요가락으로 되어있다. 특히 첫 번째 변식진언은 경제 〈축원화청〉의 앞부분 선율과 거의 동일하다. 따라서 이를 차용한 것으로 보이는데, 경제 〈축원화청〉도 본래 순수 염불가락이었고, 근세기에 현행과 같은 민요가락으로 변화된 것으로 보인다.(제3장 〈축원화청〉 항목 참조) 이는 근세기에 경제 〈사다라니〉가 큰 음악적 변화를 겪었을 것으로 추정되는 문헌적 내용들을 뒷받침해준다.

네 가지 진언 부분은 3소박 4박자를 기본 박자로 하지만, 바라춤과 가사에 맞추면서 다양한 박자구조가 나타난다. 그리고 변식진언과 유해진언은 진언과 선율이 반복되는 주기가 좀 다른데, 이는 방점 및 사성점으로 볼 때 그 주기가 동일했던 조선시대 불교의식집 수록곡들과의 주요한 차이점 중 하나로 현행과 같은 경제 〈사다라니〉의 형성 시기가 오래되지 않은 사실을 뒷받침해준다. 또한 기존에 진언 선율이 경토리로 되어있다고 많이 주장되었지만, 주요 음조직 및 음기능, 굵은 요성으로 볼 때 수심가토리를 근간으로 하고 있다. 수심가토리의 특징은 경제 〈화청〉계통(〈축원화청〉, 일반 〈화청〉) 소리에서도 확인되는 바(제3장 〈화청〉계통 소리 참조), '〈화청〉은 서도지역이 최고'라는 말이 있듯이[40] 경제에서 민요가락이 섞인 소리는 모두 서도음악문화의 영향을 지대하게 받은 사실을 살펴볼 수 있다. 그리고 개성식의 용암스님 창이 서울식의 송암스님 창보다 수심가토리의 특징과 고조古調의 가사, 단순 소박한 선율진행, 느린 템포, 바라춤 반주노래 특유의 밀고 끌어당기는 음기법 등이 잘 나타나는 것으로 보아, 전통 경제 〈사다라니〉에 더 가까운 형태로 보인다. 즉, 〈사다라니〉도 〈천수바라〉처럼 개성에서 형성되어 서울에 전파된 경제 염불인 것으로 판단된다. 그리고 용암스님 창에서는 여전히 '변식진언'이라 제목을 사용하고 있어, 현행 경제의 '변식(시)다라니'는 서울에서 생긴 변화가 아닐까 생각된다. 그런데 현재 전승되고 있는 경제 〈사다라니〉는 수심가토리의 굵은 요성 및 그 특성이 약화되며, 빠르게 경기(서울)화가 진행되고 있다. 이상의 내용을 도식화시켜보면 다음과 같다.

조선시대 염불 〈사다라니〉 → 개성 〈사다라니〉 →
現 경제(서울) 〈사다라니〉 : 경기(서울)화 진행 → 전북제

40 • 구해스님에 의하면, "옛날에 '서도지역은 화청, 서울 · 경기는 시련, 영 · 호남은 관욕, 팔공산은 종성, 제주는 창불, 관악산 · 안성은 고사염불이 유명하다'는 말이 있었다."고 한다. 2010년 2월 봉원사 짓소리 특강 중.

참고악보 1

〈사다라니〉

창 : 용암스님
자료 : 서울대 소장 자료
채보 : 손인애

태징
삼 마 - 라 아 - 오 - 옴 나 막 살 바 다 타 - 아 다 야
바 - 로 기 제 - 옴 삼 마 라 삼 마 - 라 아 - 오 - 옴 나 막
살 바 다 타 - 아 타 야 바 - 로 - 기 - 제 옴 삼 마 라 삼 마 라 아 - 오 옴
<각배>
에 에 히 에 감 로 수 - 진 언 나 무 - 소 로 - 바 아 야
다 - 타 아 - 다 혜 다 냐 타 - 오 옴 - 소 오 로 소 - 로 - 바 라 - 소 오 로
<상주>
바 - 라 소 로 사 바 하 나 모 - 소 로 - 바 아 라 다 - 타 아 다 - 혜 다 냐
타 오 옴 - 소 오 로 소 - 로 - 바 라 - 소 오 로 바 - 라 소 로 사 바 하 -
나 무 소 로 - 바 아 야 다 - 타 아 - 다 - 에 다 냐 타 오 - 옴 소 오 로

56
소 로 - 바 라 - 소 오 로 바 - 라 소 로 사 바 하
56
태징
61
에 에 일 자 수 륜 - 관 - 진 언 - 옴 바 움 - 바 암 - 밤 바 암
61
태징
65
옴 바 암 바 암 - 밤 바 암 옴 바 움 바 암 - 밤 밤
65
태징
69
유 우 해 진 - 언 - 나 - 무 - 사 만 다
69
태징
73
못 다 남 - 오 옴 - 바 아 암 나 - 무 사 만 다
73
태징
76
못 다 남 - 오 옴 바 아 암 나 - 무 사 만 다
76
태징
79
못 다 남 오 - 옴 · 밤
79
태징

참고악보 2

〈사다라니〉

창 : 송암스님
자료 : 송암스님 유작집 『영산』
채보 : 손인애

바 로 - 기 제 옴 삼 마 라 아 삼 마 - 라 아 - 오 옴 나 - 막 -
태징
살 바 - 다 타 - (아 타 야) 바 로 기 - 제 - 옴 삼 마 라 삼 마 - 라 - 오 옴 - -
태징
세 에 히 에 감 로 - 수 - 진 - 언 - 나 무 - 소 로 - 바 아 야
태징
다 타 아 다 헤 헤 다 냐 타 아 - 오 옴 - 소 오 로 소 로 - 바 - 라 - 소 오 로
태징
바 - 라 소 로 사 바 하 - 나 - 무 - 소 - 로 - 바 아 야 다 타 아 다 헤 다 냐
태징
타 아 - 오 옴 - 소 오 로 소 로 - 바 - 라 - 소 오 로 바 - 라 소 로 사 바 하
태징
나 - 무 - 소 로 - 바 아 야 다 타 아 다 혜 다 냐 타 아 - 오 옴 - 소 오 로
태징

60
소 로 - 바 - 라 - 소 로 오 바 - 라 - 소 로 (사 바 하)
태징
64
에 에 히 일 자 수 륜 - 관 - 진 - 언 - 옴 바 옴 바 우 옴 밤 바 옴
태징
68
옴 바 옴 바 우 - 옴 밤 바 옴 옴 바 옴 바 옴 - (밤 바 옴)
태징
72
유 우 - 해 진 - 언 - 나 - 무 - 사 만 다
태징
76
못 다 남 - 오 - 옴 - 바 예 - 염 - 나 무 - 사 만 다
태징
79
못 다 남 - 오 - 옴 - 바 예 염 - 나 무 - 사 만 다
태징
82
못 다 남 오 - 옴 - (바 예 염)
태징

참고악보 3

경제와 개성 〈사다라니〉의 비교악보

창 : 경제(송암스님), 개성(용암스님)
자료 : 송암스님 유작집 『영산』,
서울대 소장 자료
채보 : 손인애

경제
승 - 묘 려 어 억 - 벼 - 언 시 - 익 - 시 다 라 - 니 -
개성
시 - 주 력 - 으 - 변 - 시 - 익 - 지 인 - 언
(승 - 묘)
태징
♩. = 80
경제
나 막 - 살 바 - 다 타 - 아 다 야 바 로 - 기 제 오 옴 - 삼 마 라
♩. = 66 ~ 69
개성
나 막 살 바 다 - 타 - 아 다 야 바 로 - 기 제 - 옴 삼 마 - 라
태징
경제
삼 마 - 라 아 - - - 오 옴 나 막 - 살 바 - 다 타 - 아 다 야
개성
삼 마 - 라 아 - 오 - 옴 나 막 살 바 다 타 - 아 다 야
태징
경제
바 로 - 기 제 오 삼 마 라 아 삼 마 - 라 아 - 오 옴 나 막 -
개성
바 - 로 기 제 - 옴 삼 마 라 삼 마 - 라 아 - 오 - 옴 나 막
태징
경제
살 바 - 다 타 - (아 타 야) 바 로 기 - 제 - 옴 삼 마 라 삼 마 - 라 - 오 옴 - -
개성
살 바 다 타 - 아 타 야 바 - 로 - 기 - 제 옴 삼 마 라 삼 마 라 아 - 오 옴
태징

30
경제
세 에허 에 감 로 - 수 - 진 - 언 - 나 무 - 소 로 - 바 아 야
<각배>
개성
에 에허 에 감 로 수 - 진 언 나 무 - 소 로 - 바 아 야
태징
34
경제
다 타 아 다 혜 혜 다 냐 타 아 - 오 옴 - 소 오 로 소 로 - 바 - 라 - 소 오 로
개성
다 - 타 아 - 다 혜 다 냐 타 - 오 옴 - 소 오 로 소 - 로 - 바 라 - 소 오 로
태징
40
경제
바 - 라 소 로 사 바 하 - 나 - 무 - 소 - 로 - 바 아 야 다 타 아 다 혜 다 냐
<상주>
개성
바 - 라 소 로 사 바 하 나 모 - 소 로 - 바 아 라 다 - 타 아 다 - 혜 다 냐
태징
45
경제
타 아 - 오 옴 - 소 오 로 소 로 - 바 - 라 - 소 오 로 바 - 라 소 로 사 바 하
개성
타 오 옴 - 소 오 로 소 - 로 - 바 라 - 소 오 로 바 - 라 소 로 사 바 하 -
태징
50
경제
나 - 무 - 소 로 - 바 아 야 다 타 아 다 혜 다 냐 타 아 - 오 옴 - 소 오 로
개성
나 무 소 로 - 바 아 야 다 - 타 아 - 다 - 에 다 냐 타 오 - 옴 소 오 로
태징

56
경제
소 로 - 바 - 라 - 소 로 오 바 - 라 - 소 로 (사 바 하)
개성
소 로 - 바 라 - 소 오 로 바 - 라 소 로 사 바 하
태징
61
경제
에 에 히 일 자 수 륜 - 관 - 진 - 언 - 옴 바 옴 바 우 옴 밤 바 옴
개성
에 에 일 자 수 륜 - 관 - 진 언 - 옴 바 옴 - 바 암 - 밤 바 암
태징
65
경제
옴 바 옴 바 우 - 옴 밤 바 옴 옴 바 옴 바 옴 - (밤 바 옴)
개성
옴 바 암 바 암 - 밤 바 암 옴 바 옴 바 암 - 밤 밤
태징
69
경제
유 - 우 - 해 진 - 언 - 나 - 무 - 사 만 다
개성
유 우 해 진 - 언 - 나 - 무 - 사 만 다
태징
73
경제
못 다 남 - 오 - 옴 - 바 예 - 염 - 나 무 - 사 만 다
개성
못 다 남 - 오 옴 - 바 아 암 나 - 무 사 만 다
태징

76
경제
못 다 남 - 오 - 옴 - 바 예 염 - 나 무 - 사 만 다
76
개성
못 다 남 - 오 옴 바 아 암 나 - 무 사 만 다
76
태징
80
경제
못 다 남 오 - 옴 - (바 예 염)
80
개성
못 다 남 오 - 옴 밤
80
태징

참고악보 4

〈사다라니〉

창 : 일운스님
자료 : 2009년 상주권공 수업 中
채보 : 손인애

바 로 기 제 오 옴 삼 마 라 삼 마 - 라 아 - 오 옴 나 - 막
태징
살 바 - 다 타 - 아 타 야 바 로 기 제 오 옴 삼 마 라 삼 마 라 아 - 오 옴 - -
태징
세 예 히 에 감 로 - 수 - 진 - 인 - 나 무 - 소 로 바 아 야
태징
다 타 아 다 혜 혜 다 야 타 아 - 오 옴 - 소 오 로 소 로 - 바 - 라 소 오 로
태징
바 - 라 소 로 사 바 하 나 - 무 - 소 로 바 아 야 다 타 아 다 혜 혜 다 냐
태징
타 아 - 오 옴 - 소 오 로 소 로 - 바 - 라 소 오 로 바 - 라 소 로 사 바 하
태징
나 - 무 - 소 로 바 아 야 다 타 아 다 혜 혜 다 냐 타 아 - 오 옴 - 소 오 로
태징

소 로 - 바 - 라 소 오 로 바 - 라 - 소 로 - 사 바 하
태징
에 에 히 일 자 수 튼 - 관 - 진 - 언 - 옴 바 옴 바 우 옴 밤 바 옴
태징
옴 바 옴 - 바 우 - 옴 밤 바 옴 옴 바 옴 - 바 우 - 옴 (밤 바 옴)
태징
유 오 우 해 진 - 언 - 나 - 무 사 만 다
태징
못 다 남 - 오 옴 - 바 예 염 나 - 무 사 만 다
태징
못 다 남 - 오 옴 - 바 예 염 나 무 - 사 만 다
태징
못 다 남 - 오 옴 - 바 예 염 나 무 - -
태징

제2장

제4절. 〈보공양진언普供養眞言〉·〈보회향진언普回向眞言〉*

경제의 〈보공양진언〉과 〈보회향진언〉은 크고 작은 재에서 두루 부르는 진언으로,[1] 〈보공양진언〉은 시방의 삼보께 올리는 공양을 원만케 하는 진언이며, 〈보회향진언〉은 공양 전에 일체중생의 성불을 발원하는 진언이라 한다.[2] 대개 작은 재에서는 두 진언을 평염불로 부르지만 상주권공, 각배, 영산 같은 큰 재에서는 〈가지게〉에 이어 짝을 이루며 홑소리와 안채비소리를 섞어 부른다. 이들 진언은 현재 경제 외 영남제와 전북제에서도 전승되고 있는데, 영남제는 평염불로만 부른다.[3] 그리고 전북제는 경제와 그 선율이 거의 흡사하여,[4] 근자에 경제의 영향을 받은 것으로 보인다.[5]

경제의 〈보공양진언〉은 독특하게 '보'자 선율이 바로 앞 곡인 〈가지게〉에 이어 박자가 느리고 불규칙한 전형적인 홑소리로 되어있다. 그러나 '공양진언' 이하는 박자가 빠르고 규칙적이며 경쾌한 안채비소리로 대중창되고, 이러한 음악 특징은 〈보회향진언〉까지 이어진다. 이들 진언은 음악적

* 본 글은 필자의 「경제 홑소리 〈보공양진언〉과 〈보회향진언〉 연구」(2011)를 수정 보완한 것이다.

1 • 두 진언은 현재 삼보통청과 각단불공, 상단권공, 중단권공 등에서 부르고 있다. 2013년 8월 수범스님(現 영산재 전수자) 증언.

2 • 심상현(만춘), 『불교의식각론V 常住勸供(上)』, 서울 : 한국불교출판부, 2001, 225~226쪽.

3 • 영남범음범패보존회 홈페이지 中 악보집 참조. 〈http://bumpae.co.kr/〉

4 • 장상철(일암), 『상주권공 음보』, 전주 : 태고종 실상사, 1970~1980년대, 341~342쪽.

5 • 임미선, 「호남 범패의 전승과 특징 - 전북 영산작법을 중심으로 -」, 『한국음악연구』 제38집, 서울 : 한국국악학회, 2005.12.

특징이 아직 제대로 논의된 바 없고, 앞서 살펴본 민요가락이 섞인 경제 〈사다라니〉와 곡조 및 특징이 많이 유사하여 형성과정에서 상호 밀접한 연관성을 짐작케 한다.

본 절에서는 경제 〈보공양진언〉과 〈보회향진언〉의 특징과 그 역사적 변천을 살펴보려 한다. 이를 위해 먼저 〈보공양진언〉과 〈보회향진언〉이 수록된 조선시대 불교의식집[6]을 찾아 그 발생과 변화 양상에 대해 최대한 고찰해보겠다. 그리고 가장 오래된 경제 음원인 1960~1970년대 자료를 기점으로 현재 전승되고 있는 소리들을 살펴, 경제 〈보공양진언〉과 〈보회향진언〉의 음악 특징 및 변모 양상을 살펴보겠다. 그런 다음 이상의 내용을 종합하여 두 진언의 역사적 변화와 그 의미에 대하여 논의해보겠다. 본고의 연구 자료는 다음과 같다.

6• 박세민 편, 『한국불교의례총서』 권4.

〈표 1〉 경제 〈보공양진언〉과 〈보회향진언〉의 연구자료[7]

	가창자	곡명	발행년	출처
1	박용암	〈사다라니〉	1960~ 1970년대	서울대 음대 소장 릴테이프 常住勸供齋 中 No. 53-4 제1면 No. 4
2				서울대 음대 소장 릴테이프 十王各拜齋 中 No. 53-16 제2면 No. 3
3	한법용		1960~ 1970년대	서울대 음대 소장 릴테이프 No. 51-3 제2면 No. 3
4	박송암[8]		1960~ 1970년대	송암 큰스님 유작집 『상주권공5CD』 /송암대종사문도회 · 불교음악연구소, 2001.
5	김구해		2004	봉원사 옥천범음대 수업자료
6	마일운		2009	봉원사 옥천범음대 수업자료

1. 조선시대 불교의식집의 〈보공양진언〉과 〈보회향진언〉

〈보공양진언〉과 〈보회향진언〉은 현재 발견되는 조선시대 불교의식집에 대부분 수록되어있다. 고려 때 스님인 죽암竹庵 유공猷公이 편집한 불서인 『천지명양수륙재의찬요天地冥陽水陸齋儀纂要』에도 수록된 것으로 보아,[9] 그 역사가 오래되고 한국 불교의식에서 많이 애용된 것으로 보인다. 두 진언은 크고 작은 재 의식절차에 두루 나타나지만, 작은 재에서는 현행처럼 간단히 평염불로 불렀을 것으로 보인다. 이에 홑소리+안채비소리로 된 현행 경제와의 비교를 위해 상주권공, 각배, 영산 같은 큰 재에서 불린 소

7 • 용암과 법용스님 창은 현 영산재 보유자인 구해스님과 전수조교인 일운스님을 통해 확인할 수 있었다.

8 • 송암 큰스님 유작집 중 『각배』와 『영산』에는 홑소리+안채비소리로 된 두 진언이 녹음되어있지 않아, 『상주권공』의 소리를 대상으로 하였다.

9 • 박세민 편, 『한국불교의례총서』 제2권, 238쪽.

리를 주 대상으로, 그 특징을 살펴보고자 한다. 이들 진언은 현재 최고最高의 영산재 의식절차가 수록된 『진언권공眞言勸供』(1496)[10]에 나타나므로, 최소 이때부터 현행 소리와 연계될 가능성이 있다. 이를 기점으로 큰 재 의식에서의 기록은 『권공제반문勸供諸般文』(1574),[11] 『영산대회작법절차靈山大會作法節次』(1634),[12] 『오종범음집五種梵音集』(1661),[13] 『제반문諸般文』(1694),[14] 『산보범음집刪補梵音集』(1713),[15] 『천지명양수륙재의범음산보집天地冥陽水陸齋儀梵音刪補集』(1721 · 1739),[16] 『운수단의문雲水壇儀文』(1732),[17] 『작법귀감作法龜鑑』(1827),[18] 『석문의범釋門儀範』(1931),[19] 『청문요집請文要集』(20세기 전반기),[20] 『일판집一判集』,[21] 『작법절차作法節次』(미상),[22] 『요집要集』[23] 등에서 나타난다. 그런데 이들 문헌에서 두 진언은 가사의 내용이 현행과 똑같거나, 진언의 제목만 있고 가사(진언)는 생략된 경우가 상당수이다.[24] 따라서 여기에서는 당시 두 진언의 음악적 상황이나 특징을 엿볼 수 있는 문헌을 중심으로 살펴보겠다. 여기에 해당하는 문헌은 『진언권공眞言勸供』(1496), 『작법귀감作法龜鑑』(1827), 『일판집一判集』(근세기), 『작법절차作法節次』(근세기)로, 15세기

10 • 박세민 편, 『한국불교의례총서』 제1권, 465쪽.
11 • 박세민 편, 『한국불교의례총서』 제1권, 657쪽.
12 • 박세민 편, 『한국불교의례총서』 제2권, 137쪽.
13 • 박세민 편, 『한국불교의례총서』 제2권, 187쪽.
14 • 박세민 편, 『한국불교의례총서』 제2권, 485쪽.
15 • 박세민 편, 『한국불교의례총서』 제2권, 590쪽.
16 • 박세민 편, 『한국불교의례총서』 제3권, 16쪽 · 122쪽.
17 • 박세민 편, 『한국불교의례총서』 제3권, 192쪽.
18 • 백파 긍선 편, 刊者 미상, 『作法龜鑑』 上, 서울대학교 규장각 소장, 1929, 9쪽.
19 • 안진호 편, 『석문의범』, 서울 : 법륜사, 1931, 128쪽.
20 • 박세민 편, 『한국불교의례자료총서』 제4권, 583쪽.
21 • 박세민 편, 『한국불교의례자료총서』 제4권, 141쪽.
22 • 박세민 편, 『한국불교의례자료총서』 제4권, 169쪽.
23 • 박세민 편, 『한국불교의례자료총서』 제4권, 381쪽.
24 • 이는 두 진언의 가사가 다른 진언들에 비해 짧고 간단하기 때문으로 보인다.

문헌부터 현행에 이르기까지 〈보공양진언〉과 〈보회향진언〉의 가사 내용을 살펴 그 시대적 변모 양상을 최대한 유추해보면 다음과 같다.

1) 『진언권공眞言勸供』(1496)

이 의식집은 1496년(연산군 2)에 인수대비가 불가佛家에서 상행常行하는 권공勸供, 시식절차施食節次 등을 학조스님에게 교정, 번역하도록 명하여 간행한 책이다. 여기에서 〈보공양진언〉과 〈보회향진언〉은 진언권공, 작법절차, 관음청에 두루 수록되어있다. 그런데 현행과 음악적으로 사뭇 다른 점이 발견되어, 현행 영산과 연계되는 '작법절차作法節次'의 것을 대표로 살펴보면 〈보례 1〉과 같다.

여기에 수록되어있는 두 진언의 가사는 현행과 거의 같다. 그런데 〈보공양진언〉을 이때는 7번 부르는 것을 권고하고 있다. 그리고 이 의식집에는 왼쪽에 성조를 나타내는 방점, 소위 사성四聲(평성, 거성, 상성, 입성)점이 표기되어, 성음聲音의 고저를 가늠케 한다. 그런데 방점으로 볼 때 선율의 높낮이가 현행의 것과 사뭇 다르며, 두 진언 제목의 방점 종류가 같아 서로 곡조가 같았던 것으로 보인다. 즉, 현행 경제처럼 〈보공양진언〉의 '보'자가 느린 홑소리가 아니라 나머지 글자와 같은 선율 패턴으로 구성된 것으로 보인다. 그리고 보통 방점은 염불성에 나타나므로, 민요가락의 특성이 보이는 현행과 달리 제목이 순수 염불가락이었을 가능성이 높아 보인다.

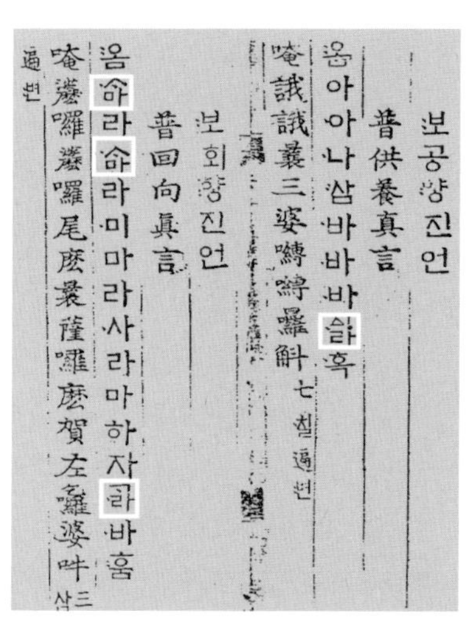

〈보례 1〉 『眞言勸供』의 作法節次 中

두 진언은 진언권공과 관음청에도 수록되어있는데, 진언은 작법절차의 것과 방점의 종류가 조금씩 차이가 있지만 진언 제목은 모두 같다. 즉, 제목 선율의 동일성으로 볼 때, 두 진언은 본래 큰 재나 작은 재에서나 모두 같은 선율 패턴의 염불가락으로 부른 소리가 아니었을까 생각된다. 그리고 〈보공양진언〉의 칠편七編 권장과 진언 선율의 가변성으로 볼 때, 소위 비정형화된 형태의 순수 염불이었을 가능성이 높아 보인다. 네모 친 진언은 한 글자처럼 붙어있어 연달아 불렀던 것으로 보이는데, 현행에서는 이들 진언을 모두 일정한 박자 간격으로 떼어 불러 곡조가 사뭇 달랐던 사실을 뒷받침해준다.

요컨대 이상의 특징들로 보건대, 15세기의 두 진언은 선율이 현행과 상당이 다르며, 진언 제목과 진언 모두 순수 염불가락이었을 것으로 보인다.

2) 『작법귀감作法龜鑑』(1827)

이 책은 19세기 초 백파 긍선亘璇 스님이 당시 재공齋供에 일정한 격식이 없고 완전한 것이 없음을 염려하여 전에 있던 의식문의 착오와 결함을 교정, 보충하여 저술한 불교의식집으로, 전남 장성 운문암에서 간행되었다. 이 의식집에서 두 진언은 크고 작은 여러 의식에 두루 나타나지만, 그 전문은 맨 앞의 삼보통청에 나온다. 이를 살펴보면 다음과 같다.

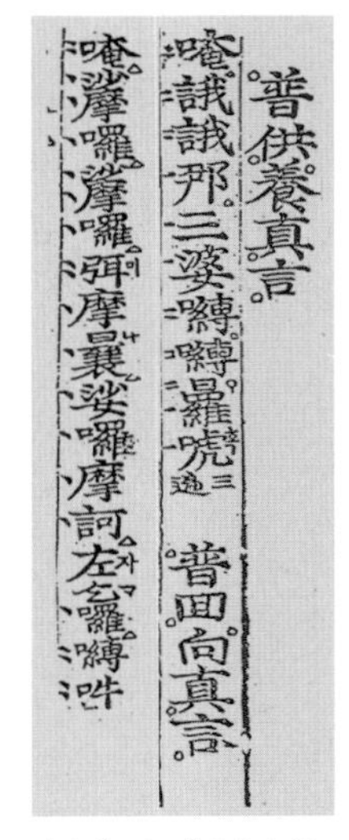
〈보례 2〉 『作法龜鑑』의 三寶通請 中

이 의식집에는 두 진언의 제목에 성음聲音의 높낮이를 의미하는 사성四聲점이 표기되어있다. 여기에서도 이들은 『진언권공』의 경우처럼 사성점의 위치가 같아, 곡조가 같았던 사실을 알 수 있다. 그리고 제목의 사성점을 『진언권공』의 방점과 비교해 보니 높낮이가 서로 흡사하여, 이 시기에도 같은 선율 패턴의 염불가락으로 불렀을 가능성이 높아 보인다.

그런데 진언은 『진언권공眞言勸供』처럼 방점으로 표기되어있다. 이는 당시 『진언집』(1800)에 수록된 소리들이 방점으로 표기되어있어, 그 영향으로 보인다. 여기 수록된 〈보공양진언〉·〈보회향진언〉과 방점의 종류가 일치하기 때문이다.[25] 그런데 방점으로 볼 때, 진언 선율의 고저가 『진언권공』뿐 아니라 현행과도 사뭇 다르다. 이러한 차이는 두 진언이 시대적으로 변화되면서, 또는 이 의식집의 발행처로 볼 때 그 소리가 완제이기 때문일 수도 있다. 그러나 『진언권공』과 『작법귀감作法龜鑑』로 보건대, 본래 두 진언 제목은 홑소리와 민요가락이 섞인 현행 경제와 달리 같은 선율로 된 순수 염불가락이었던 것으로 보인다. 삼보통청 이하 두 진언의 전문이 생략된 것은, 크고 작은 재에서 모두 같은 방식으로 불렀던 사실을 의미하여 이러한 추정을 뒷받침해준다. 또한 『진언집』의 것을 그대로 실어놓은 것으로 볼 때, 당시 진언을 현행 경제처럼 경쾌하고 규칙적인 박자구조(3소박 4박자)로 불렀을지 강한 의문이 든다.

3) 『일판집一判集』·『작법절차作法節次』(근세기)

두 의식집은 모두 편자와 간행연대 및 발행처를 알 수 없는 목판본이다. 다만 수록된 의식이 현행에 많이 가까운 것으로 볼 때, 근세기 문헌으로 추정할 따름이다. 여기에는 영산회靈山會(현행 '영산')에 두 진언이 수록되어있는데, 두 책의 내용이 비슷한 것으로 보아 한쪽이 모사模寫한 것으로 보인다. 두 진언에 관한 기록 중 현행과 다소 다른 점이 발견되어, 살펴보면 다음과 같다.

25 • 박세민 편, 『한국불교의례자료총서』 제3권, 286쪽·290쪽.

〈보례 3〉『一判集』과『作法節次』의 靈山會 中

普供養眞言 三編而拜

普回向眞言 三編而拜

이 책에는 비록 진언 제목만 수록되어있지만, 〈보공양진언〉과 〈보회향진언〉의 삼편을 각기 마칠 때마다 '절을 올린다'는 기록이 나타난다. 그런데 현행 경제와 같이 두 진언을 빠른 속도로 이어 부르는 상황에서는 중간에 절을 올리기가 어려워, 이 시기의 두 진언은 현행과 다른 소리형태가 아니었을까 생각게 한다.

4) 20세기 중 · 후반 이후

이른바 현행에 해당하는 경제 〈보공양진언〉과 〈보회향진언〉은 본고의 연구 음원인 송암스님 창으로 그 가사를 살펴보면 다음과 같다.

보(홑)공양진언普供養眞言

옴/ 아아나/ 삼바바/ 바라훔/(三設)

보회향진언普回向眞言

옴/ 삼마라/ 삼마라/ 에미마나/ 사라마하/ 자가라바훔/(三設)

현행 경제 〈보공양진언〉과 〈보회향진언〉은 전통시대 불교 의식집과 그 가사는 거의 같다. 다만 〈보공양진언〉의 경우 '보'를 홑소리로 길고 불규칙한 박자로 불러, 빠르고 규칙적인 박자의 안채비로 대중창하는 '공양진언' 이하와 노래 방식이 사뭇 다르다. 그리고 진언 제목 선율은 민요가락의 특성이 많이 나타난다. 이러한 특징은 15세기~근세기 문헌의 수록곡들과 가장 큰 차이점이다. 또한 규칙적인 박자(/은 3소박 4박자 단위를 의미한다)에 맞추기 위해 일부 가사(밑줄 친 부분)가 첨가된 것이 보인다. 즉 조선시대 불교 의식집들과 비교해 보건대, 현행과 같은 형태의 두 진언은 형성 시기가 그다지 오래되지 않았을 가능성을 짐작케 한다.

이상의 내용을 정리하면, 두 진언은 이미 오래전부터 한국 불교의식에서 널리 사용된 것으로 보인다. 최고最古의 영산재를 수록하고 있는 『진언권공眞言勸供』(1496)에 나타나는 것으로 보아, 현행 경제와 연계되는 소리는 최소 이때부터 존재했을 가능성이 있다. 그런데 『진언권공』의 두 진언은 방점(일종의 사성四聲점)의 표기로 볼 때 전체적으로 선율의 고저가 현행과 사뭇 다르다. 그리고 두 진언 제목의 방점 종류가 같아 〈보공양진언〉 제목에 홑소리가 섞인 현행과 달리 제목의 곡조가 서로 같았던 것으로 보이며, 방점은 보통 염불성에 나타나 민요가락이 섞인 현행과 달리 순수 염불가락이었던 것으로 보인다. 또한 모든 재의 진언 제목에 표기된 방점 종류가 같아, 두 진언은 큰 재나 작은 재에서나 모두 같은 선율의 염불가락이었을 가능성이 높아 보인다. 이러한 특징은 사성점이 표기된 『작법귀감作法龜鑑』(1827) 수록곡에서도 흡사하게 나타나기 때문이다.[26] 그리고 『작법귀감』에는 방점이 표기된 당시 대표적인 『진언집』(1800)의 두 진언을 그대로 실어놓아 현행 경제처럼 3소박 4박자의 규칙적인 박자구조로 불렀을지 의문이 들게 한다. 한편 19세기~20세기 초 문헌으로 추정되는 『일판집一判集』·『작법절차作法節次』에는 '두 진언 사이에 절을 한다'는 기록이 되어, 근세기까지도 곡에 따라 현행과 선율이 사뭇 달랐을 가능성이 높아 보인다.

따라서 경제의 두 진언은 근세기 무렵 나름 큰 음악적 변화를 겪으며 현행과 같은 형태가 된 것으로 보인다. 이는 앞서 살펴본 〈사다라니〉와도

26• 현재 영남제에서는 두 진언을 크고 작은 재에서 모두 평염불로 부르는데, 경제에서도 본래 이와 같은 형태로 불렀을 가능성이 높아 보인다.

그 변화 시기가 맞닿는다.

2. 경제 〈보공양진언〉과 〈보회향진언〉

여기에서는 〈보공양진언〉과 〈보회향진언〉의 음악적 특징을 면밀히 살펴보겠다. 경제에서 두 진언의 가장 오래된 음원은 1966년부터 1970년대 초에 녹음된 서울대 소장 자료로, 모두 젊었을 때 개성에서 공부한 용암스님(2곡)과 법용스님(1곡) 창이다. 그리고 이 시기(1968~1973)에 녹음되었지만, 근자에 발매된 송암스님 유작집의 소리가 있다. 전자의 세 곡은 〈천수바라〉와 〈사다라니〉의 경우처럼 개성식일 가능성이 매우 높다. 그런데 이들 소리는 모두 현장에서 부르는 과정에서 생략하거나 실수한 부분이 있다. 그러나 다행히 곡 전체를 완전하게 부른 송암스님 창이 이들 소리와 특징이 매우 유사하다. 이에 송암스님 창을 주요 대상으로 삼겠고, 설명 과정에서 필요한 부분은 전자의 곡들도 적극 활용하겠다.

그리고 송암스님의 전수자였던 구해스님의 소리는 송암스님 창과 흡사하지만, 현재 옥천범음대학에서 일운스님에 의해 전승, 교육되고 있는 소리는 다소 다른 특징이 보인다. 따라서 1960년대 말에서 1970년대 초의 송암스님 창과 2000년대의 일운스님 창으로 구분하여 음악 특징을 살펴보겠다.

1) 송암스님 창

앞서 언급했듯이, 두 진언은 특이하게 〈보공양진언〉의 '보'자만 홑소리로 부르고, 그 이하 선율은 빠르고 경쾌한 대중창으로 부른다. 이에 〈보공양진언〉의 '보'와 '공양진언' 이하, 그리고 〈보회향진언〉의 세 부분으로 나누어 음악 특징을 살펴보겠다.

〈악보 1〉 〈보공양진언〉 중 '보'/ 송암스님 창

이 부분은 두 진언의 일종의 서두에 해당하며, 느리고 길게 홑소리로 부른다. 진언으로 된 소리 중 이처럼 특정한 글자 하나만 긴 홑소리로 부르는 것은 〈보공양진언〉이 유일하다. 그만큼 음악적 공력功力이 담겨있는 소리로 여겨진다. 이에 빠르기가 ♩.=54~76인 3소박 불규칙박자로, 다소 느리게 시작되다가 뒷부분에 가면 속도가 좀 빨라진다.

한편 기존 연구에서는 두 진언의 토리를 경토리[27] 또는 경토리의 변형[28]으로 보았다. 앞부분은 염불 특유의 반음 진행과 수심가토리 진행이 부분적으로 나타나지만, 대개 주요 구성음이 sol, la, do', re', mi'(fa')이며 경토리의 주요음인 제3음 do'(또는 do'#)에 선율의 중심음 기능이 나타나 경토리의 특징이 강하다. 그러나 선율이 진행될수록 제4음 la(경토리의 re')에 중심음 기능과 함께 수심가토리의 굵은 요성이 나타나며(특히 a'부분), 수심가토리의 특성이 강해진다. 서울대 소장의 용암 및 법용스님 창도 모두 이와 같은 특징이 나타나, 이는 당시의 보편적인 흐름이었던 것으로 판단된다. (〈참고악보 2〉 참조) 즉, 두 진언은 소위 개성식과 서울식이 20세기 중후반까지 흡사하고, 수심가토리의 음악 특성이 강하다.

악곡구조를 살펴보면, 비슷한 선율이 반복되며 크게 a+a+a'의 세 부분으로 구성되는데, 마지막 부분(a')이 일종의 클라이맥스로 속도가 다소 빨라지며 선율의 극적 변화가 나타난다. 즉, 높은 음역에서 질러내는 선율이 많이 진행되다가 마지막에 re'의 지속음을 통해 절정을 이룬 후, 바로 그 다음 빠르고 경쾌한 대중창으로 넘어간다. 높은 음악성이 돋보이는 부분이다. 한편 송암스님 창은 서울대 소장의 소리들과 흡사하지만, 부분적으로 더 짜임새 있고, 높은 음역의 기교적인 선율진행이 보여(네모 부분), 개인적으로 음악적 변화를 추구한 점이 보인다.[29]

27 • 한만영, 『한국불교음악연구』, 263~267쪽.

28 • 장휘주, 「범패 홋소리의 음조직 유형 연구」, 404쪽.

〈악보 2〉 〈보공양진언〉 중 ‘공양진언’ 이하/ 송암스님 창

‘보’에 이어 제목에 해당하는 ‘공양진언’ 부분은 짧지만 민요가락의 특성이 강하며, 진언 자체도 민요와 염불가락이 섞여있다. 이는 화려하고 장엄한 바라춤 반주음악의 특성에서 비롯된 특징으로 볼 수 있을 것 같고, 이러한 선율구성 방식은 앞서 살펴본 〈천수바라〉 및 〈사다라니〉와 매우 유

29• 서울대 소장의 소리(용암 및 법용스님 창)들은 송암스님에 비해 높은 음역의 기교적인 선율진행이 적으면서 서로 곡조가 거의 같아, 당시 더 일반적인 형태로 보인다.(〈참고악보 2〉 참조) 구해스님과 일운스님에 의하면, 경제 범패는 송암스님을 계기로 이전과 다른 선율형태들이 다소 생겼다고 한다. 이는 송암스님이 워낙 미성이고 음악성이 뛰어나 개인적인 변화를 추구한 결과라 하므로, 향후 이에 대한 연구가 면밀히 이루어져야 할 것이다.

사하다.[30] 한편 진언 중 '옴' 부분은 창자마다 박자가 조금씩 달라 불규칙한 면이 보인다. 그러나 그 외 진언은 3소박 4박자에 완전히 부합하고, 진언을 한 번씩 마칠 때마다 태징으로 3소박 4박자를 짚어주며 규칙성을 가한다. 그리고 이 부분은 주요 구성음이 re, mi, la, do'이며 제4음 la에 굵은 요성이 나타나는 전형적인 수심가토리로 되어있다. 이로 볼 때 〈보공양진언〉은 전체적으로 서도음악어법의 특징이 강하다. 이는 개성 〈천수바라〉 및 〈사다라니〉의 진언과 거의 같은 특징으로, 곡조도 흡사하여 밀접한 음악적 관련성을 짐작케 한다. 이 부분은 〈보공양진언〉의 진언을 거의 동일한 선율(b)로 삼창하는 구조로 되어있다.

〈악보 3〉 〈보회향진언〉 / 송암스님 창

30 • 〈천수바라〉와 〈사다라니〉 항목에서도 언급했듯이 국악계에서는 〈천수바라〉, 〈사다라니〉, 〈보공양진언〉 및 〈보회향진언〉, 〈화의재진언〉 등과 같은 진언(또는 바라춤) 반주음악을 홑소리로 간주한다. 그러나 봉원사 어장스님들(구해, 일운스님)은 홑소리로 보지 않고 안채비소리로 본다. 그리고 이상의 음악 특징으로 볼 때, 이들 소리는 '민요가락이 섞인 안채비소리'로 보는 것이 타당할 것 같다.

〈보회향진언〉도 기본적으로 〈보공양진언〉과 그 특징이 흡사하다. 비록 긴 홑소리는 없지만, 진언 제목은 민요가락의 특성이 강하며, 진언은 민요와 염불가락이 섞여있다. 또한 진언 중 '옴' 부분의 박자는 창자마다 다소 달라 불규칙하지만, 그 이하 진언은 모두 규칙적인 3소박 4박자로 되어있고, 선율이 〈보공양진언〉 중 '공양진언' 이하와 매우 유사하다. 그리고 이 부분 역시 전형적인 수심가토리로 되어있다. 다만 진언의 길이가 〈보공양진언〉보다 조금 더 길어, 선율도 이에 상응하며 좀 더 길고 진행이 더 흥겹고 유려하다. 여기에서도 진언을 거의 동일한 선율(c)로 삼창하는 구조로 되어있다.

한편 두 진언에는 '1960년대 이전에는 (회향게)바라춤이 있었다'는 의견이 보인다.[31] 그런데 현재 전승되고 있는 바라춤의 반주 음악은 춤에 맞

31 • 심상현(만춘), 『불교의식각론V 常住勸供(上)』, 225~226쪽; 김종형(능화), 『한국의 불교무용』, 서울

추면서 모두 불규칙한 박자(3소박 5박자, 6박자)가 많이 나타나는 사실이 확인된다.[32] 그리고 이와 같이 규칙적인 3소박 4박자의 소리는 주로 바라를 위아래로 올리고 내리는 단순 동작 밖에 나오지 않는다고 하므로,[33] 사실 두 진언은 전형적인 바라춤을 위한 반주음악으로 보기는 어려울 것 같다. 現 경제 어장인 구해스님과 일운스님은 "운파스님 외 그 윗대 어장스님들로부터 회향게바라춤이 있었다는 말을 들어본 적이 없다."는 증언도[34] 이러한 사실을 뒷받침해준다. 따라서 두 진언에 바라춤 반주가 시도되었을 수는 있지만, 크게 실용화되지는 못한 것으로 보인다.

2) 일운스님 창

일운스님 창도 〈보공양진언〉의 '보'와 '공양진언' 이하, 그리고 〈보회향진언〉의 세 부분으로 나누어 음악 특징을 살펴보겠다.

〈악보 4〉 〈보공양진언〉 중 '보'/ 일운스님 창

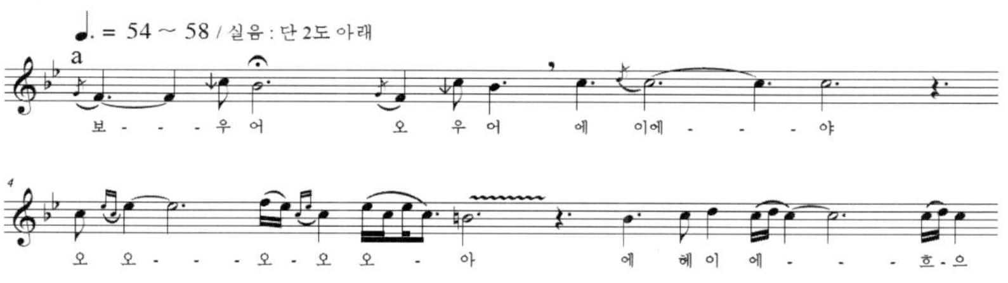

: 푸른세상, 2006, 31쪽; 한정미(해사), 「불교의식의 작법무 연구」, 81쪽. 이들 의견은 모두 송암스님이 "60년대 이전에는 회향게바라춤이 있었다."는 증언에 의거해 나온 것이라 한다.

32 • 김응기(법현), 「영산재 작법무 범패의 연구」; 서정매, 「천수바라의 리듬구조에 관한 연구」. 이 책의 II장 〈천수바라〉, 〈사다라니〉 항목 참조.

33 • 2010년 7월 21일 당시 옥천범음대학 작법교수 해사스님 전화대담.

34 • 2010년 6월 10일 각배반 수업 중 일운스님 대담, 2010년 7월 22일 구해스님 전화 대담.

이 부분의 전체적인 곡조는 송암스님 창과 크게 다르지 않다. 다만 경토리의 선율 진행이(네모 부분)이 송암스님 창보다 더 많이 나타나며, 마지막 악절(a')의 뒷부분에 가서야 re-la-si(do')의 5도+2(3)도 중심의 수심가토리 선율 진행 특성이 대두되기 시작한다. 그리고 수심가토리의 굵은 요성은 거의 탈락되었고, 전반적으로 제5음 do'의 pitch가 si에 가까워지며 다소 낮다. 즉, 전반적으로 수심가토리보다 경토리의 특징이 더 강하다. 한편 일운스님 창은 송암스님 창보다 선율적 기교가 적은 서울대 소장의 소리들과 a'부분(클라이맥스)의 선율 진행이 더 흡사하여, 일종의 고조古調를 유지하고 있는 점이 확인된다.[35]

〈악보 5〉 〈보공양진언〉 중 '공양진언' 이하/ 일운스님 창

35 • 이는 일운스님의 실제 범패 스승이 송암스님(1915~2000)보다 윗대인 운파 스님(1907~1970)이라 하므로, 송암스님 이전의 경제 범패(일종의 古調)를 본래 배웠기 때문으로 보인다. 2009년 9월 봉원사 옥천범음대학 상주권공반 수업 中 증언.

이 부분은 송암스님 창과 전체 곡조나 토리, 악곡구조가 거의 같다. 다만 경토리의 중심음인 제3음 sol(경토리의 do')이 송암스님 창에서는 전혀 출현하지 않지만, 여기에서는 세 번 반복되는 진언의 종지 악구마다 주요음으로 조금이나마 나타나며(네모 표시), 수심가토리의 굵은 요성은 거의 퇴화되었다. 즉, 이 부분은 전반적으로 수심가토리이지만, 그 특징이 약화되어 가는 양상이 보인다.

〈악보 6〉 〈보회향진언〉/ 일운스님 창

이 부분도 위의 '공양진언' 이하와 변화되어 가는 양상이 거의 같다. 전반적으로 수심가토리이지만, 경토리의 중심음인 제3음 sol의 출현이 진언의 종지 악구마다 보이며, 수심가토리의 굵은 요성은 거의 탈락되었다. 그리고 마지막 진언인 '자가라바훔'을 구절법이 표기된 『작법귀감作法龜鑑』 및 『청문요집請文要集』 수록곡[36]과 송암스님 창은 '자가라/바훔'으로 구절을 끊지만, 일운스님 창에서는 선율 진행상 '자가라바/훔'으로 끊어 전승과정에서 구절법의 변화가 감지된다.

이상의 내용을 정리하면, 경제 〈보공양진언〉과 〈보회향진언〉은 수심가토리를 근간으로 형성되었고, 소위 개성식과 서울식이 20세기 중후반까지 흡사했던 사실이 확인된다. 그리고 개성 〈천수바라〉 및 〈사다라니〉와 선율 및 그 특징이 유사하여, 이들 진언 역시 개성에서 발생한 염불일 가능성이 매우 높아 보인다. 그런데 현행에 올수록 수심가토리가 약화되고, 경토리의 특징이 조금씩 대두되는 양상이 나타난다.

3. 경제 〈보공양진언〉과 〈보회향진언〉의 전승 양상

여기에서는 이상의 내용을 토대로 경제 〈보공양진언〉과 〈보회향진언〉이 오늘에 이르기까지 그 전승 양상에 대해 정리해보겠다. 〈보공양진언〉

36 • 백파 긍선 편, 刊者 미상, 『作法龜鑑』 上, 9쪽; 박세민 편, 『한국불교의례자료총서』 제4권, 583쪽.

과 〈보회향진언〉은 최고最古의 영산재를 수록하고 있는 『진언권공眞言勸供』(1496)에 나타나, 두 진언과 연계되는 소리는 최소 이때부터 존재했을 가능성이 있다. 그런데 『진언권공』의 두 진언은 방점(일종의 사성四聲점) 표기와 글자 붙임새로 볼 때, 전체적으로 선율이 현행과 사뭇 다르다. 그리고 두 진언 제목의 방점 종류가 같아 〈보공양진언〉 제목에 긴 홑소리가 섞인 현행과 달리 제목의 곡조가 서로 같았던 것으로 보이며, 방점은 보통 염불성에 나타나 민요가락이 섞인 현행과 달리 순수 염불가락이었을 가능성이 높다. 이러한 특징은 사성점이 표기된 『작법귀감作法龜鑑』(1827) 수록곡을 통해서도 확인되는 바, 본래 두 진언은 큰 재에서도 현행 경제보다 단순한 선율의 염불가락이었던 것으로 보인다. 또한 근세기 문헌으로 추정되는 『일판집一判集』·『작법절차作法節次』에는 '두 진언 사이에 절을 한다'는 기록이 되어, 근세기에도 경우에 따라 현행과 선율이 사뭇 달랐을 가능성이 높아 보인다. 이로 볼 때, 경제의 두 진언은 20세기를 전후하여 나름 큰 음악적 변화를 겪으며, 현행과 같은 형태가 된 것으로 보인다.

두 진언의 음악 특징을 살펴본 결과, 특이하게 〈보공양진언〉의 '보'만 〈가지게〉에 잇대어 전형적인 홑소리로 부르고, '공양진언' 이하는 경쾌하고 빠른 안채비로 대중창된다. 두 진언은 홑소리 부분을 제외하면, 모두 규칙적인 3소박 4박자로 되어있다. 그리고 '보'를 제외한 진언 제목은 민요가락의 특성이 강하며, 진언도 민요와 염불가락이 섞여있다. 이는 바라춤 관련 진언음악의 공통적인 특징이기도 하다. 그리고 두 진언은 수심가토리를 근간으로 형성되었으며, 소위 개성식과 서울식이 20세기 중후반까지 흡사했던 사실이 확인된다. 또한 개성 〈천수바라〉 및 〈사다라니〉와 선율 및 그 특징이 유사하여, 이들 진언 역시 개성에서 발생한 염불로 판단된다. 그런데 현행에 오면서 수심가토리가 약화되고, 경토리의 특징이 조금씩 나타나는 양상이 보인다. 즉, 본래 두 진언은 서도음악어법을 근간으로 형성되었지만, 점차 경기(서울)화 되어가는 조짐이 보인다.

앞서 불교 의식집의 내용들을 고찰해 본 결과, 두 진언은 경제에서 근세기 무렵 큰 음악적 변화를 겪은 것으로 추정된다. 이는 〈사다라니〉에서도 확인되는 바로, 〈보공양진언〉과 〈보회향진언〉은 〈사다라니〉와 음악적 유사성이 매우 커 이와 같은 연맥 아래 변화가 이루어진 것으로 보인다. 그리고 바라춤이 수반되는 〈사다라니〉와 음악 특징이 흡사하여, 변화 초기에는 바라춤이 있었을 가능성도 배제할 수 없다.

요컨대 두 진언은 본래 경제의 큰 재에서도 현행보다 단순한 염불가락이었던 것으로 보인다. 그런데 근세기에 오면서, 진언 반주음악 중 가까운 의식절차에 있고 음악적 짜임새가 좋은 〈사다라니〉와 바로 앞 곡인 〈가지게〉의 영향을 많이 받은 것으로 보인다. 사실 두 진언이 〈사다라니〉보다 음악적으로는 더 흥겹고 절정의 묘미를 보여준다. 의식절차와 진언의 의미에서 보면, 〈보공양진언〉과 〈보회향진언〉은 재의 마무리 단계로 가며 회향하는 마음이 절정을 이룬다고 한다.[37] 두 진언은 시작 부분이 〈가지게〉와 연계되며 긴 홑소리로 시작되다가 공양진언에서 갑자기 선소리(입창)처럼 경쾌하게 빨라지며 음악적으로도 절정을 이룬다. 즉, 현행 두 진언의 선율은 회향의 환희심을 음악적으로 잘 극대화시켜 표현했다고 볼 수 있다. 본 논의를 통해 경제 〈보공양진언〉과 〈보회향진언〉이 의식 절차 및 그 의미와 연계되어, 이른바 순수 염불가락에서 환희심의 절정을 이루며 경쾌하고 화려한 현행과 같은 음악 형태로 역사적 변화를 겪은 사실을 살펴볼 수 있어 흥미롭다. 이상의 내용을 도식화시켜보면 다음과 같다.

조선시대 염불 〈보공양 · 보회향진언〉 → 개성 〈보공양 · 보회향진언〉 → 現 경제(서울) 〈보공양 · 보회향진언〉 : 경기(서울)화 진행 → 전북제

37 • 심상현(만춘), 『불교의식각론V 常住勸供(上)』, 225~226쪽.

참고악보 1

〈보공양진언〉과 〈보회향진언〉

창 : 송암스님
자료 : 송암스님 유작집 『상주권공』
채보 : 손인애

어 - 어 흐 어 - - - 어 어 어 어 어 허 어 허 어
accel.
어 - 허 어 - - - 허 어 - - - 허 어 - - - 허 어 허 어 - 어 -
어 - - - 허 어 - - - - - - 후 어 후 어 - - - - - 어 -
♩. = 92 ~ 100
공 야 - - - 아 앙 - 진 언 - -
징
오 - - - - - - - 오 옴 - 아 으 나 삼 바 - 바 아 - 바 라 호 옴 -
징
오 - - - - - - 오 옴 - 아 으 나 삼 바 - 바 아 - 바 라 호 옴 -
징
오 - - - - - - - 오 옴 - 아 으 나 삼 바 - 바 아 - 바 라 호 옴 -
징
오 - - - - - - 오 - - - 옴 - 희 햐 - 앙 지 어 진 언 - -
징

62
오 - - - - - - 음 - 삼 마 라 삼 마 - 라 아 - 에 미 마 - 냐 사 라 마 하 -
징
68
자 가 라 바 홈 오 - - - - - - 음 - 삼 마 라 삼 마 - 라 하 -
징
74
에 미 마 - 냐 사 라 마 하 - 자 가 라 바 홈 오 - - - - - - - 음 -
징
80
삼 마 라 삼 마 - 라 하 - 에 미 마 - 냐 사 라 마 하 - 자 가 라 바 홈
징

참고악보 2

〈보공양진언〉과 〈보회향진언〉

창 : 용암스님
자료 : 서울대 소장 자료
릴테입 No. 53-4
채보 : 손인애

accel.
어 - 어 흐 어 - 어 - 어 허 어 허 어 허 어 - -
허 - - - - - 어 에 흐 어 - 어 - - - 어 어 -
♩. = 100 ~ 104
공 야 - 앙 으 으 - 진 - 언
음 - - - 아 흐 - 나 삼 바 - 바 아 - 바 흐 라 바 하
오 오 우 오 옴 아 흐 - 나 삼 바 - 바 아 - 바 흐 라 바 하
오 - - - - - - 우 오 - 옴 - 희 햐 - 으 앙 - 진 - 언

(2번 반복)
끝

참고악보 3

〈보공양진언〉과 〈보회향진언〉

창 : 일운스님
자료 : 2009년 상주권공 수업 中
채보 : 손인애

accel.
어 흐어 흐어흐어 어 어 - 어 흐어 흐어 흐어 흐어흐어 흐어 - -
허 - - - - - 어 흐 - - - - - - - 우어우어 어 - - - 어
♩. = 98 ~ 100
공 야 - 앙 지 으 - 진 언 - -
징
오 - - - - - 오옴 - 아 으 나 삼 바 - 바 아 - 바 라 - 호 옴 - -
징
오 - - - - - 오옴 - 아 으 나 삼 바 - 바 아 - 바 라 - 호 옴 - -
징
오 - - - - - - 오옴 - 아 으 나 삼 바 - 바 아 - 바 라 - 호 옴 - -
징
오 - - - - - - 오옴 - 호 야 - 앙 지 이 진 언 - -
징
오 - - - - - - 옴 - 삼 마 - 라 삼 마 - 라 - 에 미 마 - 냐 사 라 - 마 하 -
징

59
자 가 라 바 훔 - 오 - - - - - 옴 - 삼 마 - 라 삼 마 라 아 -
59
징
65
에 미 마 - 냐 사 라 - 마 하 - 자 가 라 바 훔 - 오 - - - - - - - 옴 -
65
징
71
삼 마 - 라 삼 마 - 라 아 - 에 미 마 - 냐 사 라 - 마 하 - 자 가 라 바 훔 -
71
징

제2장

제5절. 〈화의재진언化衣財眞言〉

〈화의재진언〉은 관욕에서 영가의 지의紙衣를 태울 때 부르는 짧은 진언(나모 사만다 못다남 옴 바자나 비로기제 사바하)으로, 작은 재에서는 평염불로 부르지만 큰 재는 바라춤에 맞춰 민요가락이 섞인 안채비소리로 반주된다. 구해스님은 앞의 진언음악들과 함께 이를 〈사다라니〉 가락이라고 일컬어, 그 밀접한 음악 관계를 짐작케 한다.

본 절에서는 〈화의재진언〉도 현재 어떠한 음악적 변천을 겪으며 오늘에 이르고 있는지에 대해 연구된 바[1]가 없어 논의해보려 한다. 이를 위해 먼저 조선시대 불교의식집[2]에 수록된 내용을 살펴, 그 역사적 변화를 최대한 추적해보겠다. 그런 다음 음악적 특징을 1960~1970년대부터 현재까지 살펴보겠고, 마지막으로 이상의 내용을 종합하여 그 역사적 전승 양상에 대하여 논의해보겠다. 그런데 〈화의재진언〉은 1960~1970년대 녹음된 음원이 현재 1곡 발견되어, 부득이 이 곡을 중심으로 현행에 이르기까지 그 전승 양상을 살펴보고자 한다. 그 연구 자료는 다음과 같다.

1• 〈화의재진언〉은 현재까지 바라춤 반주음악의 하나로 간단히 다루어져왔다. 김응기(법현), 「영산재 작법무 범패의 연구」, 익산 : 원광대 음대 박사학위논문, 2004, 81~82쪽.

2• 박세민 편, 『한국불교의례총서』 권4.

〈표 1〉 경제 〈화의재진언〉의 연구자료

	가창자	곡명	발행년	출처
1	황월하	화의재진언	1960~ 1970년대	서울대 음대 소장 릴테입 常住勸公齋 中 No.53-4 제2면 No. 8
2	마일운	화의재진언	1999	한국의 범패시리즈 1 『산사의 향기』 /불교음악연구소

1. 조선시대 불교의식집의 〈회의재진언〉

〈화의재진언〉은 중국 원元의 몽산덕이蒙山德異가 간행한 『증수선교시식의문增修禪敎施食儀文』[3]과 1573년 충주 월악산月嶽山 덕주사德周寺에서 간

3• 박세민 편, 『한국불교의례총서』 제1권, 632쪽.

행한 『水陸無遮平等祭儀撮要』[4]에 수록된 것으로 보아, 그 역사가 제법 오래된 것으로 보인다. 이에 많은 불교의식집에 나타나지만 대개 진언 가사가 생략되거나 현행과 같아, 여기에서는 당시 〈화의재진언〉의 음악 특징과 역사적 변화를 엿볼 수 있는 문헌을 중심으로 살펴보고자 한다. 여기에 해당하는 문헌은 『천지명양수륙재의범음산보집天地冥陽水陸齋儀梵音刪補集』(1721),[5] 『작법귀감作法龜鑑』(1827),[6] 『요집要集』(근세기),[7] 『청문요집請文要集』(20세기 전반)[8]으로, 이를 통해 그 시대적 변모 양상을 최대한 유추해보겠다.

1) 『천지명양수륙재의범음산보집天地冥陽水陸齋儀梵音刪補集』(1721)

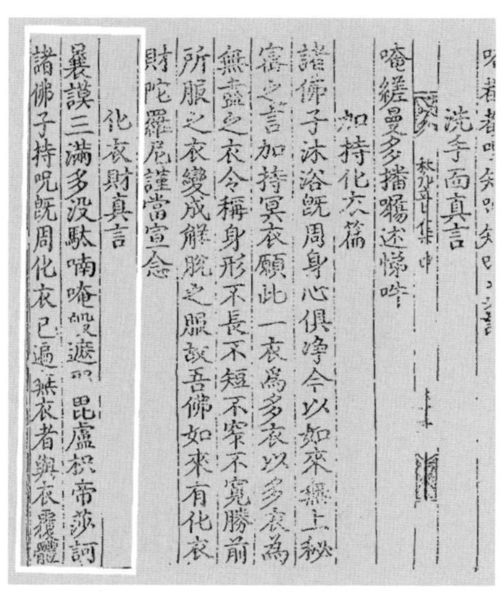
洗手面真言
加持化衣篇
諸佛子沐浴既周身心俱淨今以如來無上秘
密之言加持冥衣願此一衣爲多衣以多衣爲
無盡之衣令稱身形不長不短不窄不寬勝前
所服之衣變成解脫之服故吾佛如來有化衣
財陀羅尼謹當宣念
化衣財真言
曩謨三滿多沒馱喃唵 遮 毘盧枳帝莎訶
諸佛子持呪既周化衣已遍無衣者與衣

〈보례 1〉 『天地冥陽水陸齋儀梵音刪補集』의 明日別對靈施食規 중 〈화의재진언〉

이 의식집은 지환智還이 경종 1년(1721) 경기도 양주 삼각산 중흥사重興寺에서 간행한 불서로, 당시 상용된 수륙제에 관한 의식과 절차가 상세히 기록되어 있다. 여기에서 〈화의재진언〉은 '명일별대령시식규明日別對靈施食規'에 수록되어 있다. 그 기록을 살펴보면 〈보례 1〉과 같다.

이 책은 1739년에 곡성 도림사에서

4 • 박세민 편, 『한국불교의례총서』 제1권, 376쪽. 이 의식집은 최근 14세기 초의 것을 복각했다는 주장이 제기된 바 있어, 그 역사가 제법 오래된 것으로 보인다. 이성운, 「전통수륙재 복원을 위한 고찰」, 『봉은사수륙재세미나 자료집』(2013.8.14), 125쪽.

5 • 박세민 편, 『한국불교의례총서』 제3권, 66쪽.

6 • 박세민 편, 『한국불교의례총서』 제3권, 443쪽 · 462쪽.

7 • 박세민 편, 『한국불교의례총서』 제4권, 469쪽.

8 • 박세민 편, 『한국불교의례총서』 제4권, 639쪽.

중간重刊할 때, 보완 차원에서 사성四聲점을 표기하여, 대부분 진언에도 사성점 및 방점이 기록된다. 사성점은 앞서도 언급했듯이, 일반 염불들의 성조를 표시하는 기법이다. 그런데 복각본에서 명일별대령시식규明日別對靈施食規는 생략되어 확인할 수가 없지만, 〈화의재진언〉도 당시 흐름상 앞서 살펴본 진언들처럼 순수 염불가락이었을 가능성이 높아 보인다.

2) 『작법귀감作法龜鑑』(1827)

이 책은 19세기 초 백파 긍선亘璇 스님이 당시 재공齋供에 일정한 격식이 없고 완전한 것이 없음을 염려하여 전에 있던 의식문의 착오와 결함을 교정, 보충하여 저술한 불교의식집으로, 〈화의재진언〉은 '하단관욕규下壇灌浴規'와 '구병시식의救病施食儀'에서 나타난다. 현행과 좀 다른 점이 보여, 그 가사를 살펴보면 〈보례 2〉와 같다.

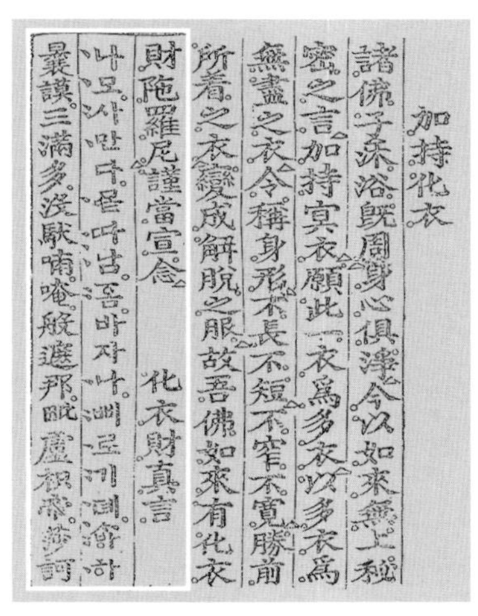
加持化衣

諸佛子沐浴旣周身心俱淨今以如來無上秘
密之言加持冥衣願此一衣爲多衣以多衣爲
無盡之衣令稱身形不長不短不窄不寬勝前
所着之衣變成解脫之服故吾佛如來有化衣
財陁羅尼謹當宣念　化衣財眞言
나모사만다몯다남바자나ᄲ로기뎨사바하
曩謨三滿多沒馱喃唵般遮那毗盧枳帝莎訶

〈보례 2〉『作法龜鑑』의 下壇灌浴規 중 〈화의재진언〉

〈화의재진언〉은 두 의식 모두 제목에는 보통 염불에 나타나는 사성점, 진언에는 방점이 같은 위치에 표기되어있으며, 이로 볼 때 현행과 선율의 음높이가 좀 다르다. 그리고 사성점과 여러 의식에서 같은 가락으로 된 점으로 볼 때, 예전에는 민요가락이 섞인 현행과 달리 순수 염불가락이었을 가능성을 뒷받침해준다.

3) 『요집要集』(근세기)

이 의식집은 강원도江原道 금화군金化郡 복주암福住庵 찬화책纘華册이라는 기록만 확인되고, 현재 발행년대와 저자는 알려져 있지 않다. 다만 현행과 의식 내용이 거의 흡사하여, 근세기의 의식집으로 추정해 볼 따름이다. 여기에 〈화의재진언〉은 '하단관욕규下壇灌浴規'에 수록되어있으며, 그 기록이 의미하는 바가 있어 살펴보면 〈보례 3〉과 같다.

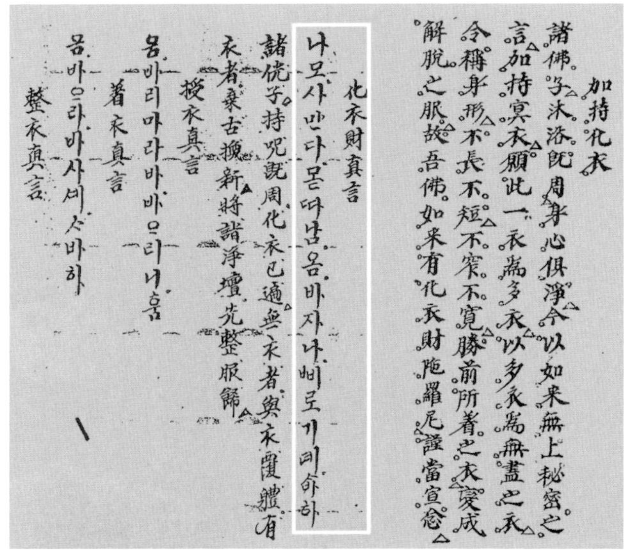
加持化衣
諸佛子沐浴旣周身心俱淨今以如来無上秘密之
言加持冥衣願此一衣爲多衣以多衣爲無盡之衣
令稱身形不長不短不窄不寬勝前所着之衣變成
解脫之服故吾佛如来有化衣財陁羅尼謹當宣念
化衣財真言
나모사만다몯다남옴바자나삐로기뎨사바하
諸佛子持呪旣周化衣已遍無衣者與衣覆體有
衣者棄古換新將詣淨壇先整服飾
授衣真言
옴바리마라바바ᄋ리나훔
着衣真言
옴바ᄋ라바사세ᄉ바하
整衣真言

〈보례 3〉『要集』의 下壇灌浴規 중 〈화의재진언〉

『작법귀감作法龜鑑』에는 구절 끊는 법(띄어쓰기)이 오른쪽 밑에 권점(◦)으로 표기되어있다면, 여기에는 일반 점(.)으로 나타나는데, 서로 일치한다. 마지막 문구 중 '사바'를 붙여 읽는 것도 동일하다. 현재 '사바하'는 바라춤에 맞춰 일정한 박자 간격으로 떼어 불러, 이와 차이를 감지케 한다. 그리고 이러한 표기법은 20세기 전반 문헌인 『청문요집請文要集』에서도 똑같이

나타난다.[9]

따라서 이 책의 〈화의재진언〉은 『작법귀감作法龜鑑』과 많이 연계되는 형태였던 것으로 보이는 바, 다만 바로 앞의 진언(가지화의加持化衣 : 게탁성)까지만 사성점이 있고 〈화의재진언〉부터는 없어 노래방식이 좀 달라진 것은 아니었을까 의문이 들기도 한다. 그러나 이상의 기록은 현행과 같은 소리는 그 역사가 오래되지 않은 사실을 짐작케 한다.

요컨대 〈화의재진언〉은 『천지명양수륙재의범음산보집天地冥陽水陸齋儀梵音刪補集』(1721) 및 『작법귀감作法龜鑑』(1827) 수록곡이 사성四聲점과 관련성이 깊어, 앞서 살펴본 진언들처럼 본래는 순수 염불가락이었을 것으로 보인다. 그리고 근세기에 변화가 조금씩 감지되는 것으로 볼 때, 앞의 진언음악들과 함께 근세기에 현행과 같은 형태로 변화되었을 가능성이 높아 보인다.

2. 경제 〈화의재진언〉

여기에서는 20세기 중후반부터 현행에 이르기까지 〈화의재진언〉의 음악적 특징을 살펴보겠다. 먼저 현재 유일하게 발견되는 1960~1970년대 녹음된 소리의 선율을 제시해보면 다음과 같다.

9• 박세민 편, 『한국불교의례총서』 제4권, 639쪽.

〈악보 1〉〈화의재진언〉/ 월하스님 창

이 시기의 〈화의재진언〉은 〈천수바라〉와 그 특징이 많이 유사하다. 시작과 종지부분은 태징으로 3소박 4박자를 짚어 이를 근간으로 하지만, 3소박 3박자와 5박자, 6박자가 바라춤 및 진언 가사에 준해 많이 나타나는 편이다. 토리는 주요 구성음이 mi, sol, la, do', re'이며 la로 종지하는 메나리토리로 되어있다. 그리고 악곡구조가 〈사다라니〉와 흡사한데, 선율(a표시)과 진언(㉠표시)의 반복 주기가 다른 양상을 보인다. 이는, 바라춤의 영향으로 진언이 두 번째 반복될 때 시작 진언인 '나무'가 반각으로 된 마지막 진언 '사바하'에 잇대어 들어가며 생긴 현상으로 보인다. 이로 인해 특이하게 같은 진언이 세 번 반복되지만, 진언과 선율의 주기가 엇나가며 a+b+c의 구조로 이루어진다. 이러한 특징은 조선시대 불교의식집에 나타나는 구절법과 사실 잘 맞지 않아, 그 음악적 변화를 짐작케 한다.

그런데 현재 구해스님은 여전히 메나리토리로 부르지만, 최근 일운스님 창은 경토리(sol, la, do', re', mi')의 선율진행이 전반적으로 대두되고 있다. 그 선율을 제시해보면 다음과 같다.

〈악보 2〉 〈화의재진언〉/ 일운스님 창

경토리의 특징이 sol-do'-re'mi're'-do'의 선율진행에서 가장 잘 나타나는데, 이는 현재 봉원사 범패승들의 전반적인 흐름이기도 하다. 이로 볼 때, 〈화의재진언〉은 앞의 진언들보다 경기(서울)화가 더 빠르게 진행되고 있다.

한편 구해스님에 따르면, "이 소리는 〈사다라니〉와 리듬, 태평소 반주가락이 같고, 예전에는 스님에 따라 〈사다라니〉, 〈천수바라〉처럼 수심가제로 부르기도 했다."고 한다.[10] 따라서 이상의 증언과 경제에서 〈사다라니〉계 염불로 분류되는 것으로 볼 때, 앞의 바라춤 및 진언음악들처럼 〈화의재진언〉도 본래 개성지역 불교음악에서 수심가토리를 근간으로 형성된 소리로 판단된다. 그리고 〈천수바라〉처럼 이미 1970년대 경기(서울)화가 많이 이루어졌고, 현재는 소위 서울식 소리만 전승되고 있다.

3. 경제 〈화의재진언〉의 전승 양상

여기에서는 이상의 내용을 토대로 경제 〈화의재진언〉이 오늘에 이르기까지 그 전승 양상에 대해 정리해보겠다. 〈화의재진언〉은 한국 불교의식에서 그 역사가 제법 오래된 것으로 보이며, 『천지명양수륙재의범음산보집天地冥陽水陸齋儀梵音刪補集』(1721) 및 『작법귀감作法龜鑑』(1827) 수록곡이 사성四聲점과 관련성이 깊어, 앞서 살펴본 바라춤 관련 진언음악들처럼 본래는 순수 염불가락이었을 가능성이 높아 보인다. 그리고 근세기에 음악적 변화가 조금씩 감지되는 것으로 볼 때, 앞서 살펴본 진언음악들과 함께 근세기에 현행과 같은 형태로 변화된 것으로 보인다.

그 음악적 특징을 살펴본 결과, 〈천수바라〉 및 〈사다라니〉와 많이 유

10 • 2013년 8월 14일 구해스님 대담.

사하다. 시작과 종지부분은 태징으로 3소박 4박자를 짚어 이를 근간으로 하지만, 3소박 3박자와 5박자, 6박자가 바라춤 및 진언 가사에 준해 많이 나타나는 편이다. 그리고 바라춤의 영향으로 선율과 진언의 반복 주기가 좀 다르다. 한편 〈화의재진언〉은 경제에서 〈사다라니〉 가락이라 일컬어지며 과거 수심가제로 부르기도 하여, 앞의 진언음악들과 같은 민요가락이 섞인 안채비소리로 볼 수 있겠다. 따라서 본래 수심가토리로 형성된 소리로 보이지만, 〈천수바라〉처럼 1960~1970년대 이전에 메나리토리로 전이되며 이내 경기(서울)화가 이루어졌고, 현재는 경토리의 특성이 대두되며 서울화가 급속하게 진행되고 있다. 이상의 논의로 미루어 볼 때, 다른 진언 반주음악들에 비해 〈천수바라〉는 진언의 길이가 길어서, 〈화의재진언〉은 큰 특징 없이 너무 짧아서 빨리 경기(서울)화가 이루어진 것이 아니었나 생각게 한다. 이상의 내용을 도식화 시켜보면 다음과 같다.

조선시대 염불 〈화의재진언〉 → 개성 〈화의재진언〉
→ 現 경제(서울) 〈화의재진언〉 : 경기(서울)화 진행

참고악보 1

〈화의재진언〉

창 : 월하스님
자료 : 서울대 소장 자료
채보 : 손인애

참고악보 2

〈화의재진언〉

창 : 일운스님
자료 : 『산사의 향기』
채보 : 손인애

제2장

제6절. 소결

본 장은 개성지역 불교음악과 관련성이 깊은 경제 범패 중 바라춤과 관련되는 〈복청게〉 및 여러 진언음악들(〈천수바라〉, 〈사다라니〉, 〈보공양진언〉·〈보회향진언〉, 〈화의재진언〉)을 살펴보았다.

먼저 가장 대표적인 바라춤 음악인 〈천수바라〉 바로 전에 부르는 게송 〈복청게〉부터 정리해보면, 〈복청게〉는 과거 현행 〈복청게〉(伏請大衆同音唱和 神妙章句大多羅尼)와 함께 장엄한 의식에서 보다 '특별하게' 연주되던 〈별복청게〉(伏請大衆 用意嚴淨 廣大圓滿 無碍大悲心 神妙章句大多羅尼)의 두 종류가 경제에서 전승되었다. 후자는 근세기에 〈복청게〉의 원형태(伏請大衆用意嚴淨 神妙章句陀羅尼)를 좀 더 발전적으로 계승한 형태로 마련되었으며, 〈복청게〉보다 선율이 좀 더 길고 가변성이 크다. 그리고 서울과 개성에서 불렀던 〈복청게〉가 크게 다르지는 않았지만, 서울보다 좀 더 선율이 첨가되는 형태가 개성에서 전승되었다. 그런데 근세기를 거치며 〈별복청게〉와 개성에서 부른 형태(소위 개성식 〈복청게〉)는 탈락되었고, 그 다양성이 축소되고 있다.

바라춤 관련 진언음악들은 모두 본래 서도음악어법을 근간으로 형성된 같은 선율계통으로, 개성 출신인 용암스님이 부른 소리들이 대개 '원식原式의 특징'을 많이 지니고 있어, 개성에서 발생한 염불들로 판단된다. 이들 음악은 대부분 조선시대 불교의식집에 보통 염불성에 나타나는 사성점四聲點 및 방점傍點이 표기되어있어 본래 전형적인 염불가락이었을 가능성이 높아 보이고, 근세기를 거치며 오늘날과 같은 염불과 민요가락이 섞인 안채비소리로 변화된 것 같다. 이들 진언음악은 화려하고 장엄한 바라춤 반주음악의 특성이 최대한 반영되면서 여느 안채비소리와 달리 선율이 밝고 경쾌하며, 소리에 따라 환희심이 나는 흥겨운 가락을 구사하기도 한다. 그리고 모두 수심가토리(re, mi, sol, la, do')를 토대로 형성되었지만, 서울에서는 이 중 〈천수바라〉와 〈화의재진언〉은 메나리토리(mi, sol, la, do', re')로 이내 전이되었고, 〈화의재진언〉은 최근 경토리의 특징이 대두되고 있는 상황이다. 이들 염불이 먼저 지역음악어법인 경토리(sol, la, do', re', mi')가 아니라 메나리토리로 전이된 이유는 메나리토리를 근간으로 하는 불교음악의 특수성으로 볼 수 있을 것 같다. 그리고 다른 진언 반주음악들에 비해 〈천수바라〉는 상대적으로 진언의 길이가 길어서, 〈화의재진언〉은 큰 특징 없이 짧아서 경기(서울)화가 빨리 이루어진 것이 아닌가 생각게 한다. 〈사다라니〉와 〈보공양진언〉·〈보회향진언〉에는 여전히 수심가토리의 특성이 남아있지만, 점점 약화되며 이들 역시 경기(서울)화가 빠르게 진행되고 있다. 이들 진언음악은 독특하게 민요가락을 활용한 대표적인 경제 범패에 해당하여, 개성에서 (서도)민요가락을 선호했던 사실을 엿볼 수 있다.

본 장의 논의를 통해 근세기 정치, 사회, 문화적 격동기를 겪으며 경제 범패에서는 나름 시대적 어려움을 극복하고, 민요가락을 활용하여 대중들과 교감할 수 있는 쇄신된 형태의 염불들을 마련한 것을 살펴볼 수 있다. 그리고 그 중심에는 개성지역의 불교음악이 자리 잡고 있는 사실을 알 수 있다.

京山制 불교음악 I

개성지역 불교음악과의 관련성

제3장

경제 〈화청〉계통 음악

본 장에서는 개성지역 염불과 관련성이 깊은 경제 불교음악으로, 전형적인 민요가락으로 된 〈화청〉 계통 소리들을 살펴보려 한다. 〈화청〉 계통 소리는 모두 현재 공식적인 재의식 안에서 전승되고 있으며, 크게 두 가지 종류로 분류된다. 하나는 상단과 중단의식 중 마지막 회향 절차에서 부르는 '축원화청'[1]과 대개 공식적인 재가 끝난 후에 부르는 4.4조의 한글사설로 된 '일반 화청'이다. 이하 본고에서는 전자를 〈축원화청〉, 후자를 간단히 〈화청〉이라 이르고, 차례대로 살펴보겠다.

1 • 〈축원화청〉은 영산재의 상단권공(영산작법)의 회향의식과 중단권공(소청중위)의 각배상단, 각배중단의 회향의식 절차에서 불러진다. 『한국전통음악자료분류법』 '불교음악' 항, 국립문화재연구소, 1997.

제3장

제1절. 〈축원화청〉*

〈화청〉은 불교 의식절차에서 공식적인 기능을 갖고 있지 않아 본래 의식을 위해 만들어진 소리가 아닌 사실이 지적된 바 있다.[1] 따라서 엄격히 말하면 〈축원화청〉이 절의 공식적인 의식에서 유일하게 전형적인 민요가락으로 되어있다. 이 소리는 1969년 문화재연구소에 의해 부산 범어사에서 조사된 영남범패에도 있어,[2] 예전에는 영남제에도 있었던 사실이 확인된다.

그런데 1968~1973년에 녹음된 경제 〈축원화청〉에서는 현행과 다른 특징들이 보인다. 그리고 한만영은 〈축원화청〉의 박자구조를 세마치장단 두 단위의 3소박 6박자,[3] 장휘주는 6/8박자[4]로 보아, 서로 박자구조를 보는 관점에서 이견이 보인다. 따라서 본 절에서는 〈축원화청〉의 정확한 음악 특징과 함께 그 역사적 전승 양상을 고찰해보겠다. 이상의 논의를 위해 먼저 조선시대 불교의식집[5]에 수록된 〈축원화청〉의 기록을 찾아 그 발생과 변화 양상에 대해 최대한 추적해보겠다. 그런 다음 1960~1970년대 녹음된 자료

* 본 글은 졸고, 「불교 축원화청 연구」(2009)의 일부 글을 수정 보완한 것이다.

1 • 장휘주, 「화청의 두 유형-축원 화청과 불교가사 화청」, 『이화음악논집』 제10집, 서울 : 이화여자대학교 음악연구소, 2006, 131~132쪽.

2 • www.nrich.go.kr 국립문화재연구소 영상자료관의 〈희귀국악음반〉 중 〈영남범패〉.

3 • 한만영, 「화청과 고사염불」, 『한국불교음악연구』, 서울 : 서울대학교출판부, 1980, 108쪽.

4 • 장휘주, 「화청의 두 유형-축원 화청과 불교가사 화청」, 108쪽 · 274~277쪽.

5 • 박세민 편, 『한국불교의례총서』 권4, 서울 : 삼성암, 1993.

와 현행 〈축원화청〉의 음악적 특징을 면밀히 살펴, 그 변화 양상을 살펴보겠다. 그리고 이상의 내용을 종합하여 〈축원화청〉의 전승 양상에 대해 논의하겠다. 1960~1970년대 자료는 송암스님 유작집의 수록곡들이 현재 유일하여 이를 대상으로 하겠고, 본고의 연구 자료는 다음과 같다.

〈표 1〉 경제 〈축원화청〉의 연구자료

	가창자	곡명	발행년	출처
1	박송암	상단 〈축원화청〉	1960~1970년대	송암 큰스님 유작집 『상주권공5CD』 /송암대종사문도회 · 불교음악연구소, 2001
2		중단 〈축원화청〉		
3		상단 〈축원화청〉	1960~1970년대	송암 큰스님 유작집 『영산7CD』 /송암대종사문도회 · 불교음악연구소, 2001
4	마일운	상단 〈축원화청〉	2006	『하늘의 소리』 중요무형문화재 제50호 영산재 범패시리즈 Ⅰ-5/BBS 불교방송
5	김구해	상단 〈축원화청〉	2013	필자의 녹음자료

1. 조선시대 불교의식집의 〈축원화청〉

불교음악에서 〈축원화청〉이라는 명칭으로 된 소리는 상단의 〈축원화청〉과 중단의 지장 〈축원화청〉 두 곡이다. 여기에서는 두 〈축원화청〉이 수록된 문헌과 그 내용을 모두 살펴보겠다. '축원'은 최고最高의 영산재가 수록된 『진언권공眞言勸供』(1496)[6]의 '작법절차作法節次'에서 마지막 회향의식으로 나타나, 그 역사가 제법 오래된 것으로 보인다. 본래 〈축원화청〉은 '상단축원', '중단축원'이라 불리며, 예전에는 '화청'이란 명칭이 없었던 것 같다고 지적된 바 있기도 하다.[7] 그러나 15~17세기에 만들어진 대부분의 의식집에 가사가 생략되어있어, 현행과의 직접적인 연관성을 찾기는 사실 어렵다.

현행 〈축원화청〉과 연계되는 형태가 발견되는 문헌은 『천지명양수륙재의범음산보집天地冥陽水陸齋儀梵音刪補集』(1721),[8] 『작법귀감作法龜鑑』(1929),[9] 『청문요집請文要集』(20세기 전반),[10] 『석문의범釋門儀範』(1931)[11] 등이다. 그런데 『석문의범釋門儀範』(1931)의 상단과 중단 〈축원화청〉은 다른 문헌 및 현행의 소리와 그 사설이 사뭇 다르다. 그 이유는, 앞에 수록된 행선行禪 〈축원화청〉의 영향으로 일반 의식의 〈축원화청〉과 그 내용에 다소 차이가 있었기 때문으로 보인다.[12] 따라서 이를 제외한 18세기 초 문헌부터 현행까지를 대상으로 〈축원화청〉의 가사 내용 및 특징을 살펴, 그 시대적 변천과정

6 • 박세민 편, 『한국불교의례총서』 권1, 466쪽.

7 • 장휘주, 「화청의 두 유형-축원 화청과 불교가사 화청」, 128쪽.

8 • 박세민 편, 『한국불교의례총서』 제3권, 16쪽 · 123쪽 · 137쪽.

9 • 백파 긍선 편, 刊者 미상, 『作法龜鑑』 下, 서울대학교 규장각 소장, 1929, 96~97쪽.

10 • 박세민 편, 『한국불교의례자료총서』 제4집, 606~608쪽.

11 • 안진호 편, 『석문의범』, 서울 : 법륜사, 1931, 73~76쪽.

12 • 행선 축원은 외부에서 대중공양을 선방에 올릴 때 했던 축원으로, 그 사설이 보통 의식에서 하는 축원에 비해 덜 세속적이라고 한다. 『석문의범』에 수록된 상단과 중단 〈축원화청〉은, 그 영향으로 사설이 다른 문헌 및 현행의 것과 차이가 있는 것으로 추정된다. 2009년 10월 20일 『釋門儀範講解』 예불 · 축원 · 염통편(경기 : 이화문화출판사, 2009)의 공동 저자 중 한 분인 활안스님 대담.

을 유추해보려 한다.

1) 『천지명양수륙재의범음산보집天地冥陽水陸齋儀梵音刪補集』(1721)

현행과 연계되는 〈축원화청〉은 문헌상으로 경종 1년(1721) 경기도 양주 삼각산 중흥사重興寺에서 간행된 『천지명양수륙재의범음산보집』에서 처음 보인다. 이 책은 수륙제에 관한 의식과 절차를 상세히 기록한 불서로, 여기에서 〈축원화청〉은 '축원'이라고 되어있어 앞서 언급했듯이 본래 '화청'이란 명칭이 들어가지 않았던 소리임이 확인된다. 여기에는 상단과 중단 〈축원화청〉이 모두 수록되어있으며, 전자에서 후자 순으로 살펴보겠다.

(1) 상단 〈축원화청〉

여기에서 〈축원화청〉은 '영산작법절차'에서 그 전문이 보이며, 이를 제시하면 다음과 같다.

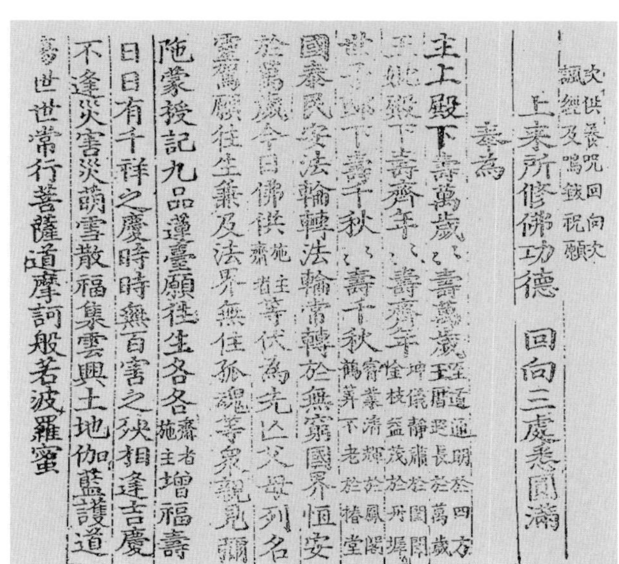
次供養呪回向次 諷經及鳴鈸祝願
上來所修佛功德 回向三處悉圓滿
奉爲
主上殿下壽萬歲 〻〻 壽萬歲 至道遐明於四方 玉曆遐長於萬歲
王妃殿下壽齊年 〻〻 壽齊年 坤儀靜肅於閨閫 桂枝益茂於丹墀
世子邸下壽千秋 〻〻 壽千秋 睿業淸輝於鳳閣 鶴筭不老於椿堂
國泰民安法輪轉 法輪常轉於無窮 國界恒安
於萬歲 今日佛供 施主 齋者 等伏爲先亡父母列名
靈駕願往生兼及法界無住孤魂等衆親見彌
陁蒙授記九品蓮臺願往生各各 齋者 施主 增福壽
日日有千祥之慶時時無百害之殃相逢吉慶
不逢災害災銷雲散福集雲興土地伽藍護道
世世常行菩薩道摩訶般若波羅蜜

〈보례 1〉『天地冥陽水陸齋儀梵音刪補集』의 靈山作法節次 중 '축원'

(원본의 일부가 선명하지 않아, 가사를 아래 다시 적었다)

祝願

上來所修佛功德 回向三處悉圓滿

奉爲

主上殿下壽萬歲 壽萬歲壽萬歲

至道通明於四方 王曆遐長於萬歲

王妣殿下壽齊年 壽齊年壽齊年(坤儀靜肅於閨闈 金枝益茂於丹墀)

世子邸下壽千秋 壽千秋壽千秋(睿業淸輝於鳳閣 鶴筭不老於椿堂)

國泰民安法輪轉 法輪常轉於無窮 國界恒安於萬歲

今日佛供(施主齋者)等 伏爲先亡父母 列名靈駕 願往生 兼及法界無住孤魂 等衆 親見彌陁蒙授記 九品蓮臺願往生 (중략)

土地伽藍護道場 世世常行菩薩道 摩訶般若波羅蜜

이 의식집의 상단 〈축원화청〉은 당시 시대상황 상 왕실 사람들의 축원이 주요 내용이며, 현행에 비해 가사의 율격이 상당히 규칙적이다. 이 소리는 부분적으로 6언이 나타나지만, 전반적으로 7언이 반복되는 구조로 되어 있다. 금일今日 이하 영가 축원부분(밑줄 친 부분)은 율격이 불규칙하여 현행처럼 평염불로 부른 것 같지만, 나머지 부분은 곡조가 있었을 것으로 보인다. 그런데 율격이 매우 규칙적인 것으로 볼 때, 이 당시에도 현행처럼 민요가락이었을까 하는 의문이 든다.

(2) 중단 지장 〈축원화청〉

여기에서 지장 〈축원화청〉은 '중단권공'과 '중위권공'에서 그 전문이 보이며, 이를 같이 제시하면 〈보례 2〉와 같다.

이 책에서 지장 〈축원화청〉은 7언 절구로 되어있어, 현행보다 가사가 짧고 규칙적이다. 그리고 여기에는 일반 염불처럼 성조를 표시하는 사성四

聲점이 표기되어, 〈축원화청〉이 본래 순수 염불가락이었을 가능성이 높아 보인다. 범패의 안채비소리와 홑소리가 규칙적인 율격으로 된 경우가 많은 것도, 이러한 추정을 뒷받침해 준다. 또한 현재 재주나 영가의 극락왕생을 위해 부르는 마지막 문구인 '마하반야바라밀'도 보이지 않아, 음악적으로 사뭇 달랐을 것으로 보인다.

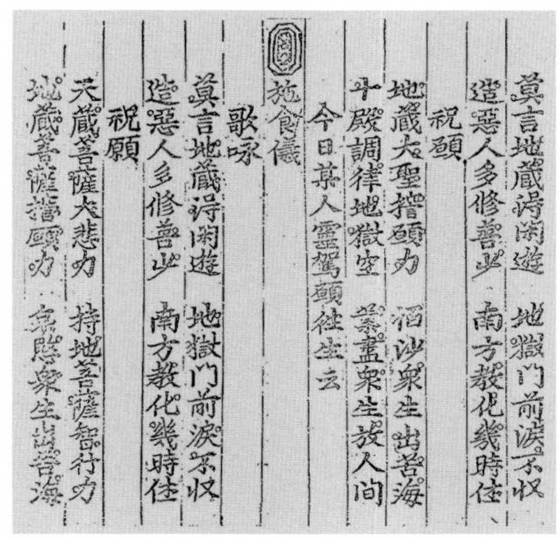
眞言地藏得閑遊 地獄門前淚不收
造惡人多修善少 南方教化幾時休
祝願
地藏大聖誓願力 恒沙衆生出苦海
十殿調律地獄空 業盡衆生放人間
今日某人靈駕願往生云
施食儀
歌詠
眞言地藏得閑遊 地獄門前淚不收
造惡人多修善少 南方教化幾時休
祝願
天藏菩薩大悲力 持地菩薩誓行力
地藏菩薩誓願力 [illegible][illegible]衆生出苦海

〈보례 2〉『天地冥陽水陸齋儀梵音刪補集』의 中壇勸供(좌)과 中位勸供(우) 중 '축원'

요컨대, 『천지명양수륙재의범음산보집天地冥陽水陸齋儀梵音刪補集』의 〈축원화청〉들은 모두 근본적으로 7언이 반복되는 규칙적인 율격으로 되어있고, 사성四聲점이 표기되어 있어, 본래 〈축원화청〉이 현행과 같은 민요가락이 아닌 순수 염불계통이었을 것으로 추정된다. 한편 여기에는 '중단권공'과 '중위권공'의 가사가 좀 달라, 당시에는 지장 〈축원화청〉의 가사로 최소 두 가지 종류가 있었던 것으로 보인다. 그리고 후자가 현행에 가까워, 전자는 전승과정에서 탈락된 것으로 보인다.

2) 『작법귀감作法龜鑑』(1929)

목판본으로 1827년에 간행된 백파 긍선亘璇 스님 저 『작법귀감作法龜鑑』에는 〈축원화청〉의 가사 전문이 나타나지 않는다. 그러나 이를 1929년 필사한 서울대 소장 『작법귀감』에는 20세기 초 당시 연행된 것으로 보이는 '영산작법'에 상단 〈축원화청〉 가사가 기록되어있다. 여기에도 '축원'이라는 곡명으로 표기되어있으며, 그 가사를 살펴보면 다음과 같다.

普供養眞言云云 普回向眞言云云 楞嚴呪

三自歸依

自歸依佛 和衆 當願衆生 體解大道 發無上意 拜

自歸依法 當願衆生 深入經藏 智慧如海 拜

自歸依僧 當願衆生 統理大衆 一切無碍 拜

歸依三寶竟 所作諸功德 施一切有情

皆共成佛道 拜 鳴鈸 祝願

上來所修功德海 回向三處悉圓滿

奉爲

主上殿下萬歲萬歲 聖壽萬歲

至道通明於四方 王曆遐長於萬歲

王妃殿下齊年齊年 聖壽齊年

伸儀靜肅於閨闈 金枝益茂於丹墀

世子邸下千秋千秋 聖壽千秋

睿業清輝於鳳閣 鶴筭不老於椿堂

先王先后列仙駕 轉生淨土法王位

作法龜鑑下 九十六

諸宮宗室各安寧 文武百僚盡忠良

道內三營位益高 城主閤下增一品

干戈息靜兵革消 雨順風調民安樂

法輪常轉於無窮 國界恒安於萬歲

今日 設辦 水月道場 空華佛事齋者 某 等伏爲

某 靈駕速出三界火宅 超生九品蓮臺之大願

某 靈駕爲主 亦爲上世先亡父母師長弟兄叔

伯一切親屬列位列名靈駕同往極樂之大願

抑願 今日 至誠設辦齋者 某某 等 千災雪消 萬福

雲興之願 今此所住阿練若大伽藍 初刱重

修化士 別座 大小檀越 隨喜結緣 執勞 等 先亡

者得天堂 現存者增福壽 兼及法界虛空界

四恩三有盡沾恩 三途八難俱離苦

蠢動含靈齊成佛 天神地祇護道場

世世常行菩薩道 摩訶般若波羅密

三回向

〈보례 3〉 『作法龜鑑』의 靈山作法 중 '축원'

이 의식집의 상단 〈축원화청〉은, 첨가된 내용이 다소 보이지만 『천지명양수륙재의범음산보집天地冥陽水陸齋儀梵音刪補集』의 것과 사설이 거의 같다. 이에 전반적으로 7언이 반복되는 규칙적인 율격으로 되어있다. 이를 통해 〈축원화청〉이 본래 7언 반복을 근간으로 한 소리였음을 알 수 있다. 그런데 여기에서는 첫 번째 7언구가 '상래소수공덕해上來所修功德海'로 되어있어, 예전에는 '상래소수불공덕上來所修佛功德'과 겸용되었던 것으로 보인다.

또한 이 책에도 사성四聲점이 글자마다 기록되어있으며, 이로 볼 때 현행과 그 선율형이 사뭇 다르다. 이는 〈축원화청〉이 민요가락이 아니라 본래 순수 염불가락인 사실을 뒷받침해준다. 이 책은 원본 『작법귀감作法龜鑑』(1827)의 영향으로 당시 의식집들에 비해 고제를 기록한 것으로 보이지만, 근세기에도 이러한 흐름이 있었던 사실을 엿볼 수 있다.

3) 『청문요집請文要集』(20세기 전반기)

이 책은 홍은동 백련사의 해운海雲스님이 20세기 전반 당시 행해지는 재공의식에 대해 기록한 불교의식집으로, 상단과 중단 〈축원화청〉이 모두 수록되어있다. 이에 상단에서 중단 〈축원화청〉 순으로 살펴보겠다.

(1) 상단 〈축원화청〉

여기에도 〈축원화청〉은 '축원'이라 표기되어있고, '화청'이란 명칭은 들어가지 않는다. 그 가사의 전문이 '상단권공'에서 보이며, 이를 제시하면 다음과 같다.

〈보례 4〉『請文要集』의 上壇勸供 중 '축원'

(원활한 이해를 위해 본문을 아래 다시 적었다)

上壇祝願

上來所修佛功德 回向三處悉圓漫

淨琉璃光上德紅蓮 龍宮現前 攀枝隨喜 諸天立極 聖德大夫

奉爲

主上殿下壽萬歲萬歲 龍樓萬歲 王妃殿下壽齊年齊年 鶴山齊年

世子邸下壽千秋千秋 鳳閣千秋 先王先后祖宗列位仙 駕轉增法位終成菩提之

願國泰民安法輪轉輪轉法輪轉 願我今有此日娑婆世界南贍部洲海東朝鮮國

(중략)

土地伽藍護三寶 世世常行菩薩道 究竟圓成薩婆若 摩訶般若波羅密

『청문요집請文要集』의 상단 〈축원화청〉은 현행처럼 율격이 불규칙하며, 가사 내용도 많이 가까워진다. 그러나 시작 문구는 앞의 문헌들처럼 두 번의 7언 반복으로 시작되며 4.7.4.7자로 구성되는 현행과 차이가 있고, 말미에서도 7언 반복 구조가 나타난다(밑줄 친 부분). 『석문의범釋門儀範』의 수록곡도 사설은 다르지만, 서두와 말미에서 7언 반복 구조가 보인다.[13]

이로 볼 때, 20세기 전반의 소리는 대개 앞 시기 문헌들과 현행의 중간 단계에 해당하는 소리로 볼 수 있겠고, 규칙적인 7언 율격의 흔적으로 볼 때, 곡조가 현행과 같지는 않았을 것으로 보인다.

2) 중단 지장 〈축원화청〉

여기에서 지장 〈축원화청〉은 '중단권공'에 그 가사의 전문이 나타나, 제시해보면 다음과 같다.

지장 〈축원화청〉은 『천지명양수륙재의범음산보집天地冥陽水陸齋儀梵音刪補集』(1721)의 수록곡처럼 7언 절구로 되어있고, 이 책의 '중위권공'에 수록된 것과 가사가 같다. 이는 현행의 4.7, 4.7, 4.7, 4.7자 중 7언 부분의 사설과 동일한 것으로, 현행과 가까워진다. 그러나 현행 같은 4언 율격과 마지막 문구인 '마하반야바라밀'이 없어, 곡조는 같지 않았을 것으로 보인다. 이 의식집의 지장 〈축원화청〉은 중단권공 중 탄백歎白에 이어 나오는데, 여기에서는 '축원'이라는 제목조차 없어 탄백과 같은 염불가락으로 부른 소리가 아니었을까하는 의문도 이러한 추정이 들게 한다.

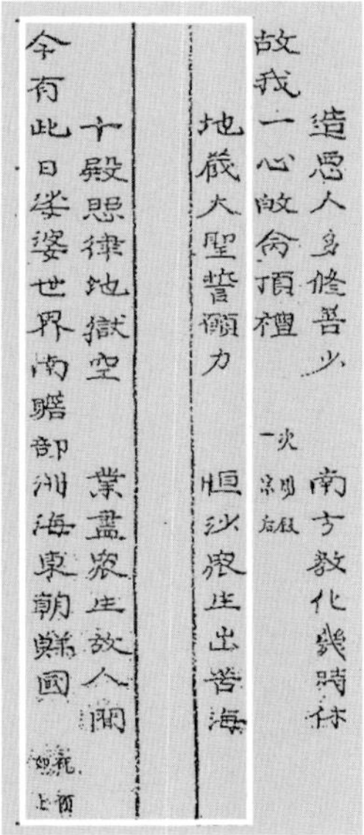
造惡人多修善少 南方教化幾時休
故我一心歸命頂禮
地藏大聖誓願力 恒沙衆生出苦海
十殿照律地獄空 業盡衆生放人間
今有此日娑婆世界南贍部洲海東朝鮮國

〈보례 5〉 『請文要集』의 中壇勸供 중 '축원'

13• 안진호 편, 『석문의범』, 74~75쪽.

요컨대, 『청문요집請文要集』의 〈축원화청〉은 18~19세기 초 문헌들에 비해 율격이 불규칙해지며, 가사 내용도 현행에 가까워진다. 그러나 규칙성이 여전이 잔존하는 부분이 많아, 이전 시기 문헌과 현행의 중간단계의 특징을 보인다.

4) 20세기 후반 이후(현행)

현행 경제 〈축원화청〉은 대개 송암스님 창을 이어받아 부르고 있다. 이에 이를 대상으로 상단에서 중단 〈축원화청〉 순으로 그 사설을 살펴보고자 한다.[14]

(1) 상단 〈축원화청〉

상단에서 부르는 〈축원화청〉의 사설을 제시하면 다음과 같다.

功德功德 上來所修佛功德 圓滿圓滿 回向三處聖悉圓漫
淨琉璃光 上德紅蓮 隆宮現前 攀枝授衣 諸天立極聖德大夫
(伏願 聖恩以廣大 恒爲萬乘之尊 道眼圓明 永作千秋之寶鑑
向脫根塵速證樂邦 無量壽 了明心地 該通華藏 釋迦尊
紫薇 長詔於深宮 玉葉 恒敷於上願 千和地利 物勿時康 萬象含春
花卉敷茂 鴦鳴御苑 瑞謁皇圓 風以調雨以順 禾登九紹 麥琇二枝
官以慶民 以歡文致 昇平武願干快 億兆蒼生 苦復於環中 廣大佛法 弘揚於世外
三千界內無非禮義之江山 大韓民國內 盡是慈悲之道場 所有十方世界中 三世
一切人獅子 我以清淨 身語意 一一稱禮 盡無餘 八荒泰平 四夷不侵 國泰民安

14 • 김응기(법현), 『영산재 연구』, 서울 : 운주사, 1997, 201쪽; 장휘주, 「화청의 두 유형－축원 화청과 불교가사 화청」, 135쪽.

法輪轉) 法輪常轉於 無窮國界 恒安於 萬歲 願我 今日此日 娑婆世界南贍部洲 東洋大韓民國 (중략) 以此因緣功德 以此念佛功德 咸脫輪回之煩惱 卽往上品上生 九品連臺之發願 然後願無邊法界 有識含靈 伐此勝緣功德 俱成正覺 摩訶般若波羅密(摩訶般若波羅密)

현행의 상단 〈축원화청〉은 『청문요집請文要集』(20세기 전반)의 사설과 많이 유사하다. 그러나 시작 문구의 7언 앞에 공덕공덕功德功德과 원만원만圓滿圓滿의 4언이 붙고, 전반적으로 거의 산문체에 가깝다. 즉, 앞의 문헌들처럼 7언이 반복되는 구조가 별로 없어, 율격의 규칙성을 찾기가 어렵다. 한편 괄호( )부분이 20세기 전반에는 보이지 않아, 현행에 맞춰 사설이 개작되고 좀 더 첨가되는 현상이 보인다. 그리고 밑줄 친 부분은 현재 거의 평염불로 충충 엮어 부른다.[15]

(2) 중단 지장 〈축원화청〉

그 사설을 살펴보면 다음과 같다.

原力原力 地藏大聖誓願力 苦海苦海 恒沙衆生出苦海

玉空玉空 十殿調律地獄空 人間人間 業盡衆生放人間

摩訶般若波羅密 摩訶般若波羅密

현행 중단 지장 〈축원화청〉은 『천지명양수륙재의범음산보집天地冥陽水陸齋儀梵音刪補集』과 『청문요집請文要集』의 수록곡과 같은 7언 절구의 규칙성

15 • 한편 1969~1971년에 조사한 내용을 수록한 『불교의식』(서울 : 국립문화재연구소, 1989, 312쪽)의 상단 〈축원화청〉에는 7언이 반복되는 구조가 부분적으로 나타나, 20세기 중, 후반기까지 범패승에 따라 고제를 유지하기도 했던 것으로 보인다.

에서는 벗어나지만, 4언과 7언이 규칙적으로 반복되어 그 흔적이 여전히 남아있다. 그리고 4언이 나타나는 부분을 떼면, 『청문요집請文要集』의 것과 사설이 같다. 즉, 상단의 〈축원화청〉보다 좀 더 고제의 특징을 지니고 있다. 그러나 앞의 문헌들과 달리 7언 앞에 4언이 규칙적으로 나타나고, '마하반야바라밀'이 마지막 문구에서 두 번 반복되어, 곡조에 차이가 있었을 것으로 보인다.

요컨대 현행 〈축원화청〉은 상단과 중단 모두 이전 시기의 문헌들과 비교해볼 때 시작 문구의 7언 앞에 4언이 규칙적으로 붙고, 율격의 규칙성이 많이 어그러져 음악적 변화를 감지케 한다.

이상을 정리하면, 현행 〈축원화청〉과 연계되는 형태가 언제 형성되었는지는 정확히 알기 힘들다. 다만 '축원'은 최고最高의 영산재가 수록된 『진언권공眞言勸供』(1496)에서 마지막 회향의식으로 나타나, 그 역사가 제법 오래된 것으로 보인다. 현재 현행과 연계되는 최고最高의 문헌은 18세기 초로 확인되어, 늦어도 17~18세기 이전에는 형성된 것으로 추정된다. 그리고 『천지명양수륙재의범음산보집天地冥陽水陸齋儀梵音刪補集』(1721)과 필사본 『작법귀감作法龜鑑』(1929)의 수록곡들이 근본적으로 7언이 반복되는 구조로 되어있어, 현행에 비해 율격이 매우 규칙적이다. 이에 본래 〈축원화청〉은 현행과 같은 민요가락이 아닌 순수 염불가락이었을 가능성이 높아 보인다. 안채비소리와 홑소리에 7언 절구가 많고, 『천지명양수륙재의범음산보집天地冥陽水陸齋儀梵音刪補集』과 『작법귀감作法龜鑑』에는 염불성念佛聲에 주로 나타나는 사성四聲점이 표기되어있는 사실도 이러한 추정을 뒷받침해준다.

현행과 같은 소리는 20세기 전반기 문헌인 『청문요집請文要集』의 수록곡과 그 연계성이 더 본격적으로 나타난다. 즉, 이 책의 〈축원화청〉은 현행처럼 율격이 좀 불규칙하며, 가사 내용도 많이 유사하다. 그러나 여전히 부분적으로 규칙성이 유지되며, 중단 〈축원화청〉은 7언 절구로 되어있다. 반면 현행은 상단 〈축원화청〉의 경우 4자와 8자 등이 많이 나타나며 거의 산문체에 가깝고, 앞 시기의 소리들과 달리 상단과 중단 〈축원화청〉 모두 시작 문구의 7언 앞에 4언이 규칙적으로 나타난다. 따라서 현행과 같은 민요가락의 〈축원화청〉은 제2장에서 살펴본 바라춤 관련 진언음악들처럼 그 형성시기가 오래되지 않은 것으로 보인다. 즉, 이 소리도 근세기에 큰 음악적 변화를 겪었을 가능성이 높아 보인다. 20세기 전반기까지도 〈축원화청〉을 그냥 '축원'이라 불렀던 것은, 곡조가 현행 〈화청〉 계통과 같은 민요가락이 아니었기 때문이 아닐까 생각된다.[16]

2. 경제 〈축원화청〉

앞서 살펴보았듯이 〈축원화청〉은 상단과 중단에서 부르는 두 가지 종류가 있다. 경제에서는 두 〈축원화청〉의 가장 오래된 음원이 1968~1973년에 녹음된 송암스님 유작집 『상주권공』과 『영산』의 소리들이다. 두 재의식의 소리는 비슷한 시기에 녹음된 것으로 추정되지만, 녹음 시기에 다소 차이가 있었던 보인다. 그 이유는, 『상주권공』의 소리가 『영산』의 소리보다 음향 및 음질 상태가 나쁘고, 토리 및 선율도 다소 차이가 있기 때문이다. 이에 여기에서는 『상주권공』에서 『영산』의 〈축원화청〉 순으로 그 특징을 살펴보고자 한다.

16 • '〈축원화청〉'이란 명칭은 무형문화재 조사보고서 제65호 「화청」(홍윤식, 서울 : 국립문화재연구소, 1969)에서 처음 나오기 시작한다.

1) 『상주권공』의 〈축원화청〉

『상주권공』 CD에는 상단 〈축원화청〉과 중단 지장 〈축원화청〉이 모두 수록되어있으며, 곡조가 흡사하다. 그런데 앞서 살펴보았듯이 중단 〈축원화청〉이 상단 〈축원화청〉보다 사설에 고제의 특징이 더 남아있고, 이로 인해 음악도 상대적으로 단순하며 규칙성이 있어, 〈축원화청〉의 특징을 제대로 살피는데 더 적합하다고 생각된다. 이에 본고에서는 중단 〈축원화청〉부터 그 특징을 살펴보겠다.

(1) 중단 지장 〈축원화청〉

그 곡조는 다음과 같다.

〈악보 1〉 『상주권공』의 중단 지장 〈축원화청〉/ 송암스님 창

이 소리는 태징의 시작 반주가 3소박 4박자를 단위로 하지만, 선율은 기본적으로 3소박 3박자의 세마치장단에 맞는다. 그런데 세마치장단은 한 장단이 여느 한 장단을 구성하지 못하는 소위 小장단에 해당한다. 이에 장단의 리듬 통사구조론을 적용하여 살펴보면, 여느 리듬형(사설 3~4음보)이 3소박 3박자 네 단위에 걸쳐 나타나, 3소박 3박자 네 개에 여느 한 장단이 형성되는 구조로 되어있다.[17] 즉, 여느 한 장단이 세마치 네 장단에 걸쳐 이루어지는

17 • 중단 지장 〈축원화청〉의 장단 리듬통사구조를 살펴보면 다음과 같다. 리듬소(rhythmic element), 소리듬형(small rhythmic patterns), 여느리듬형(common rhythmic patterns)의 계층구조인 '리듬통사구조론'에 관한 논의는 다음의 글들을 참조할 수 있다. 이보형, 「리듬형의 구조와 그 구성에 의한 장단분류 연구」, 『한국음악연구』 제23집, 서울 : 한국국악학회, 1995; 「장단의 여느리듬형에 나타난 한국음악의 박자구조 연구」, 『국악원논문집』 제8집, 서울 : 국립국악원, 1996.

〈보례 6〉 중단 지장 〈축원화청〉 첫 번째 단의 장단 리듬통사구조
워--/언--/---//려--/억--/---///워--/언--/---//원--/력--/---/
리..........//리...........///리..........//리.........../
소리듬형(2음보)..........///소리듬형(2음보).........../
여느리듬형(4음보).../

〈보례 7〉 중단 지장 〈축원화청〉 두 번째 단의 장단 리듬통사구조
지--/장--/---//대--/애--/성--///서--/원--/---//력--/---/---/
리..........//리.............///리..........//리........./
소리듬형(2음보)...........///소리듬형(2음보)........../
여느리듬형(4음보)../

세마치 4小장단의 소리로, 전라도 〈진도 아리랑〉과 그 통사구조가 같다.

토리는 주요 구성음(sol, la, do', re', mi')과 선율진행 특성이 경토리와 거의 같지만, 현행 보다 제5음 re'(수심가토리의 la)가 자주 출현하며 수심가토리의 굵은 요성이 나타나, 경토리와 수심가토리의 특성이 혼재된 양상을 보인다. 악곡구조를 살펴보면, 4小장단 2개가 한 악절로 변주, 반복되며 A(a+b)+A'(a'+b')+A(a+b)+A'(a'+b')+A(a+b)를 이루어, A를 토대로 반복되는 구조로 되어있다.

(2) 상단 〈축원화청〉

그 곡조를 살펴보면 다음과 같다.

〈악보 2〉 『상주권공』의 상단 〈축원화청〉/ 송암스님 창

〈보례 8〉 중단 지장 〈축원화청〉 마지막 단의 장단 리듬통사구조

마--/하--/---//반--/야--/---///바--/라--/---//밀--/---/---/
리.........//리.........///리..........//리........./
소리듬형(2음보)........///소리듬형(2음보)........./
여느리듬형(4음보).................................../

그런데 중단 〈축원화청〉의 첫 번째, 세 번째, 다섯 번째, 일곱 번째 단은 사설이 2음보로 되어있어, 사실 전형적인 여느 장단을 이루지 못한다. 그러나 1음보를 2음보(예컨대 원력(願力)→워언 원력)로 확대시키며 나름대로 3~4음보를 이루어, 소위 '못 갖춘 여느 한 장단'을 이룬다고 볼 수 있겠다.

상단 〈축원화청〉도 3소박 3박자의 세마치장단에 맞는다. 그리고 장단의 리듬 통사구조론을 적용해보면, 중단 지장 〈축원화청〉처럼 세마치 네 장단이 모여 여느 리듬형을 형성하는 4小장단이 기본을 이루며, 가사 내용과 그 붙임새에 의해 부분적으로 여느 한 장단이 세마치 다섯 장단(5小장단) 또는 여섯 장단(6小장단)에 걸쳐 이루어진다. 이로 볼 때, 〈축원화청〉은 기존 설처럼 6박자 구조가 아니라 본래 세마치 4小장단 구조이며, 불규칙한 가사 배자와 그 붙임새에 의해 불규칙한 박자가 부분적으로 형성된 것이라 하겠다.

한편 이 소리는 주요 구성음이 경토리처럼 sol, la, do', re', mi'이지만, 점점 제3음 do'가 제4음 re'(수심가토리의 la)로 변하며 선율의 중심이 되고, 수심가토리의 굵은 요성도 간간히 나타나, 중단 지장 〈축원화청〉보다 수심가토리의 특징이 더 강하다. 즉, 상단 〈축원화청〉은 일종의 북부경토리에 해당한다고 볼 수 있겠으며,[18] 이를 통해 〈축원화청〉이 예전에는 현행과 달리 수심가토리의 특징이 많았던 소리임을 알 수 있다.

악곡구조를 살펴보면, 상단 〈축원화청〉은 중단 〈축원화청〉보다 좀 더 다양한 선율형태가 많이 나타난다. 이는 가사에 준해 중단 〈축원화청〉보다 선율이 길어지면서 생긴 자연스런 음악 현상이라 볼 수 있을 것 같다. 이에 중단 〈축원화청〉처럼 기본적으로 4小장단 2개가 한 악절(a+b : A)을 이루지만, 부분적으로 이를 토대로 축소되거나 확대, 또는 새로운 형태(c)의 선율이 나타나며, A가 반복, 변주되는 구조는 깨진다.

2) 『영산』의 〈축원화청〉

송암스님의 『영산』 CD에는 상단 〈축원화청〉만이 수록되어있어, 이를 중심으로 그 특징을 살펴보고자 한다. 그 선율을 제시해보면 다음과 같다.

18• 북부경토리는 이보형이 「토리의 개념과 유용성」(『韶巖權五聖博士回甲紀念 音樂學論叢』, 서울 : 민속원, 2000, 524쪽)에서 밝힌 토리유형으로, 수심가토리의 음구조(re-mi-sol-la-do')로 되어있지만 경토리의 주요음인 sol(경토리의 do')의 기능이 대두되는 특징을 지닌 토리이다. 이는 대개 수심가토리 목을 지닌 사람이 경토리의 소리를 부를 경우 나타나는 전이형태로, 수심가토리와 경토리의 특성이 혼재된 토리 양상이라 한다. 그런데 〈축원화청〉과 같이 경토리 음구조(sol-la-do'-re'-mi')로 되었지만, 시김새와 음기능이 수심가토리로 된 경우도 같은 맥락에서 경토리와 수심가토리가 혼재된 것이라 북부경토리의 일종으로 볼 수 있겠다.

〈악보 3〉『영산』의 상단 〈축원화청〉/ 송암스님 창

『영산』의 상단 〈축원화청〉은 『상주권공』의 것과 기본적인 박자 및 장단과 악곡구조는 거의 같다. 다만 전형적인 경토리로 되어있고, 뒤로 갈수록 선율이 좀 더 긴데, 보다 짜임새 있고 안정감 있게 진행되며 4小장단 구조가 더 많이 나타난다. 그런데 이는 가사가 『상주권공』의 것보다 길어지며 나타난 현상으로, 상단 〈축원화청〉은 가사의 첨삭이 여느 범패보다 자유로운 것으로 보인다. 그리고 이를 통해 〈축원화청〉이 세마치 4小장단 구조를 기본으로 하는 것을 재차 확인할 수 있다.

현행 일운스님 창 상단 〈축원화청〉도 토리가 이와 같아, 경토리로 된 소리가 더 후기에 해당하는 것으로 보인다.(〈참고악보 4〉)[19] 그리고 구해스님과 일운스님이 송암스님으로부터 전해들은 중단 지장 〈축원화청〉은 "『상주권공』 CD에 수록된 소리와 사설 및 선율이 거의 같다."고 한다. 다만 이 소리도 "(제4음 re'에 수심가토리의) 떠는 목이 나타나지 않는다."고 하여, 전형적인 경토리로 변화된 것으로 보인다.[20]

이상을 정리하면, 경제 〈축원화청〉은 3소박 3박자의 세마치 4小장단 구조를 기본으로 하며, 예전에는 수심가토리와 경토리의 두 토리가 혼재되어 있었다. 그리고 전형적인 경토리로 된 『영산』의 상단 〈축원화청〉이 두

19• 일운스님 창 〈축원화청〉에는 세마치 4小 장단의 구조가 더 잘 나타난다.

20• 2009년 10월 6일 구해스님(영산재 보유자)과 일운스님(옥천범음대학 학장) 대담.

토리가 혼재된 『상주권공』의 것보다 음질 상태가 좋고, 선율도 더 유려하며 짜임새가 있어, 좀 더 후기의 형태로 보인다. 현재 두 토리가 혼재된 형태는 더 이상 전승되지 않는 것도 이러한 추정을 뒷받침한다.

한편 개성에서 발생한 염불로 판단되는 경제 〈사다라니〉 중 변식진언의 제목이 〈축원화청〉의 a+b부분과 선율이 거의 같다. 이로 볼 때, 두 소리는 매우 밀접한 음악적 관계가 있으리라 추정되는데, 개성 출신의 용암스님이 부른 소리는 이 부분에 수심가토리의 특징이 더욱 강하게 나타난다.(제2장 〈사다라니〉 항목의 〈악보 1〉 참조) 따라서 이상의 음악적 정황(〈사다라니〉와 공유되는 선율 및 수심가토리의 특징)들로 볼 때, 〈축원화청〉도 개성에서 발생했을 가능성이 매우 높아 보인다. 이에 수심가토리의 특징이 나타나는 〈축원화청〉이 일종의 고제에 해당하며, 제2장의 바라춤 관련 진언음악들처럼 전승과정에서 경기(서울)화가 이루어진 것으로 보인다.

한편 전북제에서는 최근까지 '축원'을 염불가락으로 부른 것으로 보인다.[21] 그리고 현재 전남 광주에서는 민요가락의 〈축원화청〉이 전승되고 있는데,[22] 경제와 그 특징이 거의 같아 이를 수용한 것으로 보인다. 이로 볼 때, 전라도에서는 본래 민요가락의 〈축원화청〉이 존재하지 않았을 가능성이 높다. 그리고 영남제에서는 현재 '축원'을 평염불로 부르고 있지만, 1969년 부산 범어사에서 녹음된 영산작법의 상단 〈축원화청〉은 현행 〈경제〉와 그 특징이 유사한 사실이 확인된다.[23] 따라서 경제 〈축원화청〉이 영남 범패에도 한 때 수용되었던 것으로 보이는 바, 이를 통해 오늘날 민요가락의

21 • 장상철(일암), 『상주권공 음보』, 전주 : 태고종 실상사, 1970~1980년대, 344~346쪽.

22 • 慧空, 『범패 상주권공 제반의식집』 1권, 광주 : 한국불교전통의식대학, 2005의 DVD 부록자료. 일운스님에 따르면, "혜공스님은 과거 봉원사 옥천범음대에서 송암스님께 범패를 배운 적이 있다."고 한다.

23 • 졸고, 「불교 축원화청 연구」, 152~154쪽.
영남 범패의 어장인 金龍雲스님의 제자 宋滿海스님이 서울과 영남 범패를 모두 부를 수 있었다는 조사 기록이 있어, 이러한 스님들을 통해 경제 〈축원화청〉이 영남 범패에도 잠시 수용되었던 것으로 보인다.

〈축원화청〉은 경제—특히 개성—에서 발생한 소리임을 짐작케 한다.

3. 경제 〈축원화청〉의 전승 양상

여기에서는 이상의 내용을 토대로, 〈축원화청〉이 어떤 역사적 변화과정을 통해 오늘날에 이르고 있는지에 대해 정리해보겠다. 현재 〈축원화청〉이 언제 형성되었는지는 정확히 알 수 없다. 다만 '축원'은 최고最高의 영산재가 수록된 『진언권공眞言勸供』(1496)에서 마지막 회향의식으로 나타나, 그 역사가 제법 오래된 것으로 보인다. 그리고 1721년 문헌인 『천지명양수륙재의범음산보집天地冥陽水陸齋儀梵音刪補集』에서 현행과 연계되는 형태가 최초로 발견되는 것으로 보아, 늦어도 17~18세기 이전에는 형성되었을 것으로 추정된다. 이 시기에는 〈축원화청〉이 기본적으로 7언이 반복되는 가사로 되어있어, 지금보다 율격이 상당히 규칙적이다. 이러한 규칙성은 20세기 초 문헌인 필사본 『작법귀감作法龜鑑』(1929)까지도 이어져, 본래 〈축원화청〉은 민요가락으로 된 현행과 달리 순수 염불가락이었을 가능성이 높아 보인다. 안채비소리와 홑소리에 7언 절구가 많고, 『천지명양수륙재의범음산보집天地冥陽水陸齋儀梵音刪補集』(1721)과 『작법귀감作法龜鑑』(1929)에 사성四聲점이 표기되어있는 사실도 이러한 추정을 뒷받침해준다.

현행의 소리는 20세기 초 문헌인 『청문요집請文要集』의 수록곡과 그 연계성이 더욱 본격적으로 나타난다. 이 책의 〈축원화청〉은 현행처럼 율격이 좀 불규칙하며, 가사 내용도 많이 유사하다. 그러나 여전히 많은 부분에서 규칙성이 유지되며, 중단 〈축원화청〉은 7언 절구로 되어있다. 반면 현행은 상단축원의 경우 4자와 8자 등이 많이 나타나며 거의 산문체에 가깝고, 중단축원이 그나마 고제의 특징을 상대적으로 잘 지니고 있다. 그리고 앞 시기의 소리들과 달리 상단과 중단 〈축원화청〉 모두 시작 문구의 7언 앞에

4언이 규칙적으로 나타난다. 따라서 현행과 같은 민요가락의 〈축원화청〉이 형성된 것은 그다지 오래되지 않은 것으로 보인다. 20세기 초까지 〈축원화청〉을 그냥 '축원'이라 일컬었던 것도, 곡조가 현행 〈화청〉계통과 같은 민요가락이 아니었기 때문이 아닐까 생각된다.

한편 〈축원화청〉은 기존 연구에서 6박자계통으로 알려졌지만,[24] 본고에서 3소박 3박자의 세마치 4小장단 구조를 기본으로 하는 사실이 확인된다. 다만 불규칙한 가사 배자와 그 붙임새에 의해 5小박자, 6小박자 단위가 형성되기도 하며, 이는 일종의 변형태들이다. 이러한 〈축원화청〉은 현재 경제와 전남 광주에서 전승되고 있지만, 후자는 현행 경제와 음악적 특징이 거의 같아, 이를 수용한 것으로 보인다. 영남제도 지금은 전승이 끊겼지만, 1969년 범어사에 녹음된 소리가 경제의 전형적인 경기음악어법으로 된 소리와 흡사하여, 이를 한 때 수용했던 사실이 확인된다. 이로 볼 때, 민요가락의 〈축원화청〉은 경제에서 형성된 소리로 보인다.

그리고 1960년대 말~1970년대 초 송암스님이 부른 〈축원화청〉으로 볼 때, 예전에는 경제 〈축원화청〉에 수심가토리의 특징이 많이 나타난다. 이는 〈화청〉에서도 마찬가지이다.(제3장 〈화청〉 항목 참조) 그런데 송암스님은 서울 출신이며 그의 스승인 월하스님(1대 범패 중흥조)과 벽해스님(제2대 범패 중흥조)도 모두 서울 출신이거나 서울을 근거지로 활동하였던 분들이다. 그럼에도 송암스님이 〈화청〉계통 소리를 모두 서도 음악어법이 섞인 소리로 부른 사실은, 예전에는 이처럼 부른 것이 보편적이었던 사실을 의미한다. 이로 보건대, 〈화청〉계통 소리는 서도 음악문화권의 영향을 많이 받은 소리로 판단된다. 이보형에 의하면, 송암스님이 과거 '서도 범패승들이 곡차를 잘 마시고, 노래도 잘 불렀다'는 이야기를 한 적이 있다고 한다.[25] 이는

24• 한만영, 「화청과 고사염불」, 108쪽; 장휘주, 「화청의 두 유형-축원 화청과 불교가사 화청」, 108쪽 · 274~277쪽.

서도 범패승들이 〈화청〉 같은 민중 가락의 형성에 관여할 수 있었던 음악적 여건이 조성되었다는 것을 의미하기도 하여, 그 밀접한 관련성을 짐작케 한다. 그리고 개성에서 발생한 염불로 판단되는 경제 〈사다라니〉 중 변식진언의 제목이 〈축원화청〉의 시작부분 선율과 거의 같다. 이로 볼 때, 두 소리는 밀접한 음악적 관계가 있으리라 추정되는데, 개성 출신의 용암스님이 부른 〈사다라니〉는 이 부분에 수심가토리의 특징이 강하게 잘 나타난다. 따라서 이상의 정황들로 볼 때, 〈축원화청〉도 개성에서 발생했을 가능성이 매우 높아 보인다.

요컨대 경제 〈축원화청〉은 제2장의 바라춤 관련 진언음악들처럼 본래 순수 염불가락에서 근세기 개성에서 오늘날과 같은 민요가락으로 변화된 것으로 판단된다. 〈축원화청〉이 일반 〈화청〉과 달리 '축원'이라는 명칭으로 본래 공식적인 불교의식에 속한 소리였던 점도 이러한 사실을 뒷받침해 준다. 그리고 지금은 경기(서울)화가 철저히 이루어졌으며, 20세기 중후반에는 영남과 호남 범패에도 전파된 것으로 보인다. 이는 〈천수바라〉와 그 전파 방식이 흡사하여, 깊은 음악적 연맥을 짐작케 한다. 이상의 내용을 도식화시켜보면 다음과 같다.

조선시대 염불 〈축원〉 → 개성 〈축원화청〉 → 現 경제(서울) 〈축원화청〉
→ 영남, 호남 〈축원화청〉

25 • 2009년 9월 25일 봉원사 제7회 영산재 학술 세미나에서 이보형 선생님 대담.

참고악보 1

중단 〈축원화청〉

창 : 송암스님
자료 : 송암스님 유작집 『상주권공』
채보 : 손인애

참고악보 2

상단 〈축원화청〉

창 : 송암스님
자료 : 송암스님 유작집 『상주권공』
채보 : 손인애

♩. = 100 / 실음

고 - 옹 더 억 공 - - - - - 덕 - - - -

상 - 래 소 - 오 - 수 - 부 - 울 - 공 - 덕

위 - 언 마 안 위 어 언 - 마 - 안 -

호 양 - 삼 - 처 - 어 서 - 영 시 - - 일

위 - 언 - 만 - 저 - 영 아

유 리 - 이 - 광 어 - 앙 - 상 - 으 더 - 어 - 으

호 - 연 - 융 궁 현 - 전 -

반 지 - 수 - 으 - 이 제 처 언 입 그 - 윽 -

서 - 영 더 - - - 억 대 - 애 부 -

위 - 언 평 안 준 - - - - - 정 - - -

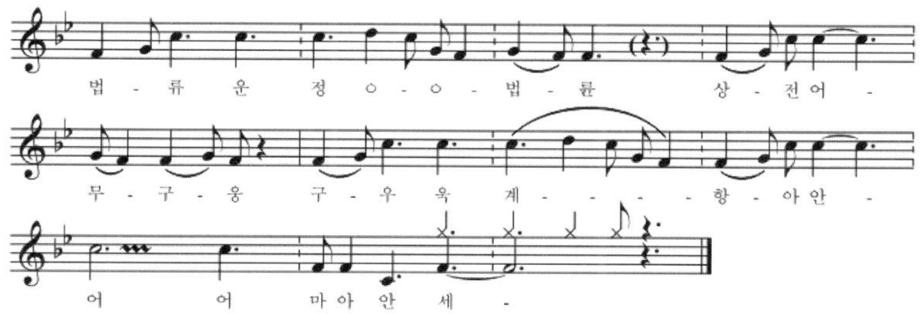
법 - 류 운 정 ㅇ - ㅇ - 법 - 륜 상 - 전어 -
무 - 구 - 웅 구 - 우 욱 계 - - - - 향 - 아안 -
어 어 마아 안 세 -

참고악보 3

상단 〈축원화청〉

창 : 송암스님
자료 : 송암스님 유작집 『영산』
채보 : 손인애

하 - 앙 위 에 - - 만 스 응 지 - 조 - 온
도 - 아 안 - 원 며 어 엉 여 - 엉 자 - - - 약
천 - 추 지 - 이 - 이 보 - 오 감-
형 탈 근 지 인 - 속 중 - 락 - 바 - 앙
무 량 수 요 - 명 - 심 지 해 - 해 통
화 - 장 석 - - - 가 존

참고악보 4

상단 〈축원화청〉

창 : 일운스님
자료 : 『하늘의 소리』
채보 : 손인애

제2절. 〈화청〉*

현재 불교의 재齋 의식에서 이른바 일반 대중을 위한 포교용 음악인 〈화청〉은 최근 활발한 연구로 불교음악 중 많은 성과가 난 부문에 속한다. 국립문화재연구소의 『화청』 보고서[1]를 통해 처음 조사된 이래, 한만영[2]과 성기련[3]에 의해 용어 및 종류에 대한 분류 작업이 본격화 되었고, 장휘주[4]에 의해 '축원화청'과 함께 '불교가사 화청'으로 세분화되며 그 기능 및 특징이 구체적으로 드러났다. 또한 최근 이종미[5]에 의해, 중부, 영남, 호남별로 음악 특징이 종합적으로 고찰되기도 하였다.

그런데 〈화청〉은 1970년대 한만영에 의해 '일정한 장단이 없지만 거의 ♩♪♩의 8분의 5박자 엇모리에 맞다'고 논의된 이후, 근자에 곡에 따라 3.2.3.3.2.3/8(8분의 16)박자로 보거나[6] '본래 3.2.3/8(8분의 8)박자의 청배 장

* 본 글은 졸고, 「불교음악 〈화청〉의 음악사적 연구 – 서울, 경기일대(경제) 소리를 중심으로」(2013)를 수정 보완한 것이다.

1 • 홍윤식, 무형문화재조사보고서 제65호 「화청」(1969).

2 • 한만영, 「화청과 고사염불」, 『한국불교음악연구』, 서울 : 서울대학교출판부, 1980, 96~154쪽. 이 글에서 한만영은 「화청」보고서의 다양한 소리들을 크게 화청(〈화청〉, 〈축원화청〉)과 고사염불(평조염불, 고사선염불, 뒷염불, 오조염불, 반멕이), 회심곡으로 분류하였다.

3 • 성기련, 「화청 회심곡과 염불 회심곡」, 『한국음반학』 제9호, 서울 : 한국고음반연구회, 1999, 243~271쪽. 이 글에서는 '회심곡'이라 부르는 곡목들을 크게 범패승이 부르는 화청 회심곡과 걸립승이 부르는 염불 회심곡으로 분류하여 그 특징을 살펴보았다.

4 • 장휘주, 「화청의 두 유형 – 축원 화청과 불교가사 화청」, 『이화음악논집』 제10집, 서울 : 이화여자대학교 음악연구소, 2006.

5 • 이종미, 「화청의 지역별 음악특성 연구」, 용인 : 단국대학교 음악대학원 박사학위논문, 2010.

단에 맞다'[7]는 주장이 나오는 등 박자 및 장단에 대해 여러 이견이 제기되고 있다. 또한 근자에 이종미에 의해 창자 및 지역별 음악 특징을 통해 다양한 선율과 토리 양상이 고찰되었으나, 이는 창자의 개성 또는 지역적 특징에서 비롯된 것이라고 논의가 되었을 뿐, 이들 중 가장 원천이 되는 선율형태 및 상호 음악적 관계에 대한 논의는 아직 제대로 이루어지지 못하였다. 이에 여기에서는 서울 및 경기일대에서 주로 불러진 〈화청〉[8]을 중심으로 면밀한 음악 분석과 여러 음악적 정황들을 통해, 경제 〈화청〉의 음악적 특징과 함께 오늘날에 이르기까지 역사적 변천 양상에 대해 논의해보려 한다.

한편 최근 혜일스님에 의해 조선시대에는 〈화청〉이 순한문 가사로 된 염불가락이었던 사실이 밝혀진 바 있다.[9] 즉, 현행 한글 가사의 민요가락 〈화청〉과 연계되는 소리는 조선시대의 공식적인 재의식 절차를 수록한 『한국불교의례자료총서韓國佛敎儀禮資料叢書』[10]에는 없다. 이에 여기에서는 조선

6 • 성기련, 「화청 회심곡과 염불 회심곡」, 『한국음반학』 제9호, 서울 : 한국고음반연구회, 1999, 264쪽; 장휘주, 「화청의 두 유형-축원 화청과 불교가사 화청」, 140쪽.

7 • 이종미, 「화청의 지역별 음악특성 연구」, 용인 : 단국대학교 음악대학원 박사학위논문, 2010, 112쪽.

8 • 서울 및 경기 일대에서 부른 〈화청〉은 지금까지 경제 범패에서 주로 전승되어 왔으므로, 이하 본고에서는 편의상 이를 경제 〈화청〉이라 줄여 부르고자 한다.

9 • 노명열(혜일명조), 『불교, 화청의식 복원에 관한 연구』, 서울 : 북랩, 2013 참조. 이 책에는 조선시대 불교의식집에 수록된 〈화청〉을 종합적으로 살펴, 본래 〈화청〉은 재의식에 참여한 모든 이가 소원을 성취하기 위한 방편으로 재의식에 강림하길 발원하는 다양한 불, 보살과 일체 성현을 청하는 것이며, 대개 '지심걸청'으로 시작되는 순 한문 가사의 염불가락이었던 사실을 밝혔다. 이에 저자는 종교 의식·의례의 시각에서 본래 〈화청〉과 〈회심곡〉류 가사를 구분해서 봐야 한다고 주장한다. 이로 볼 때, 현행 〈화청〉은 '지심걸청'의 소위 내드름 사설을 앞에 붙인 민요가락을 기존 염불가락 〈화청〉과 대체하며 재의식에 수용된 것으로 보인다.

10 • 박세민 편, 『한국불교의례자료총서』 권4.

시대 불교의식집을 고찰하는 과정은 생략되겠다. 따라서 먼저 경제 〈화청〉의 음악적 특징을 사적史的 관점에서 면밀히 파악해보겠다. 그리고 이상의 내용과 여러 정황들을 종합하여 현행 경제 〈화청〉의 형성 및 그 전승 양상에 대해 논의해보겠다. 본고의 연구 자료는 아래 표와 같으며, 본 연구와 관련된 조사 면담 일자[11]는 해당 각주를 참조하기 바란다.

〈표 1〉 경제 〈화청〉의 연구자료[12]

	가창자	곡명	녹음연대	음반명 및 번호
1	하룡남	화청	1939	한국의 종교음악(2) 『하룡남 불교음악』 /(주)YBM 서울음반
2	박송암	백발가	1968~1973	송암 큰스님 유작집 『상주권공』 /송암대종사문도회 · 불교음악연구소, 1999.
3		목련경청		
4		화청	1994.7	『생활국악대전집』 제9집 추모와 기원의 음악 /국립국악원/(주)서울음반
5	박용암	회심곡	1970~1980년대 초	『독경 박용암스님』 제3집/의정부 : 보광사
6	김혜경	화청	1970~1980년대 초	『김혜경 유작집』/미산 스님(비매품)
7	윤동하	화청	1970~1980년대	구해스님 模唱
8	장벽응	화청	1980년대 초	이촌동 스튜디오(구해스님 模唱)
9		화청	1996(녹음)/2002(발행)	『범패』 제1 · 2집/김포 문화원

11 • 2012년 7월 16일, 19일, 8월 16일 구해스님 대담 외 다수의 전화통화.
2012년 8월 17일 미산스님(혜경스님 아들) 전화통화.
2012년 8월 22일 도경스님(동하스님 손녀) 전화통화.
2013년 4월 5일 오한수(과거 절걸립패) 전화통화.

12 • 본 연구를 위해 자료를 제공해주신 구해스님(5번, 8번, 10번), 수범스님(15번), 노재명 선생님(11번 : 국악음반박물관 소장 12인치 장시간음반(LP) 관리번호 MI12LP-0513(2012년 9월 6일 국악음반박물관→손인애 복사본 음원과 사진 제공), 옥천 범음대 윤혜련 실장님(6번), 이성운 선생님(7번)께 이 자리를 빌려 깊은 감사의 인사를 드립니다.

10	이일응	회심곡	1981	『화청』/송강기획
11	한동희	백발가	1979.4.10	大韓佛教聖者異次頓宣揚會 /황레코드/(주)대한음반제작소
12	박일초	화청	2002	일초스님의 범패, 작법시리즈Ⅰ 『범패와 작법무』 /다다미디어
13	김구해	화청	2004	2004년 옥천범음대 수업 中 녹음자료
14			2010	2010 G20 정상회담 기념 영산재/BTN 불교방송
15	마일운	화청	2006	『하늘의 소리』 중요무형문화재 제50호 영산재 범패시리즈 4 상주권공②/일운문도회, 불교방송
16	오한수	화청	2010	정창관국악녹음집(13) 『오한수의 국악세계』 /국악아카이브연구회 회장 정창관

1. 경제 〈화청〉

〈화청〉은 사설이 창자마다 일정하지 않고 새로 지어 부를 수 있는 자율성이 있듯이,[13] 선율도 창자에 따라 형태가 다양하고 동일인이 부르는 소리라 해도 자유롭고 즉흥적여 '비 고정선율 형태'로 많이 알려져 있다.[14] 그런데 서울 및 경기 일대에서 부른 경제 〈화청〉의 경우, 비록 선율이 창자마다 또는 동일인이라도 부를 때마다 조금씩 차이는 있지만, 근본 선율진행은 상통하는 경우가 대다수이며 사뭇 다른 형태는 소수가 발견된다. 즉, 나름

13• 〈화청〉의 사설 종류 및 내용에 대한 논의는 다음의 글들을 참조할 수 있다. 김성배, 『한국불교가사의 연구』, 서울 : 아세아문화사, 1973; 이상보, 『한국불교가사전집』, 서울 : 민속원, 1996; 임기중, 『불교가사연구』, 서울 : 동국대학교출판부, 2001; 김종진, 『불교가사의 연행과 전승』, 서울 : 이회문화사, 2002.

14• 장휘주, 「화청의 두 유형 – 축원 화청과 불교가사 화청」, 141~142쪽; 이종미, 「화청의 지역별 음악 특성 연구」, 111~113쪽.

일반적인 형태의 선율과 이와는 좀 다른 형태의 선율이 나타나므로, 선율과 발견되는 빈도에 따라 크게 일반형과 변이형으로 구분하여 전자에서 후자 순으로 그 특징을 살펴보고자 한다.

1) 일반형

경제 〈화청〉은 지금까지 많은 스님들이 소리를 남겼는데, 예전에는 상당수가 경토리와 수심가토리를 섞어 부르거나 수심가토리로 불러, 서도음악어법의 강한 영향을 짐작케 한다. 가장 많이 나타나는 토리는 수심가토리와 경토리가 섞인 형태이며, 과거로 갈수록 수심가토리, 현행에 올수록 경토리 중심으로 이루어진 형태가 많이 발견된다. 이에 시대 순으로 크게 수심가토리형(제1형), 수심가토리와 경토리의 혼재형(제2형), 경토리형(제3형)으로 분류하여 그 특징을 살펴보겠다.

(1) 수심가토리형(제1형)

이 유형에 해당하는 대표적인 소리는 용암스님과 벽응스님 창으로, 각기 그 특징을 살펴보면 다음과 같다.

① 용암스님 창

제1장에서 용암스님은 의정부에서 열반하였지만, 본래 개성 출신으로 젊었을 때 개성에서 공부하며 염불을 많이 배워온 정황이 논의된 바 있다. 본 음원은 1970~1980년대 초 용암스님이 의정부에서 거주, 활동할 때 녹음된 것으로, 이를 제공해주신 現 영산재 보유자 구해스님은, "용암스님이 부른 〈화청〉은 사실 개성에서 배운 소리로 봐야한다."고 증언하기도 하여, 이 소리가 전형적인 서울식 〈화청〉은 아닌 것으로 보인다. 그 선율을 악보로 제시하면 다음과 같다.

〈악보 1〉 〈화청〉/ 용암스님 창

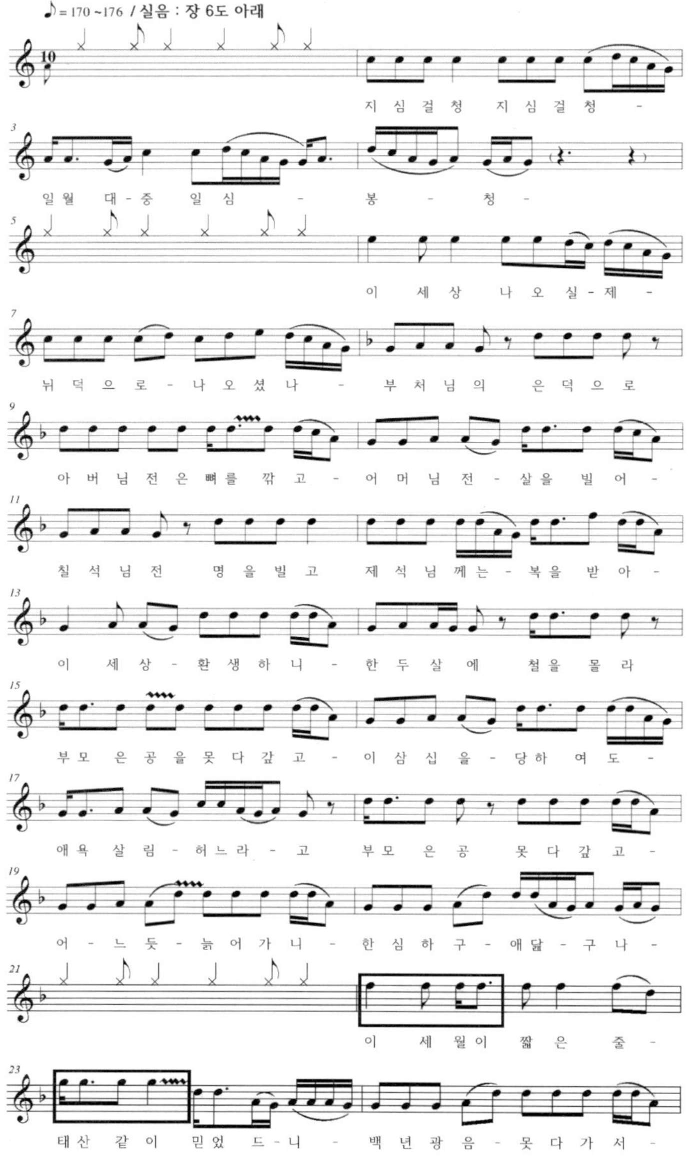
♪= 170 ~176 / 실음 : 장 6도 아래
지 심 걸 청 지 심 걸 청 -
일 월 대 - 중 일 심 - 봉 - 청 -
이 세 상 나 오 실 - 제 -
뉘 덕 으 로 - 나 오 셨 나 - 부 처 님 의 은 덕 으 로
아 버 님 전 은 뼈 를 깎 고 - 어 머 님 전 - 살 을 빌 어 -
칠 석 님 전 명 을 빌 고 제 석 님 께 는 - 복 을 받 아 -
이 세 상 - 환 생 하 니 - 한 두 살 에 철 을 몰 라
부 모 은 공 을 못 다 갚 고 - 이 삼 십 을 - 당 하 여 도 -
애 욕 살 림 - 허 느 라 - 고 부 모 은 공 못 다 갚 고 -
어 - 느 듯 - 늙 어 가 니 - 한 심 하 구 - 애 닯 - 구 나 -
이 세 월 이 짧 은 줄 -
태 산 같 이 믿 었 드 - 니 - 백 년 광 음 - 못 다 가 서 -

(후략)

이 소리는 3+2+3+2(10/♪)박자[15]로 엇모리장단에 맞는다. 〈화청〉을 사설붙임에 의거해 2(2자)+3(2자)+2(2자)+3(2자)박자구조로 보는 견해도 있으나,[16] 본 연구자료(16곡)의 선율과 리듬의 강약주기 및 단락감을 종합해 볼 때, 전형적인 엇모리장단의 3(3자)+2(1자)+3(3자)+2(1자)박자구조로 보는 것이 더 타당하다. 구해스님을 비롯한 현 경제 범패승들도 〈화청〉의 리듬을 3.2.3.2(쿵딱딱/쿵딱/쿵딱딱/쿵딱)로 본다고 증언한다.[17] 그리고 소위 내드름 부분(지심걸청 지심걸청 일월대중 일심봉청)은 현행 경제 〈화청〉과 선율이 비슷하며 경토리로 되어있지만, 첫 번째 간주 태징 이후 이내 수심가토리로 전이되며 끝까지 전형적인 수심가토리로 진행된다. 즉, 본래 용암스님은 개성 출신이라 〈화청〉을 서도식으로 불렀던 것으로 보이는 바, 분단 이후 서울, 의정부에 거주하면서 서울식 〈화청〉의 영향으로 내드름만 경토리의 현행 경제식으로 변화된 것이 아닐까 추정케 한다.

15 • 이보형 선생님의 장단 리듬통사구조론에 따르면, 엇모리장단은 3+2+3+2(10/♪)박자에 여느(보통) 한 장단이 구성되는 사실이 밝혀진 바 있다. 이보형, 「리듬형의 구조와 그 구성에 의한 장단분류 연구－사설의 율격이 음악의 박자와 결합되는 음악적 통사구조에 기하여－」; 「장단의 여느 리듬형에 나타난 한국음악의 박자구조 연구」 참조.

16 • 장휘주, 「화청의 두 유형－축원 화청과 불교가사 화청」, 140쪽.

17 • 현재 제기되고 있는 〈화청〉의 박자와 장단에 대한 이견은 사실 모두 4.4조의 사설과 리듬이 잘 맞지 않는다는 생각에서 비롯되었다. 특히 사설 두 자씩에 리듬을 맞추며 2(2자)+3(2)+2(2)+3(2) 박자로 보고자 하는 경향이 크지만, 실제 선율 및 리듬은 사설의 배자에 구애치 않고 3(3자)+2(1)+3(3)+2(1)박자로 진행된다.

또한 4.4조의 가사체 사설에 의해 선율이 통절식으로 진행되면서 일정한 형식구조가 없다. 다만 사설 단락에 따라 엇모리장단의 태징 간주가 중간 중간에 들어가며 선율적 단락감이 나타나고, 유사한 선율형들이 곡 전체에 걸쳐 반복적으로 나타나면서 곡의 유기성을 마련한다. 용암스님 창에서는 전반적으로 re-mi-la-(do')-la--mi-re의 산형山形의 선율형태가 많이 나타나고, 간주 태징 후 대개 do' 또는 re'로 질러내며 음악적 긴장감 내지 생동감을 자아내기도 한다.(네모 친 부분) 용암스님 창 〈화청〉은 토리로 인해 선율이 현행 경제와 다소 차이가 있지만, 근본적으로 시작 및 선율진행 방식(선율형 및 태징 간주 삽입)이 상통하여 개성과 서울의 〈화청〉은 본래 뿌리가 같은 소리임을 짐작케 한다.

② 벽응스님 창

벽응스님은 파주 출신이지만, 8살 때부터 장단에서 성장하며 장단, 개성에서 젊었을 때 공부를 많이 한 분이라 한다. 따라서 벽응스님도 개성에서 염불을 많이 배워온 것으로 보이며, 이는 그 상좌들의 증언 및 녹음된 염불을 통해서도 확인된다.(제1장의 벽응스님 항목 참조) 구해스님에 따르면, "1970~1980년대에는 벽응스님이 수심가제로 〈화청〉을 많이 불렀다."고 한다. 그리고 소위 수심가제의 〈화청〉을 "1980년대 초 이촌동의 한 스튜디오에서 테입으로 녹음한 적도 있다."고 하는데, 안타깝게도 세월이 오래되어 해당 음원을 구할 수가 없었다. 그러나 다행히 구해스님이 당시 태징 반주를 맡았고, 벽응스님의 수심가제 〈화청〉을 오랫동안 많이 들어, 조금 흉내내어 불러주었다. 이를 악보로 제시하면 다음과 같다.

〈악보 2〉 〈화청〉/ 벽응스님 창(구해스님 模唱)

(후략)

과거 벽응스님 창 〈화청〉도 용암스님 창과 박자 및 장단, 토리, 선율진행 방식이 매우 흡사한 것으로 보인다. 내드름은 경토리로 되어있지만, 첫 번째 간주 태징 후 이내 수심가토리로 전이되며, "대부분을 이 (수심가)제로 많이 하셨다."고 한다. 또한 산형山形의 선율형태가 많이 나타나고, 간주 태징 후 질러내는 선율형으로 음악적 긴장감을 유발하기도 했던 것으로 보인다. 따라서 이상의 공통성으로 볼 때, 벽응스님도 개성, 장단에서 〈화청〉을 배워왔을 가능성이 매우 높아 보인다.

이외 "동하스님과 송암스님도 과거(1960~1970년대)에는 서도식(수심가토리)으로 〈화청〉을 많이 불렀다."고 구해스님은 증언한다. 동하스님은 벽응스님처럼 "경기도 파주 출신으로 보광사(파주 광탄면)와 진관사(서울 은평구)에서 젊은 시절을 주로 보냈다."고 한다. 그의 〈화청〉은 "수심가토리의 요성을 격하게 떨어, 처음 듣는 사람은 가사를 이해하는 것도 쉽지 않았다."고 하는 것으로 보아, 서도음악문화권인 경기 서북부지역의 영향을 많이 받은 것으로 보인다. 송암스님은 대표적인 서울 출신 범패승이지만, 분단 이전에는 개성 및 북한지역 재의식에도 활발하게 참여했던 사실이 확인된다.(제1장의 제1절 참조) 이로 인해 예전에는 〈화청〉을 서도식으로 많이 불렀던 것으로 보이는데, 현재 전형적인 서도식으로 부른 〈화청〉 음원을 찾기가 어려워 아쉽게도 여기에서 다루지는 못하였다.

이상의 내용을 정리해 보면, 젊었을 때 개성 불교음악문화권에서 공부하거나 활동한 스님들(용암, 벽응, 동하, 송암)은 모두 〈화청〉을 수심가토리로 많이 불렀다. 구해스님에 의하면, "본래 〈화청〉을 비롯하여 경제는 떠는 목(수심가토리의 요성)을 넣어 많이 불렀다."고 하므로, 수심가토리로 된 경제 〈화청〉이 예전에는 보편적이었던 사실을 짐작케 한다. 이를 통해 과거 개성과 서울의 활발했던 범패 교류 실상을 잘 엿볼 수 있다.

(2) 수심가토리와 경토리 혼재형(제2형)

이 유형에 해당되는 소리들은 모두 수심가토리와 경토리가 많이 혼재되어있다. 창자에 따라 수심가토리가 경토리보다 또는 경토리가 수심가토리보다 더 많이 나타나며 비중의 차이가 있는데, 사승師承 관계에 따라 크게 송암스님 계통과 혜경스님 계통 소리로 구분되어 두 사람의 소리를 중심으로 그 특징을 살펴보겠다.

① 송암스님 창

송암스님은 이미 널리 알려져 있듯이 서울 봉원사 출신의 대표적인 경제 범패승이다. 〈화청〉은 그 음원이 많이 남겨져있는 편인데, 현재 발견되는 음원 중 가장 오래된 것은 1968~1973년 수업 과정에서 녹음된 『상주권공』 유작집의 소리들이다. 본고에서는 〈화청〉의 역사적 특징을 제대로 파악하기 위해 여기에 수록된 〈백발가〉를 대상으로 그 특징을 살펴보겠다.

〈악보 3〉 〈화청〉 '백발가' / 송암스님 창

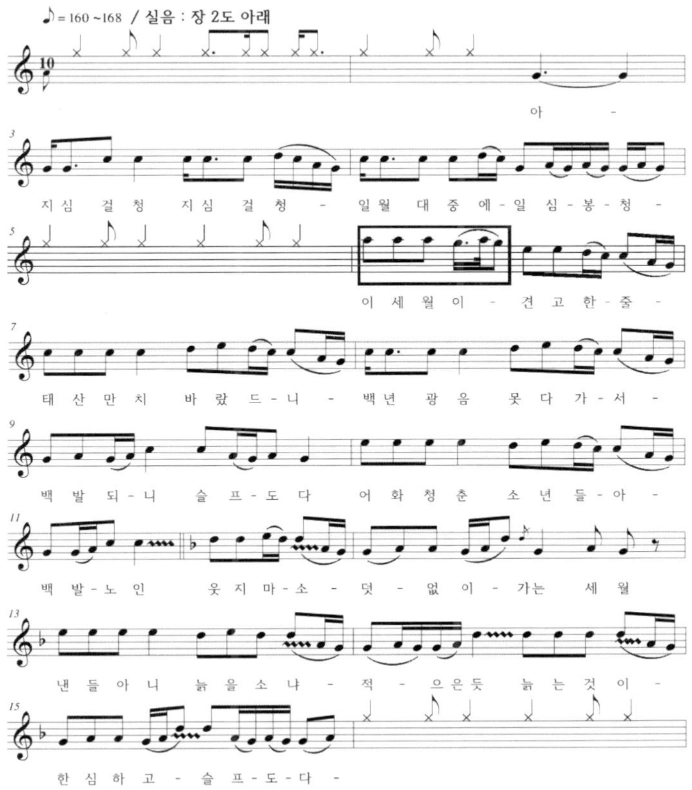

(후략)

이 소리도 3+2+3+2(10/♪)박자의 엇모리장단에 맞는다. 그런데 현행 경제 〈화청〉은 내드름의 사설붙임을 아--/--/지심걸/청-//지심걸/청-/일회대/중에//일--/심-/봉--/청-//로 많이 한다.[18] 즉, 입타령 '아-'로 인해 내드름은 엇모리 한 장단의 4.4조 사설붙임이 잘 맞지 않는다. 그런데 송암스님 창 〈백발가〉처럼 시작의 뒷부분 태징 반주(5박)와 입타령 '아-'(5박)를 같이 엇모리 한 장단으로 보면, 내드름도 지심걸/청-/지심걸/청-//일월대/중에/일심봉/청-//으로 4.4조의 사설붙임에 잘 맞는다. 사실 경제 〈화청〉에서 내드름을 제외한 나머지 엇모리장단은 4.4조의 사설붙임이 잘 나타나기 때문에, 내드름도 본래 그러했을 가능성이 매우 높다. 이는 앞서 살펴본 〈악보 2〉에서도 확인된다. 따라서 경제 〈화청〉은, 어느 때부터인가 '아--'의 입타령이 삽입되면서 내드름(지심걸청~일심봉청)의 리듬이 창자에 따라 다소 확대 또는 왜곡되며 현행에 이르고 있는 것으로 보인다.

18 • 1990년대 이후 송암스님과 구해스님 창이 그러하며, 젊은 범패승들이 그 영향을 받고 있다.

토리를 살펴보면, 앞부분은 전형적인 경토리로 되어있다. 그러나 '백발노인' 이하(제11마디)부터 la에 굵은 요성이 출현하며 re-mi-la'(-si) 5도 중심의 수심가토리 선율진행이 섞여 나타나기 시작하고, '오는 백발' 이하(제22마디)는 전형적인 수심가토리(re-mi-la-do')가 주를 이룬다. 즉, 앞부분은 경토리로 되어있지만, 이내 수심가토리로 전이되며 전반적으로 수심가토리의 특징이 강하다. 그리고 수심가토리 부분은 앞의 용암 및 벽응스님 창과 선율이 거의 흡사하다. 또한 송암스님은 이른바 (목)청이 높고 좋아, 간주 태징 후 경토리의 la' 같은 높은 음에서 이른바 질러내는 선율진행을 많이 추구하며 선율에 긴장감 내지 고조감을 더하여, 앞의 소리들보다 한층 생동감 있고 흥겹다.(네모 친 부분) 같은 유작집에 수록된 '목련경청'이란 곡명의 〈화청〉도 이와 그 특징이 거의 같다.

한편 송암스님으로부터 사사받은 동희스님(자료번호 11번),[19] 일초스님(자료번호 12번 · 〈참고악보 5〉), 구해스님(자료번호 13번) 창 〈화청〉도 경토리와 수심가토리가 섞여있는데, 모두 송암스님에 비해 경토리의 비중이 수심가토리보다 높다. 그런데 송암스님 창 〈화청〉도 1980~1990년대로 오면 전형적인 경토리로 된 사실(자료번호 4번)이 확인되어,[20] 이를 통해 경제 〈화청〉이 점점 현행에 올수록 경기(서울)화가 이루어지는 현상을 살펴볼 수 있다.

② 혜경스님 창

혜경스님(1918~2010)의 아들인 미산스님과 구해스님에 의하면, "혜경스님은 봉원사에서 1940년 무렵 만성스님을 은사로 득도하여 정진하다 2010년 열반하셨다."고 한다. 그리고 "충청도 당진 한학자 집안출신이라, 그 영

19 • 동희스님 창 〈화청〉은 1970년대에 녹음되어서인지, 송암스님 창만큼 수심가토리의 비중이 높게 나타난다.

20 • 1983년 아세아레코드사에서 취입하여 부른 〈화청〉도 경토리로 되어있다고 조사된 바 있다. 성기련, 「화청 회심곡과 염불 회심곡」, 252쪽.

혜경스님

향으로 〈화청〉의 사설이 좋았다."는 증언을 들을 수 있었다. 본고의 연구 자료인 혜경스님 창 〈화청〉은 1970~1980년대 초에 녹음된 것으로 2010년 열반 후 유작집 형태로 만든 CD에 수록되어있다. 혜경스님은 본래 전문적인 범패승이 아니며, 동년배인 김인환과 학달스님에게 고사염불을 조금 배우고,[21] "1946년 27살 무렵 해방 전후에 소실된 봉원사 대웅전 앞 대방大房 신축 불사(종두 소임)를 위해 당시 같이 걸립을 다녔던 하룡남의 영향을 받아 고사염불을 잘 하게 되었다."고 한다. 그래서 "그 영향으로 '〈화청〉에도 고사염불가락이 섞여 있다'는 말을 직접 하기도 하였다."고 한다. 그 선율을 악보로 제시하면 다음과 같다.

〈악보 4〉 〈화청〉/ 혜경스님 창

21 • 동년배인 김인환과 학달스님에게 고사염불을 조금 배운 사실은 한만영에 의해 조사된 것이다. 한만영, 「화청과 고사염불」, 108쪽.

9
앙 고 시 방 제불 전-에 - 다과 공 양 을-진-설하 고
11
부 처 님-에 - 사 십구 년-간- 설법허-시던-무진경전을-설헐-적-에
15
13
10
일체 중 생 희맹 대-로 - 무한 중 생 - 천-도-후-에
15
지혜 광 명 을 이뤄 놓 고 부다 압명-로를 져버 리-며 -
17
삼계 화 택 을-영-리 코 자 생 사고 해를 건 너갈 때
19
반야 용 선 모아 놓-고 -

(중략)

27
황금 으 로는 땅이 되 고 백은 으 로는 성을 쌓-며
29
칠중 난 수는-둘러 있-고 칠 보라 망 이-덮혔 는-데 (중략)
31
앵 무공 작 에-두견 작 도 가름 - 빈 가에-공명 조-는
33
15
새 소 리 루-아니-울-고 사십팔-원 염불송으로-울음우-니
35
10
극락 세계 가-분명 코 나 아 -

(후략)

이 소리도 근본적으로 3+2+3+2(10/♪)박자의 엇모리장단에 맞는다. 다만 중간 중간에 — 뒤로 갈수록 더욱 — 사설이 엮음식 진행으로 좀 늘어나고, 이로 인해 선율 및 박자도 확대되며 3+2+3+2+3+2의 15박자 구조가 나타날 때가 있다(네모 친 부분). 이를 한만영은 '엮음수심가 같은 분위기가 있다'고 표현하기도 하였는데,[22] 앞서 살펴본 미산 및 구해스님의 증언으로 볼 때 이는 충충히 읽어나가는 고사염불가락이 섞인 것으로 보인다. 따라서 기존에 '혜경스님의 〈화청〉이 3+2+3의 리듬으로 되어있다'는 주장[23]은 수정이 필요해 보인다.

이 소리는 송암스님 창에 비해 경토리의 비중이 높다. 시작 후 3분가량은 거의 전형적인 경토리로 진행된다. 그러나 3분이 좀 지나면서(제27마디 '황금으로는' 이하) 점차 수심가토리 진행이 나타나기 시작하고, 4분 정도가 지나면(제31마디 '앵무공작에' 이하) 전형적인 수심가토리의 선율 진행이 많이 나타난다.[24] 즉, 이 소리도 후반부로 갈수록 서도음악어법의 영향이 강하게 나타난다.

혜경스님 창도 앞의 소리들과 기본적인 선율진행 및 특징이 유사하다. 산형山形의 선율진행이 많이 나타나고, 간주 태징 후 질러내는 선율형으로 시작하며 곡의 긴장감 내지 고조감을 자아내기도 한다. 다만 앞의 소리들과 달리 민요 스타일의 좀 더 유려한 선율진행과 사설을 충충히 엮어나가는 방식이 자주 나타나는데, 이는 민간 고사염불의 영향으로 볼 수 있을 것 같다. 구해스님과 일운스님(혜경스님의 은상좌)도 "이와 같은 형태를 예전에 배웠지만, 현재는 일반 경제식으로 부른다."고 한다.

요컨대 수심가토리와 경토리가 섞인 형태는 창자에 따라 그 비중의 차

22 • 위와 동일.

23 • 위와 동일.

24 • 혜경스님 창은 송암스님 창에 비해 뒷부분에서도 수심가토리와 경토리가 많이 섞여 나타난다.

이가 있지만, 본래 수심가토리의 비중이 보다 크며 그 특징이 강했고, 점차 전승과정에서 경토리의 비중이 커지는 양상을 살펴볼 수 있다. 그리고 출신지와 주 활동지가 서울인 송암 및 혜경스님 창에서도 과거 수심가토리가 매우 강하게 나타난 사실은 〈화청〉이 본래 서울에서 발생한 소리가 아님을 시사해 주어 주목된다.

(3) 경토리형(제3형)

현재 영산재 준보유자인 일운스님 및 그 아래 연배의 범패승들은 대부분 더 이상 수심가토리의 선율 특징이 〈화청〉에 나타나지 않는다. 일운스님 창을 대표로, 그 선율을 제시해보면 다음과 같다.

〈악보 5〉 〈화청〉/ 일운스님 창

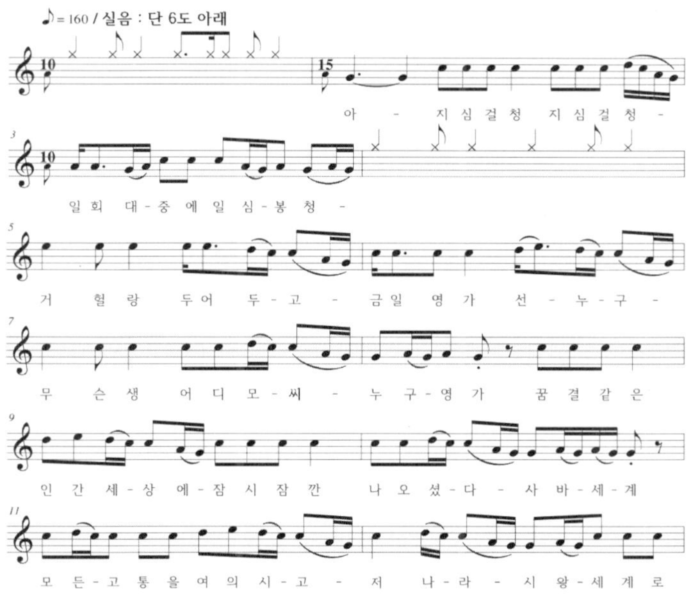

(후략)

여기에 해당하는 소리도 박자 및 장단과 기본 선율진행의 특징은 앞서 살펴본 제1·2형의 소리들과 같다. 다만 소리 전체가 전형적인 경토리로 되어있고, 이로 인해 선율이 보다 밝고 경쾌하다. 그런데 예전에는 제2형(수심가토리+경토리)으로 불렀던 스님들(예컨대 송암스님, 구해스님, 동희스님)도 1990년대 이후에는 제3형(경토리)으로 부르는 경우가 많아,[25] 이른바 경제 〈화청〉의 서울화가 현재 빠르게 진행되고 있는 상황이다.

2) 변이형

경제 〈화청〉 중에는 이상의 일반형과는 선율이 사뭇 다른 형태의 소리가 소수 발견된다. 그 대표적인 것이 20세기 전반의 소리인 하룡남 창과 1996년 김포문화원에서 녹음된 벽응스님 창으로 이를 살펴보면 다음과 같다.

25• 앞서 살펴보았듯이 송암스님의 경우 1980~1990년대 이후 녹음된 소리는 대부분 전형적인 경토리로 되어있다. 구해스님도 현재는 거의 전형적인 경토리로 〈화청〉을 부르며, 최근 재장과 2010년 G20 정상회담 기념 영산재 공연(BTN 불교방송)에서 확인된다.

(1) 하룡남 창

현재 하룡남(20세기 초~중후반)은 '금세기초 경기지방에서 태어나 출가하여 승려가 되었고, 권명학에게 염불을 배워 일제강점기 염불을 잘 부르는 이로 이름이 나서 여러 유성기 음반에 각종 염불을 취입하였다. 그는 탁발이나 걸립시에 부르는 염불이 주전공이고, 범패 전공은 아니다'라고 조사되어 있다.[26]

구해스님도 "이 분은 1946년 봉원사 대웅전 앞 대방大房 신축 불사 당시 봉원사 스님들과 같이 걸립을 다녔고, 절에서 걸립을 하면 항상 일순위로 초청을 받는 유명 인사였다."고 한다. 과거 절걸립패로 활동했던 오한수는 "하룡남씨가 반승반속 생활을 하였지만, 예전에 유명한 탁발 걸립승이었다."고 스승께 들은 적이 있다고 하여,[27] 하룡남은 과거 서울, 경기지역의 대표적인 탁발승으로 보인다. 그가 부른 〈화청〉은 1939년에 녹음된 것으로, 그 선율을 제시해보면 다음과 같다.

〈악보 6〉 〈화청〉/ 하룡남 창

26• 이보형, 「한국의 종교음악(2)」, 『하룡남 불교음악』 해설집, 2쪽.

27• 탁발(걸립)승집단은 시주를 위해 절 밖의 항간 불교음악을 연주하던 승려집단이고, 절걸립패는 사찰에서 운영 자금을 충당하기 위해 고용한 걸립패집단으로, 그 구성원 및 집단 성격이 다르다. 이보형, 「조선말기 사찰 밖의 불교음악개관」, 『한국전통음악학』 제6호, 서울 : 한국전통음악학회, 2005, 496~499쪽.

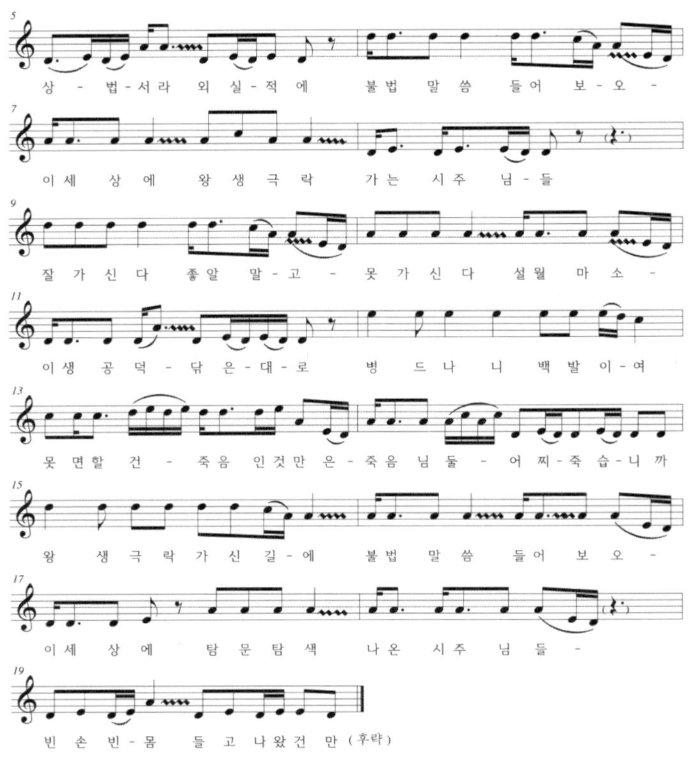

이 소리도 중간 중간 삐는 박이 좀 있지만, 전체적으로 3+2+3+2(10/♪) 박자의 엇모리장단에 맞아, 박자 및 장단은 앞의 여느 일반형 소리들과 같다. 그런데 앞의 소리들과 달리 중간에 태징 간주가 전혀 들어가지 않는다. 또한 토리는 일반형 중 제1형처럼 전형적인 수심가토리로 되어있지만, 곡조가 사뭇 다르다. 이 소리는 사실 서도 통속민요 〈자진난봉가〉와 곡조가 유사하여, 전형적인 서도 민요풍의 성격을 보인다.

〈악보 7〉 서도민요 〈자진난봉가〉/ 이진봉 · 김옥엽 창[28]

채보 : 손인애

그런데 이러한 형태의 소리가 이 외에는 발견되지 않는 것으로 보아, 보편적인 경제 〈화청〉의 형태는 아닌 것으로 보인다. 창자가 본래 절에 정식으로 소속된 범패승이 아니라 민간에서 주로 탁발 염불을 하던 탁발승이었기 때문에, 대중의 취향에 맞춰 이른바 창민요가락을 바탕으로 본인이 만든 형태가 아닐까 추정된다. 오한수에 따르면 "절에서 정식으로 잘 배우지 않아서 가사와 선율이 좀 다르다는 말을 스승께 들었다."고 하여, 그 원인도 있어 보인다. 그런데 경기 출신인 하룡남이 부른 다른 고사염불은 모두 경토리 또는 메나리토리로 되어있지만,[29] 〈화청〉은 전형적인 수심가토리로 구성되어, 경제 〈화청〉이 본래 서울에서 발생한 소리가 아니라 서도음악문화권에서 비롯된 사실을 짐작케 한다.

한편 오한수가 부른 〈화청〉(자료번호 16)도 수심가토리로 구성되며 서도민요가락이 더러 나타나지만, 어렸을 때 절에서 스님으로부터 정식으로 배

28 • 졸고, 「19세기 말, 20세기 초 경 · 서도 통속민요 형성의 일면 - 〈원 · 중 · 자진 난봉가〉를 중심으로 - 」, 『한국음반학』 제18호, 서울 : 한국고음반연구회, 2008, 117쪽.

29 • 이보형, 「조선말기 사찰 밖의 불교음악개관」, 503~507쪽.

워서인지 일반형과 선율이 근본적으로 상통한다.[30]

(2) 벽응스님 창

벽응스님은 장단, 개성에서 배워온 경제의 일반형(제1형)도 잘 부른 범패승이지만, 이와는 사뭇 다른 형태로 된 〈화청〉도 많이 부른 사실이 확인된다. 그 대표적인 소리가 김포문화원에서 1996년에 녹음하여 2002년에 발매한 음반에 수록되어있는데, 악보로 제시해보면 다음과 같다.

〈악보 8〉 〈화청〉/ 벽응스님 창

30 • 오한수(1941~생존)는, 젊었을 때 절걸립패로 많이 활동하였지만, 15세부터 2~3년간 경기도 파주군 교하면에 있는 약수암에서 출가, 공부하며 〈화청〉을 비롯한 경제 범패를 배운 경험이 있다고 한다. 특히 〈화청〉은 젊은 상좌였던 본인이 맡아 하였고, 이로 인해 대중들에게 인기도 많았다고 한다. 정창관 국악CD음반세계 www.gugakcd.kr 정창관국악녹음집(13) 〈오한수의 국악세계〉 참조.

(후략)

이 소리도 앞의 소리들처럼 3+2+3+2(10/♪)박자의 엇모리장단에 맞지만, 토리가 전형적인 메나리토리로 되어있다. 즉, 본인이 부른 앞의 일반형(제1형 : 수심가토리)의 소리와는 토리가 전혀 다르고, 이에 따라 선율도 차이난다. 그리고 태징 간주 이후 질러내는 선율(네모 친 부분)로 진행되며 나름 고조감도 나타나지만, 일반형보다 선율이 전반적으로 더 차분하고 평이하다. 그런데 구해스님에 따르면 "벽응스님은 노년에는 웃녘식(일반형 : 수심가토리)보다 아랫녘식(변이형 : 메나리토리)으로 부르는 것을 더 좋아하셨다."고 한다. 그 이유는, "경제식으로 5분에서 10분 이상 부르면 (음역 및 선율 진행상) 힘들고 피곤하지만, 아랫녘식으로 부르면 장시간 부르기 편하고, 계면조의 호소력도 있어 대중들에게 전달이 더 잘 되기 때문이다."라고 한다. 즉, 벽응스님이 부른 메나리토리의 형태는 본래 경제식이 아니라 노년에 벽응스님이 스스로 만든 형태임을 알 수 있다.

한편 구해스님에 따르면, 이처럼 〈화청〉의 선율이 창자에 따라 조금씩 다르며 다양한 것은, "소위 포교음악은 대중들에게 전달되는 가사내용이 음악보다 더 중요하여, 선율에 큰 의미를 두지 않기 때문"이라고 한다. 따라서 순수 범패에 비해 〈화청〉의 선율이 자유롭고 비고정적인 것은 '포교음악의 성격 및 기능' 때문으로 볼 수 있을 것 같다.

요컨대, 경제 〈화청〉은 선율이 자유로운 편이나, 크게 선율 특징 및 발견되는 빈도에 따라 일반형과 변이형으로 구분된다. 이중 일반형이 보편적인 형태이고, 변이형은 개인의 개성 및 기호에 따라 만들어진 형태이다. 박자 및 장단은 모든 창자들이 3+2+3+2박자의 엇모리장단을 근간으로 하여, 1970년대 한만영에 의해 언급된 논의와 맞닿는다. 토리는 수심가토리의 특징이 과거로 갈수록 강하게 나타나,[31] 경제 〈화청〉이 서도음악문화의 강한 영향 아래 형성된 사실을 짐작케 한다.

2. 경제 〈화청〉의 전승 양상

이상 앞에서 과거 서울과 개성을 비롯한 경기 일대에서 불러진 경제 〈화청〉의 음악적 특징을 사적史的 관점에서 고찰해보았다. 여기에서는 이를 토대로 그 역사적 형성 및 전승 양상에 대하여 논의해보겠다.

경제 〈화청〉은 여느 경제 범패에 비해 선율이 상당히 자유로운 편이지만, 나름 근본 선율진행이 상통하는 소위 일반형이 존재한다. 그리고 일반형은 과거 개성과 서울에서 부른 소리의 음악적 뿌리가 같고, 예전에는 서울에서도 수심가토리와 경토리를 섞어 많이 불렀으며, 과거로 갈수록 수심가토리, 현행에 올수록 경토리 중심으로 구성된 형태가 많은 사실이 확인된다. 즉, 경제 〈화청〉은 본래 근본 음악어법이 수심가토리로, 그 형성에 서도음악문화의 영향이 큰 것으로 보인다. 이를 뒷받침해 주는 정황을 좀

31 • 1960~1970년대 조사된 〈화청〉은 수심가토리로 많이 구성된 사실이 한만영에 의해 확인되기도 한다. 한만영, 「화청과 고사염불」, 108쪽.

더 살펴보면 다음과 같다. 첫째, 과거에는 서울, 경기 출신 범패승(송암, 혜경스님) 또는 탁발승(하룡남)이 부르는 〈화청〉에도 수심가토리의 특징이 매우 강하게 나타난 점이다. 이는 경제 〈화청〉이 본래 서울에서 비롯된 소리가 아니라 서도음악문화권에서 발생한 소리임을 보여준다. 둘째, 강원도와 호남, 영남, 제주도지역의 〈화청〉에서도 수심가토리가 나타나는 점이다. 예컨대 강원도 일각스님이 부른 화청에는 경토리와 수심가토리, 마산의 김철우스님의 소리에는 메나리토리 외 경토리와 수심가토리, 호남의 희암스님의 소리에는 육자배기토리와 수심가토리, 제주도 문명구스님의 소리에도 서도토리가 나타난다.[32] 즉, 서울 경기지역 외 〈화청〉에서도 해당지역 음악어법과 함께 서도음악어법이 많이 나타나는 사실은 서도음악문화의 강한 영향을 시사해 준다. 한편 토리뿐만 아니라 다른 지역 〈화청〉의 앞부분 선율이 경제 〈화청〉과 비슷한 경우(예컨대 일각, 김철우, 문명구스님)도 많아, 경제 〈화청〉의 음악적 영향이 전국적으로 보인다.[33] 이는 현재 남한에서 전승되고 있는 〈화청〉의 상당수가 경제의 영향을 받은 사실을 보여줘 주목된다. 셋째, '과거 개성 신도들이 〈화청〉을 매우 좋아했다'는 사실이다. 앞서 제1장 용암스님 항목에서 살펴본 개성 범패와 관련된 증언 중 〈화청〉에 대한 것을 제시해보면 다음과 같다.

> 〈개성식으로 재를 하면〉 재가 끝날 때 개성 신도들의 강력한 요청으로 화청, 회심곡을 꼭 불러야 돼요. 개성 신도들은 화청, 회심곡을 너무 좋아해서 용암스님도 이 소리를 참 잘 불렀어요. 개성에서는 재를 맡은 화주승은 꼭 화청을 해야 하고, 행사(재) 때 스님 10명이 모여도 조금씩

32 • 이종미, 「화청의 지역별 음악특성 연구」, 86~89쪽 · 92~96쪽 · 104~107쪽 · 110쪽.

33 • 현재 영남에서는 전형적인 경토리로 된 〈화청〉도 제법 발견되는 것으로 보아(이종미, 「화청의 지역별 음악특성 연구」, 96~100쪽), 경제 〈화청〉을 배워 부르는 것이 보편화되고 있는 것으로 보인다.

돌아가며 모두 화청을 해야 할 정도로 (화청을) 좋아했다고 해요.

즉, 서도음악문화권에 해당하는 '개성에서 〈화청〉을 매우 좋아했다'는 증언은 〈화청〉이 혹시 개성지역 불교음악과 밀접한 관련이 있는 것이 아닐까 추정케 한다. 옛 어장스님들에 따르면, "과거 개성은 범패의 세가 굉장히 컸고, 같은 경제 범패권으로 북쪽지역 중 서울과 범패 교류가 가장 활발했다."고 한다. 이에 서로 공유되는 염불이 많고, 예전에 서울지역 범패가 개성지역 범패의 영향을 받은 사실이 제2장 바라춤 관련 음악과 〈축원화청〉에서 확인되기도 한다. 따라서 〈화청〉 역시 서도음악어법을 근간으로 하고, 개성 사람들이 매우 선호했다는 것으로 볼 때, 그 영향으로 서울까지 전파되었을 가능성이 높아 보인다. 넷째, 범패승들 사이에 '〈화청〉은 서도지역이 최고'라는 말[34]이 있는 점이다. 이는 〈화청〉이 서도 불교음악권에서 발생한 사실을 잘 반증한다. 다섯째, 같은 〈화청〉계통이자 민요가락으로 된 〈축원화청〉도 개성지역 불교음악에서 발생한 사실이다.(제3장의 〈축원화청〉 항목 참조)

한편, 〈화청〉은 지금까지 주로 큰 재의 끝에서 재주를 축원, 또는 회향하기 위해 부른 것으로 알려져 있지만, 혜경스님이 부른 고사염불[35]과 하롱남의 염불이 수록된 SP음반[36]에는 다른 고사염불 소리들과 함께 수록되어 있는 것으로 볼 때, 과거 탁발승 또는 절걸립패도 많이 활용하였던 것으로 보인다.

34 • 구해스님에 의하면, 옛날에 "서도지역은 화청, 서울·경기는 시련, 영·호남은 관욕, 팔공산은 종성, 제주는 창불, 관악산·안성은 고사염불이 유명하다."는 말이 있었다고 한다. 2010년 2월 봉원사 짓소리 특강 중.

35 • 한만영, 「화청과 고사염불」, 99쪽. 고사선염불－달풀이－호구역살풀이－농사풀이－과거풀이－성주풀이－삼재풀이－평염불－화청－부모은중경.

36 • 한국의 종교음악(2) 『하롱남 불교음악』. 이 음반에는 〈축원경〉, 〈고사〉, 〈회심곡〉, 〈산염불〉, 〈오조염불〉, 〈반멕이〉, 〈덕담〉과 함께 〈화청〉이 수록되어있다.

요컨대 현재 전승되고 있는 경제 〈화청〉은 본래 서도음악문화권인 개성에서 발생한 것으로 판단된다. 즉, 개성을 중심으로 서도지역에서 많이 불렸던 〈화청〉이 남한에서는 인접지역인 서울에 가장 먼저 전파되고, 20세기 중반 이후 상대적으로 전승력이 강했던 경제 〈화청〉을 영남을 비롯하여 호남, 충청, 제주 등 다른 지역 범패에서도 두루 수용한 것으로 보인다. 이는 과거 개성에서 부른 〈천수바라〉가 서울과 다른 남쪽 지역 범패에 전파된 방식과 상당히 흡사하여(제2장의 〈천수바라〉 항목 참조), 그 깊은 연맥을 짐작케 한다. 그런데 서울에서는 20세기 후반까지도 그 영향이 잘 나타났지만 현재는 이른바 경기(서울)화가 빠르게 이루어지고 있으며, 다른 지역에서는 지역화가 활발히 진행되고 있다.

한편 앞서 언급했듯이, 조선시대에는 〈화청〉이 순한문 가사로 된 염불가락이었던 사실이 밝혀진 바 있다.[37] 이를 통해 〈화청〉이 종교 의식적 측면에서 역사적으로 큰 변화를 겪은 사실을 엿볼 수 있다. 따라서 현행의 〈화청〉은 회중들과의 보다 적극적인 소통 또는 포교를 위해 그다지 오래되지 않은 시기에 재의식에 도입된 것으로 보인다.[38] 송암스님에 의하면, "과거 서도는 탁발승의 인기가 대단했다."고 하여,[39] 민중들과 민요가락 염불의 소통이 상당히 활발하였던 것으로 보인다.[40] 그리고 "개성 신도들이 〈화청〉을 매우 좋아했다."는 것으로 볼 때, 현행 〈화청〉이 비롯된 개성 범패에서 근세기 재의식 안에 도입되었을 가능성이 높아 보이며, 탁발승 또는 걸

37 • 노명열(혜일명조), 『불교, 화청의식 복원에 관한 연구』.

38 • "올바른 승려라면 화청을 꺼린다."는 동하스님의 증언(홍윤식, 무형문화재조사보고서 제65호 「화청」, 68쪽)과 "화청은 주로 젊은 스님들을 많이 시키고 어른 스님들은 피했다."라는 구해스님의 증언은 〈화청〉이 회중들을 위한 포교와 서비스 차원에서 공식 재의식에 어느 순간 도입된 사실을 뒷받침해준다.

39 • 이보형 선생님 증언.

40 • 최근 필자에 의해 서도지역 탁발승이 부르던 염불 〈회심곡〉이 서울 염불 〈회심곡〉과 민요 〈회심곡〉에 강한 영향을 끼친 사실이 밝혀진 바도 있다. 졸고, 「20세기 전반기 〈회심곡〉의 전승 양상」, 『한국민요학』 제37집, 서울 : 한국민요학회, 2013.

립패들이 부르던 고사염불가락을 활용한 것으로 보인다. 이상의 내용을 도식화시켜보면 다음과 같다.

조선시대 염불 〈화청〉 → 개성 〈화청〉 → 現 경제(서울) 〈화청〉 : 서울화
→ 영남, 호남, 충청, 제주도 〈화청〉

참고악보 1

〈화청〉

창 : 용암스님
자료 : 『독경 박용암스님』 제3집
채보 : 손인애

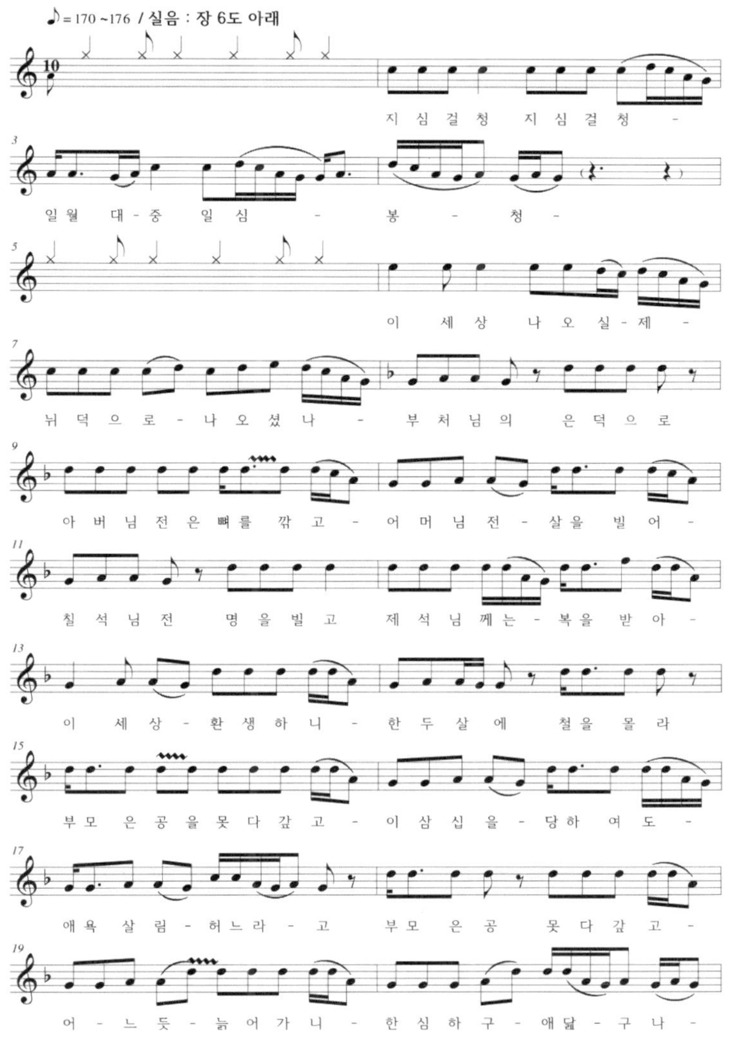

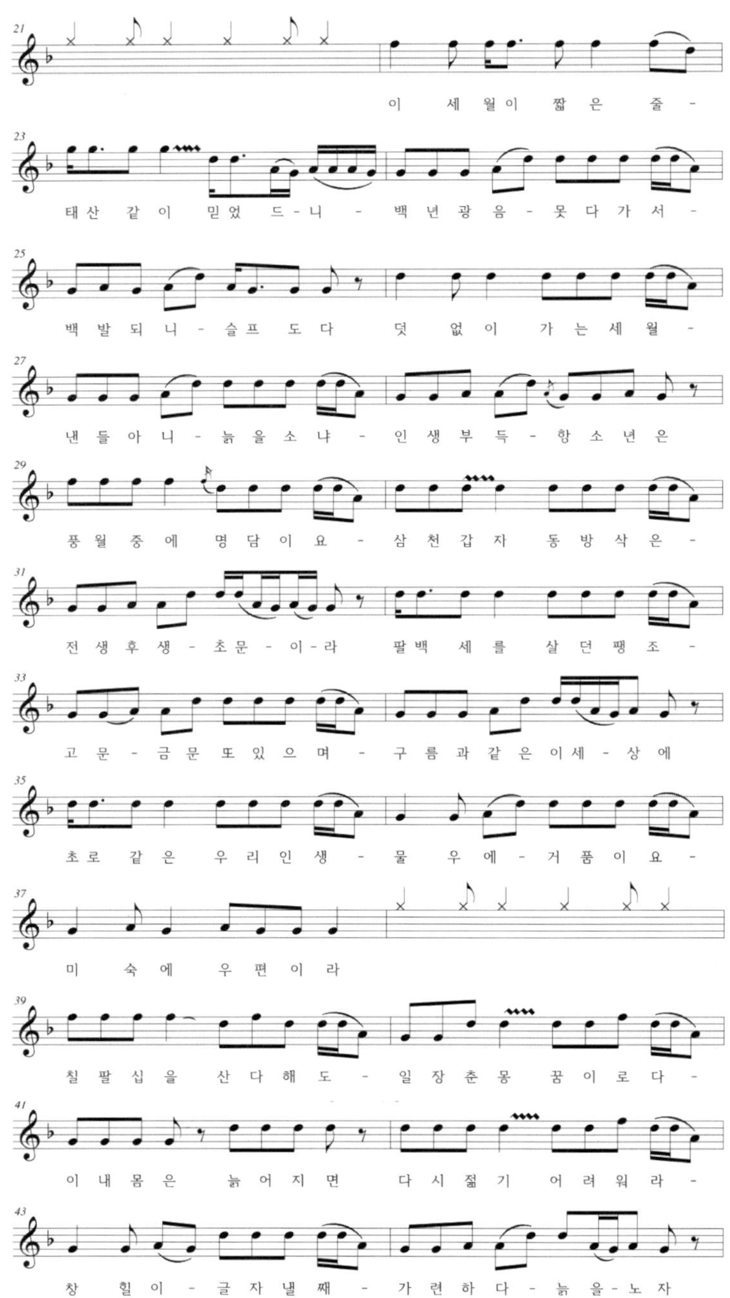

21
이 세 월이 짧 은 줄 -
23
태산 같 이 믿었 드 - 니 - 백 년 광 음 - 못 다 가 서 -
25
백 발 되 니 - 슬 프 도 다 덧 없 이 가 는 세 월 -
27
낸 들 아 니 - 늙 을 소 냐 - 인 생 부 득 - 항 소 년 은
29
풍 월 중 에 명 담 이 요 - 삼 천 갑 자 동 방 삭 은 -
31
전 생 후 생 - 초 문 - 이 - 라 팔백 세 를 살 던 팽 조 -
33
고 문 - 금 문 또 있 으 며 - 구 름 과 같 은 이 세 - 상 에
35
초 로 같 은 우 리 인 생 - 물 우 에 - 거 품 이 요 -
37
미 숙 에 우 편 이 라
39
칠 팔 십 을 산 다 해 도 - 일 장 춘 몽 꿈 이 로 다 -
41
이 내 몸 은 늙 어 지 면 다 시 젊 기 어 려 워 라 -
43
창 힐 이 - 글 자 낼 째 - 가 련 하 다 - 늙 을 - 노 자

45
진 시 왕 분 서 시 에 타 지 않 고 남 아 있 어 -
47
세 상 사 람 들 다 늙 히 니 - 늙 기 도 설 은 중 에
49
몬 양 조 차 늙 어 지 네 - 꽃 같 이 곱 던 얼 굴 -
51
검 버 섯 을 - 왠 일 이 며 옥 같 이 희 던 살 이 -
53
광 대 등 골 - 되 었 으 니 - 꽃 이 라 도 늙 어 지 면
55
모 든 새 도 아 니 오 고 - 명 기 라 도 - 병 이 들 면 -
57
모 든 새 도 - 아 니 - 오 네 늙 을 기 를 어 찌 할 꼬 - (후략)

참고악보 2

〈화청〉

창 : 벽응스님
자료 : 구해스님 模唱
채보 : 손인애

21
노 는입-에 는 염 불하-소 -
(후략)

참고악보 3

〈화청〉

창 : 송암스님
자료 : 송암스님 유작집 『상주권공』
채보 : 손인애

21
이 리 저 리 하 여 본 - 들 - 오 는 백 발 급 할 소 - 냐 -
23
위 풍 으 로 - 제 어 - 하 면 겁 을 내 여 - 아 니 올 까 -
25
권 력 - 으 로 쫒 아 보 면 - 무 안 하 여 - 아 니 - 올 - 까
27
욕 을 하 여 거 절 하 - 면 - 노 염 - 띠 어 아 니 올 - 까 -
29
드 는 칼 로 - 냅 다 - 치 면 혼 이 나 서 - 아 니 올 - 까 -
31
휘 장 으 로 가 리 우 면 - 보 지 못 해 - 아 니 올 까 -
33
소 진 장 의 - 구 변 으 - 로 -
35
달 래 보 면 아 니 올 까 - 벅 구 니 에 - 억 만 - 재 - 로
37
인 정 쓰 면 아 니 올 까 - 좋 은 수 - 를 많 이 빌 려 -
39
권 해 보 면 아 니 올 까 - 만 반 - 진 수 차 려 놓 고 - (후략)

참고악보 4

〈화청〉

창 : 혜경스님
자료 : 혜경스님 유작집
채보 : 손인애

인의 예 지 - 양 - 돛 - 달 고 효 자 충 - 신 이 노 를 젓 고
효 부 열 녀 는 닻 을 감 어 이 물 에 는 인 로 왕 보 - 살 -
(중략)
고 물 에 는 - 지 장 - 보 - 살
황 금 으 로 는 땅 이 되 고 백 은 으 로 는 성 을 쌓 - 며
칠 중 난 수 는 - 둘 러 있 - 고 칠 보 라 망 이 - 덮 혔 는 - 데 (중략)
앵 무 공 작 에 - 두 견 작 도 가 릉 - 빈 가 에 - 공 명 조 - 는
새 소 리 루 - 아 니 - 울 - 고 사 십 팔 - 원 염 불 송 으 로 - 울 음 우 - 니
극 락 세 계 가 - 분 명 코 나 아 -
또 한 편 을 - 바 라 보 니 사 향 수 맑 은 연 못 -
오 색 연 - 화 가 피 었 는 데 연 화 - 마 다 - 광 명 이 - 요
광 명 쫓 - 아 향 내 나 - 고 향 내 쫓 아 서 기 로 다
서 기 광 방 에 - 다 리 를 놓 - 아 금 일 영 가 는 오 색 연 화 에 - 탄 - 생 하 야

45
10
15
무 진 복 락 을 한 없 이
받 으 옵 시 이 니 그 도 - 또 - 아 니 쾌 락 이 - 요 (후략)

참고악보 5

〈화청〉

창 : 일초스님
자료 : 『범패와 작법무』
채보 : 손인애

22
무정 세월 여류 하-여 - 원수 백발이 돌아 오-니 -
24
없던 망-령 - 절 로-난-다 망령 이 라 - 욕을 보-고 -
26
구석 구석 웃는 모-양 - 애닯 고 도 설은 지-고 -
28
절 통 하-고 - 통 분-하-고 할 수 없 네 - 할 수 없-네 -
30
통한 백 발 늙어 지-니 - 이 인 간 에 이공 도-를 -
32
누가 능 히 - 막 을-손 가 -
(후략)

참고악보 6

〈화청〉

창 : 일운스님
자료 : 『하늘의 소리』 상주권공②
채보 : 손인애

삼 천 대 천 모든 세 - 계 - 불 보 살 님 이 - 강 림 - 하 야
영 가 고 혼 을 반 기 는 - 듯 - 일 체 중 생 을 - 희 망 - 대 로
무 한 중 생 천 도 후 - 에 - 지 혜 광 명 - 이 뤄 놓 고
부 답 명 로 하 옵 시 며 - 삼 계 화 택 영 리 코 - 져 -
생 사 대 해 를 - 건 너 - 갈 때 -
어 느 강 은 천 수 강 - 이 요 - 어 느 강 은 극 락 강 - 이 요 -
어 느 강 은 황 천 강 - 이 요 - 어 느 강 은 - 지 옥 강 - 인 데 -
지 장 - 보 살 수 경 보 검 을 번 뜩 들 - 어 -
지 옥 강 을 막 어 놓 - 고 - 극 락 땅 으 로 - 인 도 - 할 때
부 느 은 바 람 은 요 풍 이 - 요 - 솟 는 광 명 은 - 순 일 이 - 라 -
요 풍 - 순 - 월
(후략)

참고악보 7

〈화청〉

창 : 하룡남스님
자료 : 『하룡남 불교음악』
채보 : 손인애

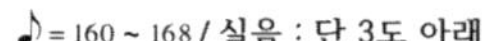

어 걸 청 지 심 걸 - 청 - 일 호 대 중 일 심 - 봉 청

3 여 보 시 요 시 주 님 - 네 - 금 일 명 가 모 셔 다 가 -

5 상 - 법 - 서 라 외 실 - 적 에 불 법 말 씀 들 어 보 - 오 -

7 이 세 상 에 왕 생 극 락 가 는 시 주 님 - 들

9 잘 가 신 다 좋 알 말 - 고 - 못 가 신 다 설 월 마 소 -

11 이 생 공 덕 - 닦 은 - 대 - 로 병 드 나 니 백 발 이 - 여

13 못 면 할 건 - 죽 음 인 것 만 은 - 죽 음 님 둘 - 어 찌 - 죽 습 - 니 까

15 왕 생 극 락 가 신 길 - 에 불 법 말 씀 들 어 보 오 -

17 이 세 상 에 탐 문 탐 색 나 온 시 주 님 들 -

19 빈 손 빈 - 몸 들 고 나 왔 건 만 (후략)

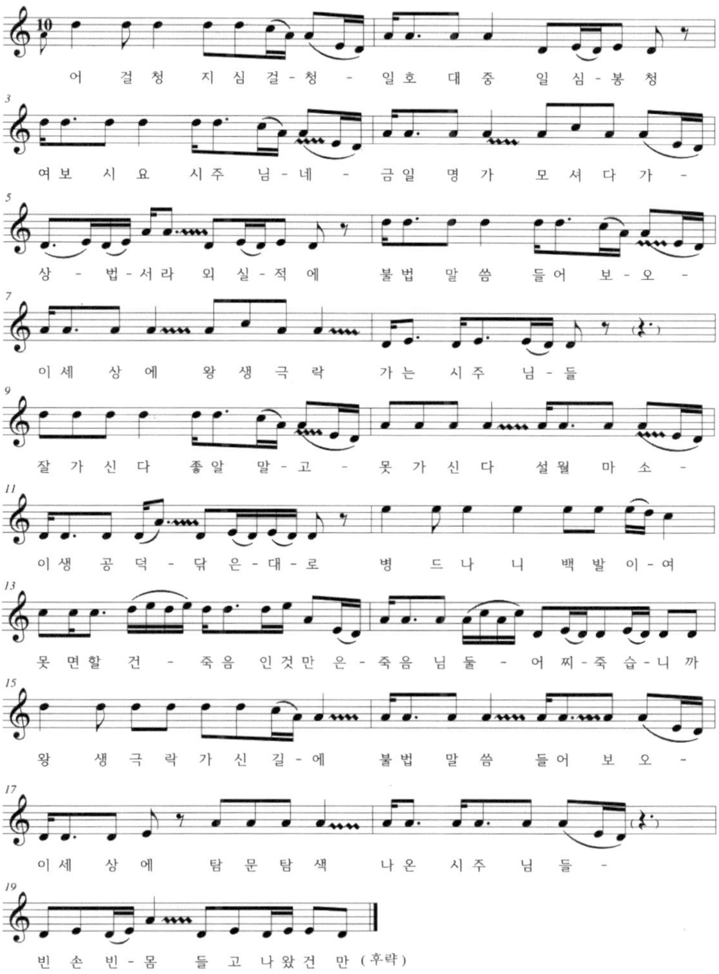

참고악보 8

〈화청〉

창 : 벽응스님
자료 : 『범패』 제1 · 2집
채보 : 손인애

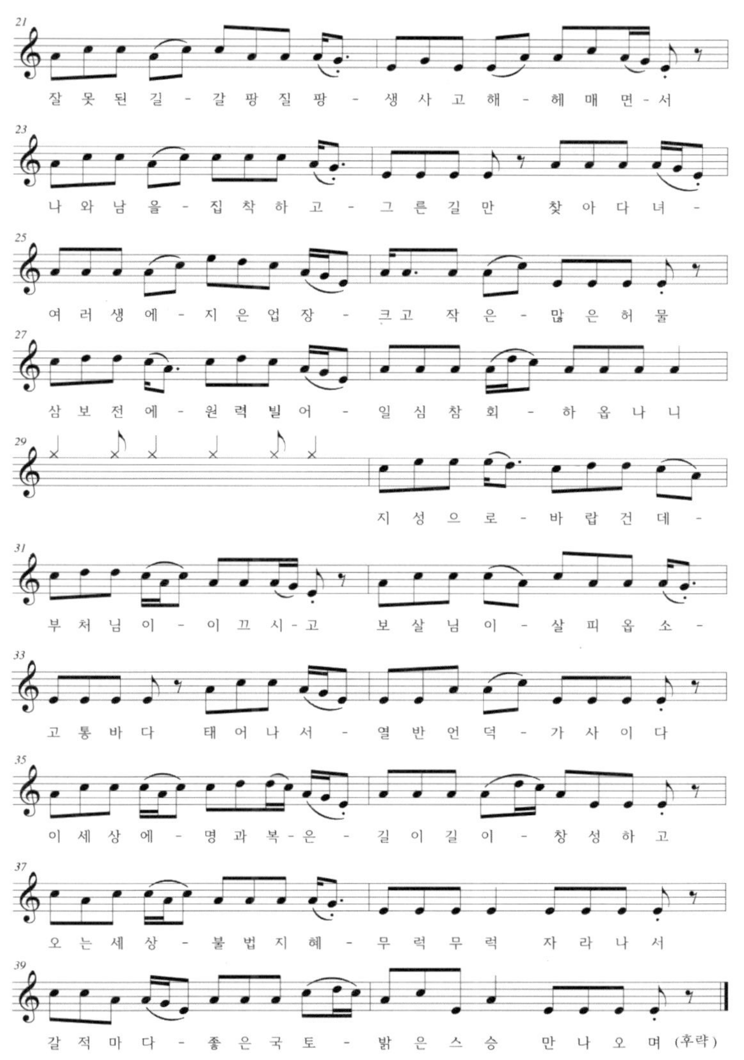
잘 못 된 길 - 갈 팡 질 팡 - 생 사 고 해 - 헤 매 면 - 서
나 와 남 을 - 집 착 하 고 - 그 른 길 만 찾 아 다 녀 -
여 러 생 에 - 지 은 업 장 - 크 고 작 은 - 많 은 허 물
삼 보 전 에 - 원 력 빌 어 - 일 심 참 회 - 하 옵 나 니
지 성 으 로 - 바 랍 건 데 -
부 처 님 이 - 이 끄 시 - 고 보 살 님 이 - 살 피 옵 소 -
고 통 바 다 태 어 나 서 - 열 반 언 덕 - 가 사 이 다
이 세 상 에 - 명 과 복 - 은 - 길 이 길 이 - 창 성 하 고
오 는 세 상 - 불 법 지 혜 - 무 럭 무 럭 자 라 나 서
갈 적 마 다 - 좋 은 국 토 - 밝 은 스 승 만 나 오 며 (후략)

제3절. 소결

본 장은 개성 불교음악과 관련성이 깊은 경제 범패로, 〈화청〉계통 소리를 살펴보았다. 경제 〈화청〉계통 소리에는 상단과 중단의식의 마지막 회향절차에서 부르는 〈축원화청〉과 공식적인 재가 끝난 후에 4.4조의 한글 가사로 부르는 〈화청〉이 있으며, 유일하게 경제 범패에서 전형적인 민요가락으로 이루어져있다.

〈축원화청〉은 조선시대 불교의식집에 보통 염불들처럼 사성四聲점이 표기되어있거나, 여느 안채비소리 및 홑소리처럼 가사 율격의 규칙성(7언절구)이 있어, 조선시대에는 민요가락이 아닌 순수 염불가락이었던 것으로 판단된다. 근세기까지 '축원'이라는 명칭으로 공식적인 불교의식에 속한 소리였던 점도 이러한 사실을 뒷받침해준다. 〈화청〉도 최근 현행과 달리 조선시대 불교의식집에는 순한문 가사로 되어있고, 공식적인 재의식에 나타나며 염불가락이었던 사실이 밝혀진 바 있다. 그리고 이들 소리는 모두 현행과 달리 본래 서도음악어법인 수심가토리를 근간으로 하거나 그 특징이 많이 나타난다. 또한 〈축원화청〉은 개성 범패에서 발생한 〈사다라니〉와 일부 선율이 공유되고, 〈화청〉은 "과거 서도지역이 최고였고, 개성 신도들이 무척 좋아했다."는 어장스님들의 증언으로 볼 때, 이들 〈화청〉계통은 모두 개성지역 불교음악과 밀접한 연관성이 있는 사실이 확인된다.

즉, 경제 〈화청〉계통 소리는 근세기 경제, 특히 개성 불교음악 문화권에서 현행과 같은 민요가락으로 변화를 겪은 것으로 보인다. 그리고 지금

은 모두 서울 중심으로 전승되며 경기음악어법인 경토리로 전이되었다. 그렇다면 종교 의식적 측면에서 볼 때, 왜 신성한 불교 재의식에서 이러한 혁신적인 변화가 도모되었던 것일까? 개성 불교음악은 앞서 살펴본 제2장 바라춤 관련 진언음악에서도 민요가락의 특성이 나타난다. 그리고 송암스님에 의하면, "과거 서도는 탁발승의 인기가 대단했다."고 하여, 서도는 본래 민중들과 민요가락 염불의 소통이 상당히 활발하였던 것으로 보인다. 따라서 이상의 정황들로 미루어 볼 때, 개성 불교음악 문화권에서는 민중들에서 친숙하고 음악적 전달력이 좋은 민요가락을 통해 불교음악을 보다 효과적인 교화의 방편으로 활용했던 것은 아니었을까 생각게 한다.

京山制 불교음악 I

개성지역 불교음악과의 관련성

제4장

경제 태평소 음악

제1절. 경제 태평소 음악의 역사와 전승 현황
제2절. 경제 태평소 음악
제3절. 소결 : 경제 태평소 음악의 역사적 전승 양상

현재 불교의식에서 연주되는 취타吹打악은 태평소 중심의 음악이다.[1] 경제 불교음악에서 전승되고 있는 태평소 가락은 세속의 취고수음악에서 수용된 것으로, 재의식의 정서와 의미에 맞춰 그 중 취사 선별된 것이라 한다.[2] 그런데 민간 취고수음악에서 불교의식음악으로 수용된 방법 및 그 기능 양상에 대해서는 어느 정도 밝혀졌지만,[3] 수용 및 전승과정에서 음악적 변화와 현행에 이르기까지 불교의식에서 전승되는 양상에 대해서는 아직 제대로 논의되지 못하고 있다. 예컨대 〈대취타〉가 현재 민간에서는 최인서 가락 중심으로 전승되고 있다면, 불교의 〈취타〉는 여전히 전통시대의 〈대취타〉 가락을 유지하고 있다고 증언되기도 한다.[4]

* 본 글은 필자의 「京制 불교음악의 태평소 가락 연구-벽응스님의 가락을 중심으로-」(『한국음악연구』 제54집, 서울: 한국국악학회, 2013.12)를 수정 보완한 것이다.

1• 불교 취타악이 태평소 중심의 음악으로 변화된 요인 및 역사에 대한 연구는 다음 글을 참조할 수 있다. 이숙희, 「불교 취타악의 형성 배경」, 『한국음악연구』 제37집, 서울: 한국국악학회, 2005.

2• 이보형, 「영산재 의식에서 세속 취고수 음악의 수용 방법론」, 제6회 동아시아 불교음악 국제학술회의, 2009, 23~35쪽. 민간 삼현육각 행악(취고수음악 또는 취타 풍류)에는 본래 〈대취타〉, 〈염불〉, 〈굿거리〉, 〈자진굿거리〉, 〈자진모리〉, 〈휘모리〉, 〈길타령〉, 〈느린 허튼타령〉, 〈자진 허튼타령〉, 민요가락(〈능게타령〉, 〈풍년가〉, 〈한강수타령〉, 〈태평가〉, 〈양산도〉, 〈연평난봉가〉, 〈골계타령〉) 등 많은 종류가 있었다. 그런데 현재는 1960년대 지영희에 의해 짜여진 〈취타〉, 〈길군악〉, 〈길타령〉, 〈염불타령〉, 〈삼현타령〉, 〈별곡타령〉의 모음곡 형태가 중심이 되어 전승되고 있고, 다만 풍물에서는 이보다 좀 더 다양하게 전승되고 있다. 오늘날 전승되고 있는 형태의 취타 풍류음악에 대해서는 김정림의 「취타계열 음악 연구-유예지 이후 현행까지-」(서울: 이화여자대학교 박사학위논문, 2008)를 참조하기 바란다.

3• 이보형, 「영산재 의식에서 세속 취고수 음악의 수용 방법론」 참조.

또한 현재 경제의 대표적인 태평소 음악은 벽응스님과 동하스님의 가락인데, 두 스님은 모두 경기 서북부 출신으로 젊었을 때 개성 불교음악 문화권에서 공부한 범패승들이라 현재 서울을 중심으로 전승되고 있는 경제 태평소 음악의 지역적 유래에 대해 의문이 생긴다. 그리고 이 중 벽응스님의 가락이 전통성을 잘 지니고 있다는 견해가 현재 강하지만[5] 이에 대해서도 아직 이견이 있으며,[6] 경제 태평소 가락[7]에 대한 음악적 논의는 음조직 및 그 기능에 주로 머물러 있어,[8] 많이 미흡한 상황이다.

따라서 본 절에서는 現 경제 태평소 음악의 지역적 유래와 함께 벽응 및 동하스님의 가락을 통해 경제 태평소 가락의 음악적 특징과 그 전승 양상을 파악해보려 한다. 이를 위해 먼저 기존 연구 및 조선시대 불교의식집[9]의 기록을 통해 불교 취타악의 역사와 경제 태평소 음악의 전승 현황에 대해 살펴보고 난 다음, 두 스님의 태평소 가락을 면밀히 분석, 고찰해보겠다.

4 • 벽응스님의 태평소 수제자인 원허(동방불교대학교 교수) 및 지허스님(안산 천수사 주지) 증언.

5 • 박범훈, 『한국불교음악사연구』, 서울 : 장경각, 2000, 273쪽; 김원선, 「영산재에 연주되는 태평소 가락 분석」, 서울 : 동국대학교 문화예술대학원 석사학위논문, 1998.

6 • 이용식, 「불교의식의 태평소 음악」, 제6회 동아시아 불교음악 국제학술회의, 2009, 112~119쪽. 이 글에서는, 벽응스님의 태평소 가락이 구해스님의 것보다 잔가락이 많고 구해스님은 오히려 궁중 내취음악의 영향을 받은 것으로 본다.

7 • 이하 본고에서는 경제 불교음악에서 전승되고 있는 태평소 가락을 '경제 태평소 음악(또는 가락)'이라 줄여 이르고자 한다.

8 • 김원선, 「영산재에 연주되는 태평소 가락 분석」; 정남근(지현), 「불교의식과 태평소에 관한 연구」, 서울 : 동국대학교 문화예술대학원 석사학위논문, 2000; 정영서(탄봉), 「재의식의 태평소 선율에 관한 연구-중요무형문화재 제50호 영산재를 중심으로」, 서울 : 동국대학교 문화예술대학원 석사학위논문, 2010.

9 • 박세민 편, 『한국불교의례총서』 권4, 서울 : 삼성암, 1993.

그리고 소결에서 이상의 내용을 종합하여, 경제 태평소 음악의 전승 양상에 대해 논의하겠다. 본고의 연구 자료는 다음 표와 같고, 본 연구와 관련된 조사 면담일정은 해당 각주를 참조하기 바란다.[10]

〈표 1〉 경제 태평소 음악의 연구자료[11]

	연주자	곡명	발행년	출처
1	장벽응	취타	1980년대	이촌동의 모 스튜디오에서 녹음 (수범스님 소장 자료)
2		드렁조		
3		민요가락(〈태평가〉, 〈방아타령〉)		
4		천수	1993년 무렵	봉원사 옥천범음대학의 태평소 특강 (지허스님 소장 자료)
5		요잡		
6		염불		
7		취타[12]		
8		능게타령		
9	윤동하	천수	1970년대 초	구해스님 소장 자료
10		요잡		
11		염불		
12		취타		
13		민요가락 〈양산도〉		

10 • 2012년 10월, 2013년 6월 안산 천수사 주지 지허스님 대담 및 다수의 전화통화.
2013년 4월 18일 동방불교대학교 교수 원허스님 대담 및 다수의 전화통화.
2013년 4월 22일 이생강 선생님 대담 및 다수의 전화통화.
2013년 8월 16일 구해스님 대담 및 다수의 전화통화.
2013년 9월 7일 서울 홍원사 회주 원명스님 대담 및 다수의 전화통화.

11 • 1980년대 벽응스님 호적 음원은 현재 자료만 확인되고 녹음 장소 및 시기는 정확히 파악되지 않고 있다. 1993년 자료는 당시 3개월 동안 봉원사 옥천범음대학에서 개설한 태평소 특강시간에 녹음한 것이다. 동하스님 호적 음원은 구해스님이 1970년대 초 문화재지정 전에 개인적으로 녹음한 것으로, 본 연구를 위해 귀중한 자료를 제공해 주신 구해스님, 지허스님, 수범스님께 이 자리를 빌려 감사의 인사를 드립니다.

12 • 1980년대 녹음된 〈취타〉는 일부 가락이 누락된 것이 있어, 1990년대 옥천범음대 특강 자료를 대상으로 하였다.

제4장

제1절. 불교 취타악의 역사와 경제 태평소 음악의 전승 현황

1. 불교 취타악의 역사

불교 취타악은 불교의례의 성립과 밀접한 관련이 있겠는데, 현재 그 역사 및 연주 형태는 감로탱을 통해 주로 연구되고 있다. 지금까지 이를 토대로 밝혀진 바에 의하면,[1] 불교 취타악은 삼국시대 기악伎樂에서부터 시작되었다고 한다. 여기서 일컫는 기악은 현재 많이 알려진 가면극 형태가 아닌 악무樂舞형태로, 가장 이른 시기(1589)의 감로탱(일본 약선사藥仙寺 소장)에 그려진 연주 장면으로 볼 때 조선전기에는 악기편성이 나각, 자바라, 광쇠, 북이었으며 조선 후기까지 이런 편성으로 전승되었던 것으로 보인다.(〈그림 1〉)

조선시대 불교의식집에도 불교 취타악과 관련된 기록이 『오종범음집五種梵音集』(1661)에서 보이는데,[2] 이상의 논의와 연관되는 기록이 있어 이를 살펴보면 다음과 같다.

> 靈山作法의 僧讚 中
>
> …昔日靈山宛而常存故 此三般功德 螺鈸錚磬鐘鼓 六種法樂 普佛世界衆生 六識頓破…

1• 이숙희, 「불교 취타악의 형성 배경」, 231~252쪽.

2• 박세민 편, 『한국불교의례총서』 권2, 서울 : 삼성암, 1993, 184쪽.

〈그림 1〉 일본 약선사 소장 감로탱 부분(나각, 북(법고), 광쇠, 자바라)[3]

3• 강우방, 김승희, 『감로탱』, 서울 : 예경, 1995, 25쪽.

여기에는 법法을 전파하는 여섯 종류의 악기로 '나각[螺], 자바라[鈸], 광쇠[錚], 요령[磬], 소종[鐘], 법고[鼓]'가 제시되어있다. 법당 안의 불교의례와 관련된 요령과 소종을 제외하면 일본 약선사 소장 감로탱의 취타대와 악기 종류가 같아, 17~18세기까지도 이와 같은 악기 편성이 이어진 것으로 보인다.

그리고 나각, 자바라, 광쇠, 북 외 현행같이 호적, 나발, 징이 추가된 형태는 1868년 수락산 흥국사 감로탱부터 본격적으로 나타나며, 이는 조선후기 군영 취타악의 영향으로 추정된다. 1939년 홍천사 감로탱에는 승려 대신 내취복색의 연주가(민간 악사)가 등장하며, 악기 편성이 군영 취타악대의 것과 동일한 사실이 확인되기도 한다.

〈그림 2〉 수락산 흥국사 감로탱 부분(왼쪽부터 자바라, 징, 광쇠, 법고, 태평소, 나발)[4]

4• 강우방, 김승희, 『감로탱』, 221쪽.

요컨대, 현행과 같은 태평소 중심의 불교 취타악은 빨라도 19세기 이후에나 불교의식에서 보편화되기 시작한 것으로 보여, 경제의 태평소 음악도 그 이후에 수용 및 활용되었을 가능성이 높아 보인다.

2. 경제 태평소 음악의 전승 현황

앞서 언급했듯이, 현재 경제에서 전승되고 있는 대표적인 태평소 음악은 벽응스님과 동하스님의 가락이다. 앞의 제1장에서 살펴보았듯이, 벽응스님은 경기도 파주군 장마루촌(現 연천) 출신이지만, 8세 때부터 現 북한지역인 장단의 화장사 미타암에 부목으로 들어가 성장하였고, 여기서 황청하스님한테 범패 홑소리와 태평소를 사사받았다고 한다.[5] 즉, 그는 젊었을 때 개성 불교문화권인 장단, 개성에서 공부를 많이 하였고, 여기에서 범패[6]와 함께 태평소도 배운 것으로 보인다. 그로부터 태평소를 배운 스님들이 "스님의 태평소 가락은 북쪽에서 많이 배워온 것이다."고 증언하기도 한다.[7] 다만 〈취타〉(대취타)는 화장사를 나와 서울 와서 귀동냥과 자체 연구로 습득하였다고 조사된 바가 있다.[8] 따라서 이상의 내용으로 미루어 볼 때, 불교의 전통의식에서 사용되는 가락들(〈천수〉, 〈염불〉, 〈요잡〉·〈법고〉)은 대개 개성, 장단에서 배워오고, 이운의식 및 마지막 회향의식 등에서 일종의 행

5 • 노재명, 「20세기 한국전통불교음악 음반 총목록과 인간문화재 증언자료」, 『한국음반학』 제11호, 2001, 279~281쪽.

6 • 그가 부른 범패에 수심가토리의 서도음악어법이 많이 나타나는 사실이 〈천수바라〉, 〈사다라니〉, 〈보공양진언〉, 〈보회향진언〉 등에서 확인된다.(II장 경제 바라춤 관련 음악 참조)

7 • 구해스님, 원허스님, 법안스님(서울 서초동 대홍사 주지) 증언.

8 • 노재명, 「20세기 한국전통불교음악 음반 총목록과 인간문화재 증언자료」, 280쪽. 구해스님에 따르면, "벽응스님이 〈취타〉 가락을 서울 백련사에 와 동화스님으로부터 많이 찾았다."는 말을 들은 바가 있다고 한다.

진과 흥을 돋우는 기능의 가락들(〈취타〉, 〈드렁조〉, 〈능게타령〉, 민요가락 등)은 서울에서 배웠을 가능성이 높아 보인다.[9]

동하스님(1919~1991)도, "노후에는 서울 봉원사에서 지냈지만 본래 경기 서북부 파주 출신으로 보광사(파주 광탄면)와 진관사(서울 은평구)에서 젊은 시절을 주로 보냈다."고 한다. 파주는 예전에 개성 불교문화권이며,[10] "(동하)스님이 수심가조로 염불을 많이 했다."고 지인들이 증언하는 것으로 보아,[11] 그 역시 젊었을 때 개성 불교문화권에서 공부를 했을 것으로 추정된다. 그런데 구해스님에 의하면, "동하스님의 태평소 가락은 해방 전 서울에서 많이 활동하며 습득한 것으로 안다."고 증언하기도 한다.

한편 1993년 무렵 3개월간 벽응스님이 서울 봉원사 옥천범음대학에서 태평소 특강을 할 때 격려차 같이 강의실에 있던 대표적인 경제 범패승 송암스님과의 대화에 따르면, 과거 "개성은 호적을 못 불면 한량이 아니다."[12]는 말이 있을 정도로 '태평소의 인기가 대단했다'고 한다. 송암스님도 "분단 이전에는 서울과 개성을 오가며 활동을 많이 하였다."고 하여 과거 서울과 개성지역의 활발했던 범패 교류의 실상이 확인되며(제1장의 송암스님 항목 참조), 이로 인해 개성 음악문화에 대한 정보도 많았던 것으로 보인다. 따라서 이상의 정황들로 보건대, 벽응스님은 과거 개성 불교음악 문화권에서 現 경제에서 전승되는 태평소 가락을 많이 배워온 것으로 판단된다. 동하스님도 처음 태평소를 시작한 지역은 벽응스님과 같았을 가능성이 높다.

9 • 이하 본고에서는 현재 불가와 학계에서 많이 일컬어지는 위의 명칭대로 경제 태평소 가락을 부르고자 한다.

10 • 파주 파평면 두포리 금강사 주지 혜월스님 증언. 현재 경기 서북부지역 출신 스님들(벽응(장단), 용암(개성), 법용(강화))은 모두 예전에 개성에서 불교를 공부한 사실이 확인되어(I장의 제1절 서울과 개성에서 활동한 스님들 참조), 경기 서북부지역은 과거 개성 불교문화권이었던 것으로 보인다.

11 • 구해스님, 동하스님의 외손녀 도경스님 증언. 그 대표적인 예가 〈화청〉으로 과거 전형적인 수심가토리로 부른 사실이 확인된다. III장 〈화청〉 항목 참조.

12 • 지허스님 소장 자료. 93년 무렵 서울 봉원사 태평소 특강 중 대화 내용.

원명스님에 의하면, "동하스님의 아버님이 호적을 잘 불었던 승려였다."고 하여, 그 영향이 있었을 것으로 보인다. 이를 통해 서울과 개성 불교음악은 태평소 가락도 상당부분 공유되었던 사실을 엿볼 수 있다.

한편 벽응스님의 가락은 전통적인 연주 방법 및 선율을 따르고 있다고 평가되는 반면, 동하스님은 〈능게타령〉이나 〈굿거리〉 같은 민요가락을 많이 사용한다는 평을 받는다.[13] 그런데 "벽응스님은 젊었을 때 개성, 장단에서 주로 공부하고 분단 이후에는 서울 백련사 및 봉원사에서 많이 활동하며 평생을 전통 범패승으로 지냈다."면, "동하스님은 젊었을 때 당시 대표적인 극장이자 연예기획사였던 단성사에서도 태평소 주자로 잠깐 활동한 적이 있다."고 하여,[14] 세속 민중들의 음악적 기호를 직접 경험할 수 있는 기회를 가졌던 것으로 보인다. 현재 상당수의 경제 범패승들은 '경제 태평소 가락은 벽응스님이 원식 또는 고제'라 인식하고 있고, 대금의 인간문화재인 이생강은 "스님들이 연주하는 태평소 음악 중 벽응스님이 정음을 잘 내며 음악적으로 정통성을 제일 잘 보여준다."[15]고 증언하기도 하여, 그의 가락이 경제 태평소 가락의 전형성을 가장 잘 지니고 있는 것으로 보인다. 그런데 두 스님이 쌍호적을 부르면, "벽응스님이 주 가락을 담당하고 동화스님은 높은 음역의 쇠는 가락을 불며 환상의 콤비를 이루었다."[16]고 하여, 음악적으로 상보관계를 이루었던 것 같다.

현재 벽응스님의 태평소 가락은 2000년 열반 이후 수제자로 꼽히는 동방불교대학 교수 원허스님과 안산 천수사 주지 지허스님이 중심이 되어 계승

13 • 박범훈, 『한국불교음악사연구』, 273쪽; 김원선, 「영산재에 연주되는 태평소 가락 분석」; 정남근(지현), 「불교의식과 태평소에 관한 연구」.

14 • 구해스님 증언.

15 • 이생강 선생님 증언. 이생강 선생님은, "벽응스님 연주는 예술가 스타일이며, 태평소 연주에서 거의 천재성이 보인다."고 증언하기도 한다.

16 • 구해 및 지허스님 증언.

하고 있다. 그리고 동하스님의 가락은 現 영산재 보유자인 구해스님이 주로 잇고 있는데,[17] 가락이 흥겹고 민중들이 좋아하여 최근 불교의식에서는 이런 스타일의 태평소 가락이 세태라는 말도 나온다.[18]

요컨대, 20세기 후반까지 경제 불교음악의 대표적인 태평소 승려 연주자였던 벽응스님과 동하스님은 모두 과거 개성을 중심으로 한 경기 서북부 지역 불교음악권에서 출생하여 활동한 범패승으로, 태평소 음악을 통해서도 경제에 끼친 개성지역 불교음악의 영향력을 가늠케 한다.

17 • 한편 구해스님에 의하면, "나도 본래 벽응스님의 태평소 가락을 먼저 배웠고, 동하스님의 가락은 나중에 배워 두 가락을 상황에 따라 선택, 접목하여 부른다."고 한다.

18 • 최근 일부 스님들 중에는 국악원에서 직접 태평소 가락을 배우는 경우도 있다고 한다. 따라서 기술적으로 보다 화려하며 신명나는 가락을 구사하기는 하지만, 의식음악으로써 장엄함이나 法다움은 퇴색되는 경향이 크다고 한다. 지허스님 증언.

제4장

제2절. 경제 태평소 음악

여기에서는 이상의 논의를 통해 경제 태평소 음악의 전통성을 보다 잘 지니고 있는 것으로 판단되는 벽응스님 가락을 중심으로 동하스님의 가락도 살펴, 그 음악적 특징을 상세히 파악해보겠다. 현재 경제 태평소 음악은 다섯 가지의 큰 불교의식(상주권공재, 시왕각배재, 영산재, 수륙재, 생전예수재)에서 모두 연주되고 있으며, 전승되고 있는 태평소 가락의 종류는 일명 〈천수〉, 〈(긴)염불〉·〈자진염불〉,[1] 〈요잡〉·〈법고〉, 〈취타〉, 〈드렁조〉, 〈능게타령〉이다. 다섯 가지 경제의 큰 재의식에서 연주되는 태평소 가락을 정리해 보면, 아래 표와 같다.[2]

1• 소위 〈긴염불〉에 해당하는 가락은 현재 〈염불〉이라 주로 부르기 때문에, 본고에서도 이를 따르고자 한다.

2• 본 표의 내용은 정영서(탄봉), 「재의식의 태평소 선율에 관한 연구」(2010, 14~28쪽)를 참조하고, 원명스님, 구해스님, 지허스님, 수범스님의 확인 작업을 거쳐 작성한 것이다.

〈표 2〉 경제 불교의식의 태평소 가락[3]

<table>
<tr><th>불교의식</th><th>절차</th><th>범패 또는 작법무</th><th>태평소 가락</th></tr>
<tr><td rowspan="24">상주권공재</td><td rowspan="4">1. 시련</td><td>옹호게</td><td>요잡</td></tr>
<tr><td>다게</td><td>염불 → 요잡</td></tr>
<tr><td>천수바라</td><td>천수</td></tr>
<tr><td>인성이</td><td>취타</td></tr>
<tr><td>2. 대령</td><td colspan="2">없음</td></tr>
<tr><td rowspan="5">3. 관욕</td><td>(신묘장구대다라니)</td><td>(천수)</td></tr>
<tr><td>관욕쇠</td><td>자진염불 → 천수 → 요잡 → 천수</td></tr>
<tr><td>화의재진언</td><td>천수</td></tr>
<tr><td>인성이</td><td>취타</td></tr>
<tr><td>법성게</td><td>취타</td></tr>
<tr><td rowspan="2">4. 신중작법</td><td>옹호게</td><td>요잡</td></tr>
<tr><td>다게</td><td>염불 → 요잡</td></tr>
<tr><td rowspan="6">5. 상단권공</td><td>천수바라</td><td>천수</td></tr>
<tr><td>도량게</td><td>염불 → 요잡</td></tr>
<tr><td>법고</td><td>요잡 → 법고</td></tr>
<tr><td>내림게</td><td>자진염불 → 천수 → 요잡 → 천수</td></tr>
<tr><td>다게</td><td>염불 → 요잡</td></tr>
<tr><td>사다라니</td><td>자진염불 → 천수</td></tr>
<tr><td>6. 신중퇴공</td><td colspan="2">없음</td></tr>
<tr><td rowspan="2">7. 관음시식</td><td>(신묘장구대다라니)</td><td>(천수)</td></tr>
<tr><td>(장엄염불)</td><td>(천수)[4]</td></tr>
<tr><td rowspan="3">8. 봉송</td><td>법성게</td><td>취타</td></tr>
<tr><td>소대</td><td>염불</td></tr>
<tr><td>회향</td><td>능게</td></tr>
</table>

3• 괄호 안의 염불 및 태평소 반주는 현재 생략되는 경우가 많은 것을 의미한다.

<table>
<tr><td rowspan="20">시왕각배재</td><td>1. 시련</td><td colspan="2" rowspan="3">상주권공과 동일</td></tr>
<tr><td>2. 대령</td></tr>
<tr><td>3. 관욕</td></tr>
<tr><td rowspan="3">4. 조전점안</td><td>옹호게</td><td>요잡</td></tr>
<tr><td>거령산</td><td>취타</td></tr>
<tr><td>요잡바라</td><td>요잡</td></tr>
<tr><td rowspan="2">5. 신중작법</td><td>옹호게</td><td>요잡</td></tr>
<tr><td>다게</td><td>염불 → 요잡</td></tr>
<tr><td rowspan="2">6. 괘불이운</td><td>옹호게</td><td>요잡</td></tr>
<tr><td>거령산</td><td>취타</td></tr>
<tr><td rowspan="6">7. 상단권공</td><td>천수바라</td><td>천수</td></tr>
<tr><td>도량게</td><td>염불 → 요잡</td></tr>
<tr><td>법고</td><td>요잡 → 법고</td></tr>
<tr><td>내림게</td><td>자진염불 → 천수 → 요잡 → 천수</td></tr>
<tr><td>다게</td><td>염불 → 요잡</td></tr>
<tr><td>사다라니</td><td>자진염불 → 천수</td></tr>
<tr><td>8. 신중퇴공</td><td colspan="2" rowspan="3">상주권공과 동일</td></tr>
<tr><td>9. 관음시식</td></tr>
<tr><td>10. 봉송</td></tr>
<tr></tr>
<tr><td rowspan="6">영산재</td><td>1. 시련</td><td colspan="2" rowspan="6">시왕각배와 동일</td></tr>
<tr><td>2. 재대령</td></tr>
<tr><td>3. 관욕</td></tr>
<tr><td>4. 조전점안</td></tr>
<tr><td>5. 신중작법</td></tr>
<tr><td>6. 괘불이운</td></tr>
</table>

7. 상단권공	삼귀의	염불 → 요잡
	천수바라	천수
	도량게	염불 → 요잡
	법고	요잡 → 법고
	명발	요잡
	구원겁중	염불 → 요잡
	향화게	염불 → 요잡
	창혼	염불 → 요잡
	욕건이	염불
	사다라니	자진염불 → 천수
	육법공양	염불 → 요잡
8. 식당작법	요잡바라	요잡
	법고	요잡 → 법고
	자귀의불	염불
9. 운수상단	내림게	자진염불 → 천수 → 요잡 → 천수
	다게	염불 → 요잡
	사다라니	자진염불 → 천수
10. 중단권공	내림게	자진염불 → 천수 → 요잡 → 천수
	시왕각청	취타 → 드렁조 → 능게
	다게	염불 → 요잡
	모란찬	염불 → 요잡
	오공양	염불 → 요잡
	중단개계	염불 → 천수
11. 신중퇴공	시왕각배(영산)와 동일	
12. 관음시식		
13. 봉송		

수륙재	1. 시련	시왕각배(영산)와 거의 동일[5]	
	2. 대령		
	3. 관욕		
	4. 조전점안		
	5. 신중작법		
	6. 괘불이운		
	7. 설회인유	없음	
	8. 엄정팔방편	도량게	염불 → 요잡
	9. 사자단	사다라니	자진염불 → 천수
		오공양	염불 → 요잡
	10. 개벽오방편	사다라니	자진염불 → 천수
		오공양	염불 → 요잡
	11. 소청상위	내림게	자진염불 → 천수 → 요잡 → 천수
		사다라니	자진염불 → 천수
	12. 소청중위	내림게	자진염불 → 천수 → 요잡 → 천수
		다게	염불 → 요잡
		사다라니	자진염불 → 천수
		오공양	염불 → 요잡
	13. 소청하위	다게	염불 → 요잡
		사다라니	자진염불 → 천수
		오공양	염불 → 요잡
	14. 상단시식(법당 안) (전시식 : 법당 밖)[6]	(장엄염불)	(천수)
		법성게	취타(+염불)
		회향	취타
	15. 중단배송	없음	
	16. 상단배송		

<table>
<tr><td rowspan="22">생전예수재</td><td>1. 시련</td><td colspan="2" rowspan="6">시왕각배(영산)와 동일</td></tr>
<tr><td>2. 대령</td></tr>
<tr><td>3. 관욕</td></tr>
<tr><td>4. 조전점안</td></tr>
<tr><td>5. 신중작법</td></tr>
<tr><td>6. 괘불이운</td></tr>
<tr><td rowspan="3">7. 운수상단 - 통서인유편</td><td>천수바라</td><td>천수</td></tr>
<tr><td>도량게</td><td>염불 → 요잡</td></tr>
<tr><td>법고</td><td>요잡 → 법고</td></tr>
<tr><td rowspan="4">8. 소청사자</td><td>내림게</td><td>자진염불 → 천수 → 요잡 → 천수</td></tr>
<tr><td>다게</td><td>염불 → 요잡</td></tr>
<tr><td>사다라니</td><td>자진염불 → 천수</td></tr>
<tr><td>오공양</td><td>염불 → 요잡</td></tr>
<tr><td rowspan="3">9. 소청성위(상단)</td><td>내림게</td><td>자진염불 → 천수 → 요잡 → 천수</td></tr>
<tr><td>다게</td><td>염불 → 요잡</td></tr>
<tr><td>사다라니</td><td>자진염불 → 천수</td></tr>
<tr><td rowspan="6">10. 소청명부(중단)</td><td>내림게</td><td>자진염불 → 천수 → 요잡 → 천수</td></tr>
<tr><td>시왕각청</td><td>취타 → 드렁조 → 능게</td></tr>
<tr><td>법성게</td><td>취타</td></tr>
<tr><td>다게</td><td>염불 → 요잡</td></tr>
<tr><td>사다라니</td><td>자진염불 → 천수</td></tr>
<tr><td>오공양</td><td>염불 → 요잡</td></tr>
<tr><td></td><td rowspan="3">11. 소청고사판관</td><td>다게</td><td>염불 → 요잡</td></tr>
<tr><td></td><td>사다라니</td><td>자진염불 → 천수</td></tr>
<tr><td></td><td>오공양</td><td>염불 → 요잡</td></tr>
</table>

	12. 마고단	없음
	13. 식당작법	시왕각배(영산)와 동일
	14. 신중퇴공	
	15. 관음시식	
	16. 봉송	

이상의 태평소 가락 중 대개 〈천수〉는 다라니 및 진언, 〈염불〉은 게송, 〈요잡〉은 게송 끝을 마무리하는 바라춤, 〈법고〉는 법고춤, 〈취타〉는 이운이나 행보에서 사용되는 특징이 나타난다. 그리고 〈취타〉-〈드렁조〉-〈능게타령〉은 중단권공의 시왕각청에서만 이어서 연주되며, 〈능게타령〉은 봉송의식의 회향에서 일종의 뒤풀이 음악으로 많이 사용된다.[7]

현재 벽응스님은 이상의 태평소 가락이 대부분 남겨져있는 반면, 동하스님은 〈법고〉와 〈드렁조〉 가락이 발견되지 않는데, 〈법고〉는 〈요잡〉의 빠른 형태라 이를 통해 알 수 있고, 구해스님에 의하면 "동하스님의 〈드렁조〉는 벽응스님 가락과 흡사하다."고 하므로, 서로 참조하며 논의하고자 한다. 〈천수〉부터 순서대로 그 음악적 특징을 살펴보면 다음과 같다.

4• 장엄염불에 〈천수〉 가락을 부는 것은 최근에 이루어진 것이고, 본래는 태평소 반주가 들어가지 않는다고 한다. 구해스님 증언.

5• 다만 수륙재에서 시련은 본래 上·中·下시련이 모두 있고, 관욕은 문구가 좀 다르다고 한다. 원명스님 증언.

6• 수륙재의 시식은 소청하위에 잇대어 이른바 상단시식과 하단시식(전시식)이 법당 안, 밖에서 동시에 거행되며, 상단시식에서만 태평소 가락이 연주된다. 원명스님 증언.

7• 지허스님 증언.

1. 〈천수〉

불가에서 '내림게' 가락이라고도 부르는 〈천수〉 가락은, 불교의식 중 〈천수바라〉와 함께 〈사다라니〉, 〈내림게〉, 〈관욕쇠〉 등에서 연주되며, 〈요잡〉과 같이 불교 무용에서 가장 많이 반주되는 가락이다. 과거에는 대령, 관욕 사이에 '신묘장구대다라니'를 하며 이 가락을 연주하기도 하였다고 하여,[8] 현행보다 연주되는 경우가 더 많고 유동성도 있었던 것으로 보인다. 한편 〈관욕쇠〉와 〈내림게〉,[9] 〈사다라니〉에서는 다른 의식과 달리 앞부분에 〈자진염불〉 가락이 첨가되는데, 이를 함께 제시해보면 다음과 같다.

〈악보 1〉 〈천수〉/ 벽응스님 연주

8• 원허 및 지허스님 증언.

9• 〈내림게〉는 태징법이 〈관욕쇠〉와 비슷해 〈자진염불〉 가락(20~30초간)이 들어가지만, 최근에는 연주 시간도 짧고 하여 많이 생략한다고 한다.

바라춤

보통 〈천수〉 가락은 B부분이다. 다만 〈관욕쇠〉에서는 앞의 태징의 6채 가락(여섯 종류의 반주가락)에 얹어 일명 〈자진염불〉 가락인 A를 같이 부르며, 〈사다라니〉에서도 진언 전 홑소리 부분('나무시방불법승' 삼창)에서 A를 잠깐 연주한다. 〈관욕쇠〉에서 A부분은, 태징치는 패턴이 일정치 않아 태징의 박자가 불규칙하고, 태평소 가락의 박자 역시 다소 불규칙하여 '두 악기를 맞추기가 까다롭다'고 한다.[10] 이 가락은 빠르기가 ♩.≒96~100으로 〈천수〉 가락보다 박자가 좀 느리고 불규칙하며, 태징의 6채 가락(〈관욕쇠〉) 또는 홑소리(〈사다라니〉)가 연주되는 동안 반복된다. 토리는 주요 구성음이 sol, la, do', re', mi'인 경토리로 되어있다.

〈천수〉의 본 가락인 B부분은, 빠르기가 ♩.≒110인 3소박 4박자의 자진모리장단에 맞고, 토리는 여기도 경토리로 되어있다. 이 부분은 자진모리

10 • 지허스님 소장 자료. 93년 무렵 서울 봉원사 태평소 특강 중 대화 내용.

네 장단이 조금씩 다른 선율진행으로 a+b+c+d를 이루며 변주 반복되는 구조로 되어있고, 마무리용 선율(e)이 따로 존재한다. 그런데 선율이 거의 단순 반복되어 "벽응스님은 중간 중간 취타 가락을 삽입하기도 하였고, 이는 현재도 그 제자들이 많이 따르고 있다."고 한다.[11] 한편 동하스님의 〈천수〉 가락도 이와 기본 선율은 같다. 그러나 높은 음역에서 질러내는 가락, 이른바 '쇠는 가락'을 많이 구사하며 〈신방아타령〉 가락을 변주가락으로 자주 활용하여, 선율이 훨씬 현란하며 다채롭다.

〈악보 2〉 〈천수〉/ 동하스님 연주

한편 〈천수〉 가락은 삼현육각 행악의 〈길타령〉이 자진모리로 변주된 것이라 보며,[12] 민간 취타 가락이 기본 선율(a+b+c+d)은 이와 거의 같지만 이를 바탕으로 한 변주형태가 더 다양하다.[13] 그런데 이충선의 〈능게타령〉

11• 지허스님 증언.

12• 이보형, 「영산재 의식에서 세속 취고수 음악의 수용 방법론」, 31쪽.

13• 이진희, 「길타령계 음악의 변주 양상」, 서울: 한양대학교 석사학위논문, 2003, 82쪽 악보 참조.

에는 이 가락이 '천수바라 선율'이란 이름으로 삽입되어있고,[14] 최인서는 이를 일명 '내림게 길타령'이라 연주한 곡도 있는 것으로 보아,[15] 불교의 태평소 가락으로 인지도가 더욱 높아진 것으로 보인다. 사실 취타 풍류가 과거 일반 민간음악에는 잘 쓰이지 않고 사찰이나 향교, 향리의 의식 음악에서 연주된 사실[16]과 "〈천수〉는 불교가락이다."는 구해스님의 증언 및 "본래 불교에서 쓰던 가락(〈천수〉)이 민간음악에 들어온 것 같다."는 이생강의 증언은, 그 음악적 유래에 새로운 의문이 들게 한다. 한편 전통시대 취타 풍류 가락을 지니고 있다고 평가되는 20세기 초 한응태의 태평소 가락 중 〈염불〉의 앞부분이 A부분(〈자진염불〉)과 매우 유사하여, 이상의 가락은 경제 불교음악에서 전통성을 나름 잘 유지하며 전승되고 있는 것으로 보인다.

〈악보 3〉 〈염불〉/ 한응태 연주(일축반 K181:1911~1913년 녹음)[17]

14 • 유현수, 「이충선 능게가락 선율 연구」, 서울: 서울대학교 석사학위논문, 2010, 22~26쪽. 이충선의 〈능게가락〉에 수용되어있지만, '천수바라 가락'이라는 독립된 선율로 인식되고 있다.

15 • 〈김점석 기악곡집 3〉(서울음반, 2002) 중 5번 트랙.

16 • 황인식, 「국립국악원 취타와 민속풍류 취타의 선율 비교 연구－피리 선율을 중심으로」, 용인: 단국대학교 석사학위논문, 2002, 2쪽.

17 • 본 음원은 이보형 선생님의 소장 자료로, 이 자리를 빌려 본 연구를 위해 자료를 제공해주신 선생님께 깊은 감사의 인사를 드립니다.

2. 〈염불〉

〈염불〉 가락은 현재 불교의식 중 〈도량게〉, 〈다게〉, 〈삼귀의〉 같은 게송의 나비춤 반주에서 많이 사용된다. 먼저 벽응스님의 가락을 통해 그 특징을 살펴보면 다음과 같다.

〈악보 4〉 〈염불〉/ 벽응스님 연주

벽응스님의 〈염불〉 가락은 현재 사분음표(♩), 2소박 단위로 많이 채보되어있다.[18] 그러나 여느 한국음악처럼 리듬패턴과 선율의 단락감으로 볼 때 3소박(♩.)을 근간으로 보는 것이 더 타당하다.[19] 즉, 경제에서 사용되는 〈염불〉 가락은 빠르기가 ♩.=96~100인 보통 속도의 3소박 3박자 세마치장단에 맞는 편이다. 그리고 이 가락도 토리가 주요 구성음이 sol, la, do', re', mi'인 경토리로 되어있다.

18 • 각주 8번의 글들 참조.

19 • 경제 범패 〈복청게〉도 현재 2소박 단위로 많이 채보되어있으나, 본래 여느 한국음악처럼 3소박을 근간하고 하고 있는 사실이 확인된다. II장 〈복청게〉 항목 참조.

나비춤

〈염불〉 가락은 크게 세마루로 이루어진다고 하며 이를 근거로 악곡구조를 살펴보면, A(제1마루) − A'(제2마루) − B(제3마루)로 구성된다. 그리고 호흡 및 선율 단락에 따라, 세부적으로 제1마루(A)는 a+b+c+d+e+a'확대+f+a, 제2마루(A')는 e'확대+c+d'확대+f+f'+a', 제3마루(B)는 g+g'축소+f'+a'로 구분 가능하다. 제1마루(A)의 첫 번째 선율단락인 a는 이른바 '취심가락'이라 하여 본 가락으로 들어가기 전 일종의 튜닝 선율에 해당한다고 한다.[20] 따라서 A부분의 두 번째 선율단락인 b부터 본 가락이며 보통 여기서부터 쌍호적으로 연주하는데, a가 곡 전반에 걸쳐 많이 반복되어 사실 튜닝 선율 이상의 기능을 보인다. 즉, a에 의해 가락이 시작되며 세마루 모두 a가 종지 선율로 되어있어, 마치 주제 선율의 기능이 나타난다. A'부분은 A부분을

20 • 지허스님 증언.

변주한 선율이지만 일종의 음악적 본론, 클라이맥스에 해당하고, 질러내는 가락으로 시작되며 선율적 긴장감이 가장 돋보인다. 마지막 B부분은 소위 음악적 결론에 해당하고, 음역이 상대적으로 낮아지면서 이른바 풀어주는 선율적 특징이 나타난다. 세 부분은 후반부로 갈수록 공통되는 선율이 많이 나타나며 서로 음악적 공유감을 마련한다.

한편 구해스님 소장 동하스님의 〈염불〉 가락은 벽응스님의 것과 좀 다르다. 박자는 속도가 빨라지며 2소박(♩) 단위를 근간으로 하고, 매우 불규칙하다. 그리고 공통적인 선율이 부분적으로 나타나지만, 소위 '취심가락'과 세마루로 구분되는 구조가 없고, 선율진행이 현란하면서 전반적으로 정음을 내지 않고 음들이 미끄러지는 경향이 강하다.[21] 즉, 벽응스님 가락에 비해 음악적 구성미가 약하고 즉흥성이 강해 보여, 개인적인 변화가 이루어진 것으로 보인다. 구해스님에 의하면, "벽응스님과 동하스님이 〈염불〉 가락을 쌍호적으로 불면 박자가 잘 맞았다."는 증언도 이러한 추정을 뒷받침해준다.

〈악보 5〉 〈염불〉/ 동하스님 연주

21 • 동하스님의 〈염불〉 가락은 채보하기가 힘들 정도로 박자가 불규칙하고, 음들이 빠르게 미끄러지는 경향이 강하다. 따라서 본고의 〈염불〉 가락은 그 선율 및 음악적 성향을 조금이라도 파악하기 위해 채보한 것으로, 채보의 정확성이 다소 떨어지는 것을 양해해주기 바란다.

(후략)

한편 경제 태평소 〈염불〉 가락은 민간 취타 풍류의 〈염불〉이 수용된 곡이라 하지만 현행 취타 풍류의 〈염불타령(긴염불)〉과는 선율이 사뭇 다르다.[22] 그러나 승무 반주 음악과 굿판에서는 여전히 사용되고 있어,[23] 〈천수〉 가락처럼 전통성을 잘 유지하고 있는 것으로 보인다. 그리고 이 가락은 녹음 분량상 〈악보 1〉의 벽응스님 〈자진염불〉과 음악적 연계성이 별로 나타나지 않지만, 이와 선율이 흡사한 20세기 초 한응태의 〈염불〉 가락과는 유사한 선율진행 특징(종지리듬 및 질러내는 선율: 〈악보 3〉의 네모 부분)이 보인다. 따라서 경제 태평소 음악의 〈염불〉 가락은 일종의 '긴염불'과 '자진염불'의 관계로 두 종류가 존재했던 것으로 보인다. 그리고 이상의 음악적 특징 및 기능으로 볼 때, 〈염불〉도 〈천수〉 가락처럼 본래 경제 불교음악에서 만들어졌을 가능성을 배제할 수 없을 것 같다.

22 • 지영희 민속 취타풍류 중 〈염불타령(긴염불)〉. 채보악보는 박유진, 「민속 취타풍류 중 취타, 별곡타령 선율비교 연구-해금과 피리 선율을 중심으로-」(안성: 중앙대학교 대학원 석사학위논문, 2011, 80~81쪽)를 참조할 수 있다.

23 • 이생강 선생님 증언. 그런데 현재 이 가락을 잘 알고 연주하는 사람이 점점 줄어들고 있는 상황이라 한다.

3. 〈요잡〉·〈법고(휘모리)〉

〈요잡〉 가락은 일명 '막바라'라고도 하며, 이른바 '요잡 바라춤이 법열法悅을 나타내는 춤'[24]이라 많은 불교무용의 반주로 사용된다. 법고 칠 때는 이를 빨리 몰아가며 연주하고, 이때는 〈법고〉 가락, 또는 '휘모리'라고 한다. 〈천수〉 가락과 함께 가장 많이 연주되는 태평소 반주음악으로 꼽히며, 먼저 벽응스님의 가락을 제시해보면 다음과 같다.

〈악보 6〉 〈요잡〉/ 벽응스님 연주

(후략)

24 • "요잡 바라춤은 수행자가 부처님을 친견하였거나 이에 버금가는 일이 있을 때, 또는 전쟁에서 승리하듯 수행의 일정 목표가 성취되었을 때 그 환희로움(법열)을 바라를 사용하여 율동으로 나타내는 身業供養을 의미한다."고 한다. 심상현(만춘), 「작법무 거행의 배경과 의의 – 영산재를 중심으로」, 한국공연문화학회 편, 『영산재의 공연문화적 성격』, 서울 : 박이정, 2006, 211쪽.

〈악보 7〉 〈법고〉 가락/ 벽응스님 연주[25]

벽응스님의 〈요잡〉 가락은 보통 빠르기가 ♩.≒105인 다소 느린 자진모리장단으로 연주하며, 법고무(〈법고〉 가락)에서는 태징 리듬에 따라 빠르기가 ♩.=140인 자진모리장단으로 점차 속도가 빨라진다. 〈법고〉 가락은 이른바 3소박(♩.) 단위의 〈요잡〉 가락이 2소박(♩) 단위로 축소된 것이다. 그런데 이 가락은 〈요잡〉 가락을 토대로 하지만, 가락이 빠르고 간단하여 스님에 따라 매우 자유롭고 다양하게 선율을 변화시켜 나간다고 한다.[26]

토리는 〈요잡〉 가락도 주요 구성음이 sol, la, do', re', mi'인 전형적인 경토리를 근간으로 한다. 악곡구조를 살펴보면, 자진모리 다섯 장단이 a+b+c+d+e를 토대로 조금씩 변주되며 계속 반복된다. 이 가락은 취타 풍류 중 휘모리로 연주되는 〈길타령〉이 수용된 것으로 보며,[27] 현재 경기지역 풍물에서 '자진 굿거리'로 여전히 많이 연주되고 있다. 그런데 '자진 굿거

25 • 〈법고〉 가락은 음원을 구하기 어려워, 김원선이 석사학위논문(「영산재에 연주되는 태평소 가락 분석」, 62쪽)에서 채보한 악보를 참조하였다. 그리고 원본 악보에는 도돌이표가 누락되어, 본고의 악보에서 수정, 첨가하였다.

26 • 원허스님 및 지허스님 증언. "같은 사람도 연주할 때마다 선율이 달라진다."고 하며, "너무 속도가 빨라지면 〈천수〉 가락을 넣어 도리어 박자단위를 확대(〈천수〉 가락 1박자를 〈법고〉 가락 2박자에 대입)시키기도 한다."고 한다.

27 • 이보형, 「영산재 의식에서 세속 취고수 음악의 수용 방법론」, 30쪽.

법고춤

리'의 후반부 두 장단에 해당하는 가락이 여기서는 생략되어 있다고 하며, 가락도 훨씬 단순 소박하며 다소 차이가 있다.[28]

한편 동하스님의 〈요잡〉 가락은 벽응스님의 것과 좀 다르다. 그런데

28• 이생강 선생님에 따르면, 현재 민간에서는 이 가락을 '자진 굿거리'라 부르며, '굿거리'에 해당하는 〈능게타령〉 뒤에 연주한다고 한다. 이생강 〈전통민속무용곡집 5〉(지구레코드, 1993)에서 그 가락을 확인할 수 있다.

〈능게타령〉과 곡조가 유사하며 가락이 현란하여, 그 영향을 받은 것으로 보인다. 즉, 민간음악에서 이른바 '굿거리' 〈능게타령〉과 연계되는 '자진굿거리'의 선율적 특성이 보여, 이 가락도 민간 취타 풍류음악의 영향 아래 개인적으로 변화시킨 형태일 가능성이 높아 보인다. 따라서 벽응스님은 〈요잡〉 가락도 전통성을 잘 지니고 있는 것으로 보인다.

〈악보 8〉 〈요잡〉/ 동하스님 연주

이상 〈요잡〉 및 〈법고〉 가락을 통해 민간 취타 풍류음악이 불교음악으로 수용, 전승되는 과정에서 변화되거나 새롭게 형성되는 음악적 양상을

살펴볼 수 있다. 그런데 궁극적으로는 〈요잡〉계통 가락이 민간음악보다 고제의 특징(가락이 짧고 단순 소박)이 나타나며 불교음악에서 활용도 및 그 의미가 더 커, 앞의 가락(〈천수〉·〈염불〉)들처럼 본래 불교음악에서 만들어진 가락일 가능성도 배제할 수 없다.

4. 〈취타〉·〈드렁조〉·〈능게타령〉

경제 불교의식에서 연주되는 〈취타〉, 〈드렁조〉, 〈능게타령〉은 서울, 경기지역의 대표적인 민간음악에서 수용된 가락들이다. 벽응스님은 이들 가락을 장단에서 내려와 서울에서 습득한 사실이 조사된 바도 있다. 세 가락은 중단권공의 시왕각청에서만 일련을 이루며 연주되고, 대개 〈취타〉는 이운의식에서, 〈능게타령〉은 회향의식에서 사용된다.

그런데 이 중 〈취타〉와 〈능게타령〉은 민간 취타 풍류의 〈대취타〉와 〈능게타령〉이 유입된 것이지만, 근세기 이후 다양하게 변화를 겪고 있는 민간의 가락에 비해 고제의 면모가 나타난다. 그리고 〈대취타〉에 이어 연주되는 〈드렁조〉는 민간의 취타 〈굿거리〉가 유입된 것이라지만[29] 현행 음악과는 선율이 사뭇 다르다. 이에 여기에서는 〈취타〉, 〈드렁조〉, 〈능게타령〉 순으로 그 특징을 살펴보겠다.

1) 〈취타〉

조선시대는 절대 권력자가 왕이다. 불교 의식에서는 과거 이와 같은 군주제 아래 본래 시련侍輦이 왕의 영가를 모시는 절차였다고 하며, 이로 인

29 • 이보형, 「영산재 의식에서 세속 취고수 음악의 수용 방법론」, 28~30쪽.

해 시련 행차에서 민간의 〈대취타〉를 수용한 것으로 보는 의견이 최근 대두되고 있다.[30] 現 영산재의 시련 절차에서 삼현육각을 연주하는 세악수와 함께 〈대취타〉를 연주하는 취고수가 따르는 것이 조선시대 왕실의 전통에서 비롯된 사실이 확인되기도 한다.[31] 현재는 〈취타〉가 인로왕보살引路王菩薩 및 영가靈駕를 인도하는 이운의식에서 많이 연주되고 있다.

현행 민간 〈대취타〉는 최인서 가락이 중심이 되어 전승되고 있는데, 전

30 • 시련은 현재 불보살이나 성중을 모시는 의식으로 많이 인식되고 있지만, '실제 부처님을 모시는 의식은 괘불이운이고 侍輦圖가 班次圖와 거의 같아, 본래 조선시대 임금님 영가를 모시는 의식이었다'는 주장이 최근 대두되고 있다. 장경희, 「조선시대 국행수륙재의 儀式法具 연구-왕실 의례용 공예품과의 비교를 통하여-」, 『진관사 국행수륙대재의 조명학술세미나』 제3집, (사)진관사수륙재보존회, 2010; 이성운, 「수륙재의 몇 가지 문제」, 『정토학연구』 18집, 서울: 한국정토학회, 2012.

31 • 이용식, 「영산재와 불교음악의 연구」, 『전통문화연구』 제4호, 용인: 용인대학교전통문화연구소, 2005, 95~96쪽. 이 글에서 〈정조화성행차반차도〉의 악대 행렬과 現 영산재 시련의 행렬이 매우 흡사한 사실이 확인된다.

통시대의 것과 다소 차이가 있는 사실이 확인된다.[32] 그리고 경제 불교의식의 〈취타〉와도 차이점이 좀 보이는 바, 〈취타〉는 두 스님의 가락이 흡사하여 벽응스님의 가락을 대표로 그 선율을 제시해보면 다음과 같다.

〈악보 9〉 〈취타〉/ 벽응스님 연주

32 • 이동복, 「대취타와 취타와의 관계」, 서울 : 서울대학교 석사학위논문, 1978; 강영근, 「대취타 변천 과정에 대한 연구 – 태평소 선율을 중심으로」, 서울 : 서울대학교 석사학위눈문, 1998. 〈대취타〉가 과거에는 연주자에 따라 여러 형태가 있었던 사실이 확인되며, 현재는 최인서 가락만이 남아 전승되고 있다.

(중략)

경제 〈취타〉는 근본적으로 현존 〈대취타〉와 선율 및 음악 특징이 흡사하다. 그런데 원허 및 지허스님에 따르면 "〈취타〉에서 (현존 〈대취타〉에는 탈락된) 7마루(7장)의 구분을 배웠다."고 하여, 여기에는 여전히 마루(장)의 구분이 있고, 일종의 전주곡으로 소위 '폐문가락'[33]이 있다. 폐문가락은 종지 선율이 약간 첨가되는 제1마루(1장) 전체로, "이 가락은 본래 과거 왕이 행차하기 전 주변을 환기하고 정리하는 역할을 하였고, 이때는 나발, 나각,

33• 구해스님에 의하면, '閉門가락'은 "본 가락(약 제2마루부터)을 불기 전의 마치는 가락을 의미한다."고 한다.

북 등의 반주가 없다."고 한다.[34] 폐문가락의 앞부분은 제1마루와 같아, 마무리부분만 제시해보면 다음과 같다.

〈악보 10〉 폐문가락 마무리 부분

지금 경제 불교의식에서는 이 가락을 시련 행차 전 주변을 정리할 때 연주한다. 그리고 "폐문가락은 처음 재가 시작할 때만 불고, 다른 의식에서는 모두 이른바 본 가락인 '들어내는 가락'(약 제2마루)부터 연주하며, 이때는 반주가 있다."고 한다. 현존 〈대취타〉에는 더 이상 폐문가락의 개념 및 존재가 없는데,[35] 이는 전통시대와는 달라진 연행 환경 때문이 아닐까 생각된다. 소위 '들어내는 가락'은 제2마루 앞에 조금 첨가되는 선율이 있어, 이를 제시해보면 다음과 같다.

〈악보 11〉 〈취타〉 중 '들어내는 가락' 시작부분

34 • 지허 및 원허스님 증언.

35 • 이생강 선생님은 "40~50년 전 민간에서도 '폐문가락'이라는 말이 있었다."고 증언하여, 본래 민간 〈대취타〉에서도 연주가 잘 되었던 것으로 보인다.

또한 경제 불교의식의 〈취타〉는 박자가 2소박 4박자(♩×4)로, 현재 3소박(♩.) 단위로 변화가 이루어지고 있는 〈대취타〉에 비해 고형의 특징이 나타난다. 즉, 본래 〈대취타〉는 2소박 단위인데, 1930년대 후반부터 점차 2소박과 3소박이 혼재되었으며, 현재는 3소박 단위로 많이 연주된다고 밝혀진 바 있다.[36] 필자도 채보를 통해 이를 확인할 수 있었다.(〈참고악보 10번〉 참조)

한편 현재 〈대취타〉의 출현음은 이견이 많지만,[37] 필자가 이 곡을 채보해 본 결과 㚨(a), 林(b♭), 南(c), 潢(e'♭), 汰(f), 㴌(g'), 㳞(a♭'), 淋(b♭')의 8음이며, 이 중 주요 구성음은 林(b♭), 南(c), 潢(e'♭), 汰(f), 㴌(g'), 㳞(a♭')의 6음이다. 이는 『전통음악개론』과 강영근이 본 현존 〈대취타〉의 음계와도 같다.[38] 이러한 음구조는 태평소 특유의 셈여림주법의 영향으로, 이 곡은 궁극적으로 林, 南, 潢, 汰, 㴌의 임종궁 평조를 근간으로 하며, 경토리와 음구조가 상통한다.

그리고 경제 불교음악의 〈취타〉는 현행 〈대취타〉보다 전체적으로 선율이 좀 더 단순 평이하지만, 보다 경쾌하고 구성진 가락도 있다. 그 대표적인 선율을 비교, 제시해보면 다음과 같다.

36 • 강영근, 「대취타 변천과정에 대한 연구 - 태평소 선율을 중심으로」, 22~61쪽.

37 • 정재국은 『대취타』(서울 : 은하출판사, 1996)에서 〈대취타〉는 출현음이 仲(a♭), 㚨(a), 林(b♭), 夷(b), 南(c), 潢(e'♭), 汰(f), 浹(g'♭), 㴌(g'), 㶂(a')의 10음이고, 이 중 중요음은 林(b♭), 夷(b), 潢(e'♭), 汰(f), 浹(g'♭)이라 보았다. 반면 『전통음악개론』(김해숙 · 백대웅 · 최태편 공저, 서울 : 어울림, 1997, 130쪽)에서는 林(b♭), 南(c), 潢(e'♭), 汰(f), 㴌(g'), 㳞(a♭')의 6음이 중심이 된다고 보고, 6음계의 특성을 갖는다고 밝혔다. 강영근(「대취타 변천과정에 대한 연구 - 태평소 선율을 중심으로 -」, 서울 : 서울대학교 대학원 석사학위논문, 1998)도 이와 같은 의견을 피력하였다.

38 • 김해숙 · 백대웅 · 최태편 공저, 『전통음악개론』; 강영근, 「대취타 변천과정에 대한 연구 - 태평소 선율을 중심으로 -」.

〈악보 12〉 벽응스님 〈취타〉와 현행 〈대취타〉[39] 가락

전반적으로 현행 〈대취타〉는 벽응스님의 〈취타〉보다 선율진행이 한결 다듬어지고 유려하며 좀 더 음악적 위엄이 느껴진다. 반면 벽응스님의 가락은 상대적으로 단순 소박하지만, 부점 리듬과 함께 보다 경쾌한 선율진행이 나타난다. 이러한 특징은 현재 불교의식의 〈취타〉에서만 보여, 과거 민간 〈대취타〉의 면모를 엿볼 수 있어 흥미롭다.

또한 반복할 때 되돌림하는 선율의 위치가 제2마루($부분)부터로 지금과는 조금 다르며, 제2마루의 전반부 선율이 현행보다 좀 더 길다(⌒ 표시).[40]

한편 동하스님의 〈취타〉는 벽응스님 가락과 거의 흡사하지만, 여기에서도 높은 음역의 '쇠는 가락'이 상대적으로 더 많이 나타나며 선율이 좀 더 유려하다. 그 대표적인 선율을 벽응스님 창과 비교해보면 다음과 같다.

39 • 〈대한민국 국민은 알아야 할 우리의 소리〉(KBS 미디어, 2012).

40 • 현재는 벽응스님 〈취타〉 가락으로 보면, 제2마루 두 마디 전인 제13마디부터 반복된다. 그런데 이동복(「대취타와 취타와의 관계」, 38쪽)에 의하면, 현행 〈대취타〉는 20세기 초 이병성의 〈대취타〉와 거의 같아, 이병성의 가락처럼 반복구가 제2마디(첫 번째 선율 장단)부터로 수정되어야 한다고 주장한다. 그러나 벽응스님의 〈취타〉는 이와도 달라, 과거에는 반복 방식이 연주자 또는 상황에 따라 좀 다양했던 것으로 보인다.

〈악보 13〉 벽응스님과 동하스님 〈취타〉 중 제3마루 뒷부분

요컨대, 경제 불교음악의 〈취타〉는 현존 〈대취타〉에서 없어진 폐문가락과 마루(장)의 구분이 있고, 박자 및 선율이 고조古調의 특징을 보여, 전통시대 민간 〈대취타〉의 면모를 여전히 많이 지니고 있는 것으로 보인다. 그런데 이 음악은 20세기 초 한응태[41] 및 이병성[42]의 〈대취타〉 가락과도 일부 선율 및 반복구가 조금 달라, 향후 〈대취타〉의 역사적 변천 양상을 보다 면밀히 살펴보는데 중요한 근거가 되리라 생각된다.

2) 〈드렁조〉

〈드렁조〉는 현재 중단권공의 시왕각청에서만 〈대취타〉에 이어 연주되는 가락으로, 경제 불교의식에서 다른 태평소 가락들에 비해 사용빈도가 매우 낮다. 현재 동하스님의 가락은 확인되지 않지만 벽응스님 가락과 흡사하다고 하므로, 이를 통해 그 특징을 살펴보면 다음과 같다.

41 • 윤지수, 「한응태 〈취타국거리〉의 음악적 연구」, 『한국음악사학보』 제44집, 한국음악사학회, 2010.6, 317~318쪽.

42 • 이동복, 「대취타와 취타와의 관계」, 참고악보 17~36쪽.

〈악보 14〉 〈드렁조〉 / 벽응스님 연주

(후략)

경제 태평소 음악에서 이른바 '드렁조'라 부르는 가락은, 민간의 취타 〈굿거리〉가 수용된 것으로 보지만 현행과는 선율이 사뭇 다르다. 경제 〈드렁조〉는 〈대취타〉를 굿거리장단에 맞춰 변주, 변형시킨 가락으로, 음계도 앞의 〈취타〉처럼 주요 구성음이 林(b♭), 南(c), 潢(e'♭), 汰(f), 㴢(g'), 㳞(a♭')인 임종궁 평조를 근간으로 한 6음계이지만, 현행 취타 〈굿거리〉는 사실 〈능게타령〉에 해당한다. 그런데 1920년대 초에 녹음된 한응태의 취타 〈국거리〉가 〈대취타〉와 가락이 연계되며 경제의 〈드렁조〉와 선율이 흡사한 사실이 확인된다.[43] 따라서 현행 경제 〈드렁조〉는 앞서 살펴본 〈대취타〉의 경우처럼 전통시대 취타 〈굿거리〉의 가락을 잘 유지하고 있는 것으로 보인다.

요컨대 이상의 음악적 사실들로 볼 때, 경제 불교의식의 태평소 음악은 종교음악이라는 보수성 아래 전반적으로 전통시대의 취타 가락을 잘 보존하며 전승하고 있는 것으로 판단된다.[44]

3) 〈능게타령〉

〈능게타령〉은 세속 취고수나 농악의 행진 및 무용에서 주로 연주된 음악이라, 현재 경제 불교의식에서 유일하게 여흥 기능으로 수용되었다고 알고 있지만,[45] 예전에는 〈방아타령〉, 〈태평가〉, 〈창부타령〉, 〈노랫가락〉, 〈풍년가〉, 〈양산도〉 등의 다양한 경, 서도민요들도 연주하였다고 한다.[46]

43 • 윤지수, 「한응태 〈취타국거리〉의 음악적 연구」, 291~309쪽. 이 글에는 한응태의 〈대취타〉와 취타 〈국거리〉의 음악적 관계가 상세히 비교, 분석되어 있다.

44 • 윤지수, 「한응태 〈취타국거리〉의 음악적 연구」, 310~312쪽. 이 글에는 민간 취타 풍류가 역사적으로 많이 변화된 이유를 다음과 같이 피력한다.
'구군악대가 일제 때 해산되면서 여기에 속해 있던 연주자들이 민간의 공연 활동에 참여하게 되는데, 태평소 연주자들도 마찬가지로 참여하게 되고 그 과정에서 점차 경쾌하고 화려한 음악으로 편곡하여 민간에서 연주하게 된 것으로 보인다.' 따라서 이런 이유로 취타 풍류가 불교의식의 태평소 가락에 비해 상대적으로 많은 변화를 겪으며 현재에 이르고 있는 것으로 추정된다.

45 • 이보형, 「영산재 의식에서 세속 취고수 음악의 수용 방법론」, 34쪽.

46 • 구해, 원허, 지허스님 증언. 과거 동하스님과 벽응스님은 모두 다양한 민요가락을 연주하였으며, 요즘에는 이를 잘 못 불러서 의식에서 연주하지 않는 것이라 한다.

벽응스님은 〈능게타령〉 외 〈태평가〉와 〈방아타령〉, 동하스님은 〈양산도〉를 태평소로 녹음한 음원이 확인된다.(본 절의 연구자료 참조) 이는 전통시대 대동놀이 및 답교놀이와 같은 세속 축제에서 연행된 고취악의 특징이기도 하다.[47] 그런데 이들 (통속)민요는 대개 근세기에 형성되었기 때문에, 이상 여흥 기능의 가락들은 경제 불교의식에 유입된 시기가 그다지 오래되지 않은 것으로 추정된다. 벽응스님이 "과거 영산재에서는 〈능게〉 가락을 연주하지 않았고, 현재 특별한 선율을 연주할 것이 없어서 연주한다."고 증언한 것[48]도 이러한 사실을 뒷받침해준다.

민요가락들은 현행 민요와 선율이 거의 같아, 벽응스님의 가락으로 〈능게타령(일명 〈굿거리〉)〉을 제시해보면 다음과 같다.

〈악보 15〉 〈능게타령〉/ 벽응스님 연주

47 • 호적, 나발, 북, 징, 바라와 같은 악기로 편성된 고취악(일명 취고수악)에 대한 연구는 다음 글을 참조할 수 있다. 이보형, 「吹鼓手 音樂 部門의 指示 用語를 위한 音盤考察」, 『한국음반학』 제9호, 서울 : 한국고음반연구회, 1999.

48 • 김원선, 「영산재에 연주되는 태평소 가락 분석」, 39쪽.

벽응스님이 연주한 〈능게타령〉은 〈창부타령〉, 〈꽃방아타령〉, 〈천수〉 등 여러 가락을 조합한 이충선[49]보다 지영희의 〈능게타령〉에 가깝다. 즉, 전통적인 〈능게타령〉에 해당하는데, 지영희의 가락보다 선율이 한층 간결 소박하고 음역도 전반적으로 낮다. 그리고 현재는 총 12장단을 4장단씩 초장, 중장, 종장으로 구분하지만,[50] 벽응스님은 첫째, 둘째, 셋째 가락으로 구분하면서 모두 후반부 두 장단은 후렴 가락이라 하여, 좀 더 고형의 면모가 보인다. 따라서 이 가락도 앞의 다른 가락들로 미루어볼 때, 전통성을 잘 지니고 있는 것으로 보인다.

이상 〈능게타령〉 및 민요가락들을 통해 경제의 불교 재齋의식에서도 민간의 축제처럼 일종의 푸는 가락으로 경쾌하고 밝은 민간 음악을 많이 수용, 활용하였고, 경제 태평소 음악이 민간음악(취타 풍류 및 민요)과의 활발한 교류를 통해 민중들과 소통 및 교감을 적극적으로 한 사실을 살펴볼 수 있다. 경제는, 앞서 제2, 3장에서 살펴보았듯이 범패에서도 민요가락을 많이 활용한 사실이 확인된다.

49 • 유현수, 「이충선 능게가락 선율 연구」 참조.

50 • 유현수, 「이충선 능게가락 선율 연구」, 7~15쪽.

제4장

제3절. 소결
: 경제 태평소 음악의 전승 양상

이상 본 절에서는 경제 태평소 음악의 역사 및 전승 현황과 그 특징을 면밀히 고찰해보았다. 여기에서는 이상의 내용을 토대로, 경제 태평소 음악이 오늘에 이르기까지 그 전승 양상에 대하여 논의해보겠다.

불교의식에서 취타악의 역사는 삼국시대부터 시작된 것으로 보인다. 그러나 현행과 같은 태평소 중심의 불교 취타악은 빨라도 19세기 이후에나 불교의식에서 보편화되기 시작한 것으로 보여, 現 경제 태평소 음악도 그 이후에 수용 및 활용되었을 가능성이 높다. 특히 〈능게타령〉 및 민요가락 같은 여흥 기능의 레퍼토리는 근세기 이후 수용된 것으로 보인다. 그리고 현재 전승되고 있는 경제의 대표적인 태평소 가락은 벽응스님과 동하스님의 가락인데, 벽응스님은 장단, 동하스님은 파주 출신으로, 모두 과거 개성을 중심으로 한 경기 서북부지역 불교 음악권의 영향을 많이 받았다. 개성은 예전에 태평소의 인기가 대단하여, 벽응스님은 태평소 및 전통 불교의식의 가락들(〈천수〉·〈염불〉·〈자진염불〉·〈요잡〉·〈법고〉 가락)은 그 지역에서 배운 것으로 보인다. 다만 이운의식 또는 회향의식 때 행진 및 경쾌하게 푸는 가락으로 연주되는 〈취타〉, 〈드렁조〉, 〈능게타령〉, 민요가락은 서울에서 습득한 것으로 보인다.

그런데 벽응스님은 젊었을 때 개성, 장단에서 주로 공부하고 분단이후에는 서울 백련사 및 봉원사에서 많이 활동하며 평생을 전통 범패승으로 지냈다면, 동하스님은 젊었을 때 대표적인 극장이자 연예기획사였던 단성

사에서도 태평소 주자로 잠깐 활동하며 일반 민중들의 음악적 기호를 가까이 경험했던 사실이 확인된다. 따라서 이런 배경으로 인해, 벽응스님의 태평소 가락이 불교적 전통성(소위 '고제')을 더 잘 지니고 있고, 동하스님은 민중 가락인 민요를 즐겨 활용하며 고음역에서 '쇠는 가락'을 많이 구사한 것으로 보인다. 즉, 두 스님의 태평소 가락의 차이는 '전통성'과 '대중성'의 차이로 볼 수 있을 것 같다. 현재 벽응스님의 가락은 수제자로 꼽히는 동방불교대학 교수 원허스님과 안산 천수사 주지 지허스님이 중심이 되어 계승하고 있고, 동하스님은 現 영산재 보유자인 구해스님이 주로 잇고 있다. 그런데 벽응스님이 2000년 열반하기 전에는 경제에서 그 가락의 세가 훨씬 컸지만, 현재는 동하스님 가락처럼 흥겹고 경쾌한 스타일의 가락이 대중들의 기호에 부합되며 '경제 태평소 음악의 세태'라는 말이 나오고 있다.

이에 전통성을 잘 지니고 있는 벽응스님의 가락을 중심으로 경제 태평소 음악을 살펴보면, '불교에서 태평소 가락은 부처님께 공양을 올리는 것으로 단순하고 재미없지만 근엄한 것이 가장 제 맛이다'라는 말도 있듯이,[1] 민간 취타에 비해 가락이 단순 평이하면서 꿋꿋한 불교 의식음악 특유의 특징을 잘 보여준다. 그리고 민간 취타 풍류와 연계되는 대부분의 태평소 가락들(〈천수〉, 〈염불〉, 〈요잡〉, 〈대취타〉, 〈드렁조〉, 〈능게타령〉)이 현존 취타 풍류보다 전통적인 음악 특징이 더 많이 나타나는 사실이 확인되어, 경제의 태평소 가락이 종교음악이라는 보수성 아래 전통 취타 가락을 보다 잘 유지하고 있는 것으로 보인다. 특히 전통 불교의식의 가락들(〈천수〉, 〈염불〉·〈자진염불〉, 〈요잡〉·〈법고〉)은 취타 풍류보다 음악적으로 더 진중하며 다양하고, 불교음악에서 그 기능이나 활용도가 훨씬 커, 본래 불교음악에서 만들어졌을 가능성도 보인다. 또한 과거에는 지금보다 민요가락(〈방아타령〉, 〈태평가〉, 〈양산도〉, 〈창부타령〉, 〈풍년가〉 등)을 잘 활용하여 일반 대중들과 음악적 소통을 활발하게 한 사실도 살펴볼 수 있다.

요컨대 경제 태평소 음악(벽응스님과 동하스님系)은 서울과 함께 과거 호적이 유명했던 개성 불교음악 문화권의 영향도 받았으며,[2] 서울과 개성의 경제 불교음악이 모두 민간음악(취타 풍류 및 민요)과의 활발한 교류를 통해 민중들과 소통 및 교감을 적극적으로 한 사실을 엿볼 수 있다. 그리고 작법과 범패에 있어 '태평소가 없으면 김빠진 사이다 같다'는 우스갯소리가 범패승들 사이에 있어, 재의식의 기능을 승화시키고 환희심을 일으키는데 태평소 가락의 음악적 역할과 중요성을 가늠케 한다.

1• 지허 및 원허스님 증언.

2• 다만 현재 1980년대 이전 벽응스님의 태평소 가락 자료가 발견되지 않아, 본래 서도음악어법의 특징도 있었는지 여부는 확인할 길이 없다.

참고악보 1

〈천수〉

연주 : 벽응스님
자료 : 1993년 옥천범음대 태평소 특강
채보 : 손인애

참고악보 2

〈천수〉

연주 : 동하스님
자료 : 구해스님 소장 자료
채보 : 손인애

참고악보 3

〈염불〉

연주 : 벽응스님
자료 : 1993년 옥천범음대 태평소 특강
채보 : 손인애

58
64
70
76
80
84

참고악보 4

〈염불〉

연주 : 동하스님
자료 : 구해스님 소장 자료
채보 : 손인애

(후약)

참고악보 5

〈염불〉

연주 : 한응태
자료 : 일축반 K181
채보 : 손인애

참고악보 6

〈요잡〉

연주 : 벽응스님
자료 : 1993년 옥천범음대 태평소 특강
채보 : 손인애

참고악보 7

〈요잡〉

연주 : 동하스님
자료 : 구해스님 소장 자료
채보 : 손인애

참고악보 8

〈취타〉

연주 : 벽응스님
자료 : 1993년 옥천범음대 태평소 특강
채보 : 손인애

(5마루)

(6마루)

(7마루)

rit.

참고악보 9

〈취타〉

연주 : 동하스님
자료 : 구해스님 소장 자료
채보 : 손인애

참고악보 10

〈대취타〉

자료 : 〈대한민국 국민은 알아야 할 우리의 소리〉

채보 : 손인애

참고악보 11

〈드렁조〉

창 : 벽응스님
자료 : 1993년 옥천범음대 태평소 특강
채보 : 손인애

23
25
27
29
31
33
35
37
39
41
43
45
47

49
3
51
53
55
57
59
61
63
65
67
69
71
73
75

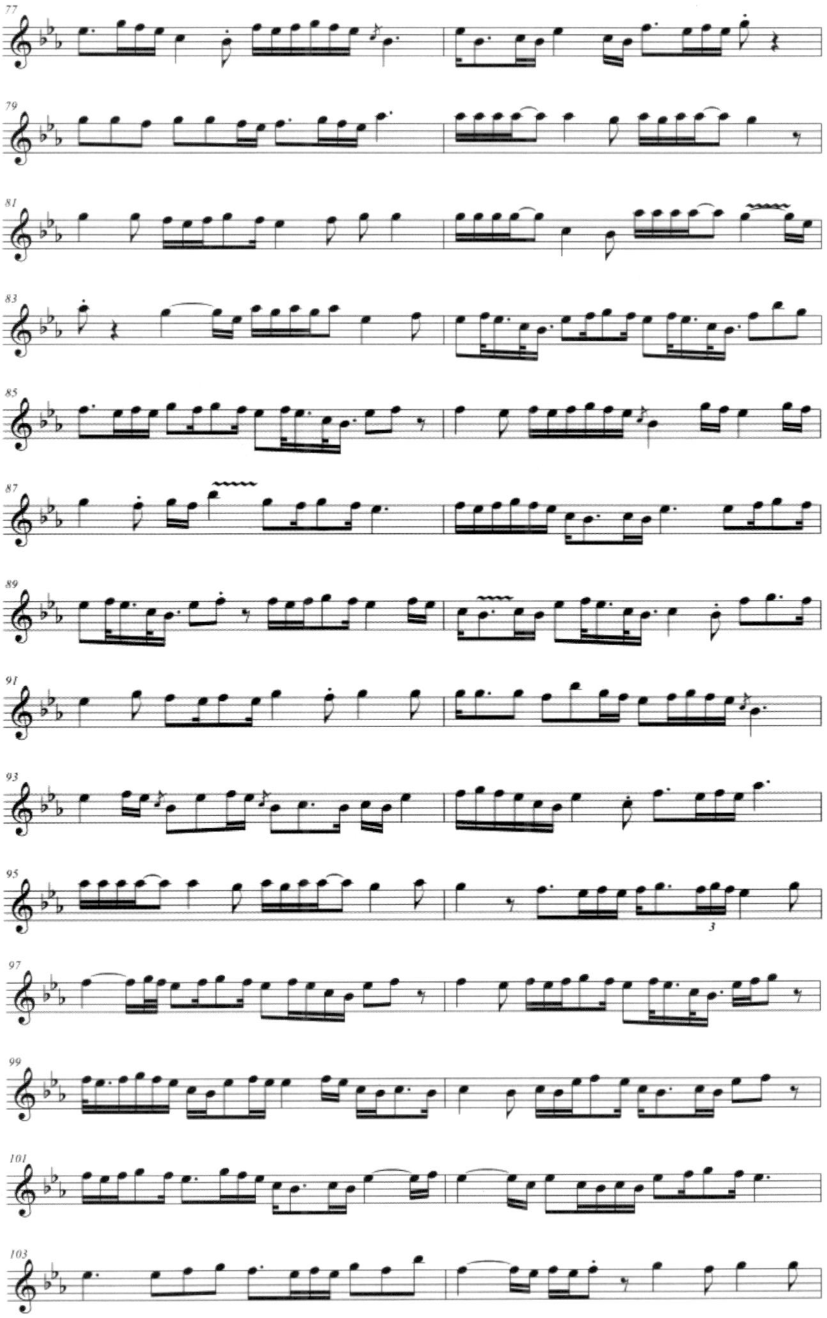

77

79

81

83

85

87

89

91

93

95

97

99

101

103

105
107
109
3
111
113

참고악보 12

〈능게타령〉

창 : 벽응스님
자료 : 1993년 옥천범음대 태평소 특강
채보 : 손인애

결론

현재 한국의 수도인 서울을 중심으로 전승되고 있는 경제 불교음악은 한국 불교의식음악 중 음악적 세와 그 영향이 가장 막대하다. 그런데 지금까지 대개 서울을 중심으로 형성, 전승되었다고 여겨졌지만, 1960~1970년대로 갈수록 서도음악어법을 근간으로 한 염불들이 많이 발견되고, 경제 어장스님들에 의하면 "경산소리는 개성소리와 서울소리가 모인 것이다", "예전에는 개성 염불이 세가 크며 매우 흥했다"고 하여, 경제에 개성지역의 불교음악이 수용되어있을 가능성을 짐작케 한다. 이에 본 책에서는 지금까지 확인된 개성지역 불교음악과 관련성이 깊은 경제 불교음악의 특징과 그 전승 양상을 종합적으로 살펴보았다. 이상 본문에서 논의한 내용을 요약하면 다음과 같다.

제1장에서는 먼저 경제와 개성지역의 불교음악이 과거 어떤 음악 문화적 상관성 아래 전승되었는지에 대해 논의해보았다. 즉, 전통시대 음악 문화적 맥락을 통해, 경제와 개성 불교음악의 밀접한 관계를 살펴보았고, 여기서 과거 개성 및 그 인근 지역과 서울 출신 스님들이 인접 음악 문화권 아래 서로 활발하게 불교음악을 교류했던 사실이 확인된다.

윗대 어장스님들에 의하면 "서울과 인천, 개성지역의 염불은 모두 '경제 범패'에 해당한다."고 하므로, 서울과 개성은 많은 불교음악이 서로 공유되었던 것으로 보인다. 그러나 '개성식'으로 했다는 일부 염불(예컨대 〈가지예성편〉, 〈삼귀의〉) 및 의식(예컨대 시련)에 대한 증언들로 볼 때, 지역 특유의 염불이나 의식도 존재했던 것으로 보인다. 한편 과거 경기 서북부 출신 범패승들(벽응(장단)·용암(개성)·법용(강화))은 모두 젊었을 때 개성에서 공부한 사실이 확인되어, 예전에는 개성지역의 불교와 범패의 세가 정말 대단했던 것으로 보인다. 구해스님은 "서울과 범패 교류가 가장 활발했던 북쪽지역은 개성이라 들었고, 내가 어렸을 때는 경제 범패에 떠는 목(수심가토리의 굵은 요성)을 넣어 많이 배웠다."고 증언하기도 한다. 현재 일부 경제 범패에 나타나는 서도음악어법 역시 그 증거로, 이는 경제에 개성에서 발생한 불교음악이 많이 수용되어있는 사실을 뒷받침해 준다.

제2장부터 제4장까지는 개성지역 불교음악과 관련성이 깊은 경제 불교음악의 특징과 그 전승 양상을 본격적으로 고찰하였다. 먼저 제2장에서는 바라춤 관련 음악들(〈복청게〉, 〈천수바라〉, 〈사다라니〉, 〈보공양진언〉·〈보회향진언〉, 〈화의재진언〉)을 살펴보았다. 가장 대표적인 바라춤 음악인 〈천수바라〉 바로 전에 부르는 게송 〈복청게〉부터 정리해보면, 〈복청게〉는 과거 현행 〈복청게〉(伏請大衆同音唱和 神妙章句大多羅尼)와 함께 장엄한 의식에서 보다 '특별하게' 연주되던 〈별복청게〉(伏請大衆 用意嚴淨 廣大圓滿 無碍大悲心 神妙章句大多羅尼)의 두 종류가 경제에서 전승되었다. 후자는 근세기에 〈복청게〉의 원형태(伏請大衆用意嚴淨 神妙章句陀羅尼)를 좀 더 발전적으로 계승한 형태로 마련되었으며, 〈복청게〉보다 선율이 좀 더 길고 가변성이 크다. 그리고 서울과 개성에서 불렀던 〈복청게〉가 크게 다르지는 않았지만, 서울보다 좀 더 선율이 첨가되는 형태가 개성에서 전승되었다. 그런데 근세기를 거치며 〈별복청게〉와 개성에서 부른 형태는 탈락되었고, 그 다양성이 축소되고 있다.

바라춤 관련 진언음악들은 모두 서도음악어법을 근간으로 형성된 같은 선율계통으로, 개성 출신인 용암스님이 부른 소리들이 대개 '원식原式의 특징'을 많이 지니고 있어, 개성에서 발생한 염불들로 판단된다. 이들 음악은 대부분 조선시대 불교의식집에 보통 염불성에 나타나는 사성점四聲點 및 방점傍點이 표기되어있어 본래 전형적인 염불가락이었을 가능성이 높아 보이고, 근세기를 거치며 오늘날과 같은 염불과 민요가락이 섞인 안채비소리로 변화된 것 같다. 이들 진언음악은 화려하고 장엄한 바라춤 반주음악의 특성이 최대한 반영되면서 여느 안채비소리와 달리 선율이 밝고 굴곡지며, 소리에 따라 환희심이 나는 흥겨운 가락을 구사하기도 한다. 그리고 모두 수심가토리(re, mi, sol, la, do')를 토대로 형성되었지만, 서울에서는 이 중 〈천수바라〉와 〈화의재진언〉은 메나리토리(mi, sol, la, do', re')로 이내 전이되었고, 〈화의재진언〉은 최근 경토리의 특징이 대두되고 있는 상황이다. 이들 염불이 먼저 지역음악어법인 경토리(sol, la, do', re', mi')가 아니라 메나리토리로 전이된 이유는 메나리토리를 근간으로 하는 불교음악의 특수성으로 볼 수 있을 것 같다. 그리고 다른 진언 반주음악들에 비해 〈천수바라〉는 상대적으로 진언의 길이가 길어서, 〈화의재진언〉은 큰 특징 없이 짧아서 경기(서울)화가 빨리 이루어진 것이 아닌가 생각게 한다. 〈사다라니〉와 〈보공양진언〉·〈보회향진언〉에는 여전히 수심가토리의 특성이 남아있지만, 점점 약화되며 이들 역시 경기(서울)화가 빠르게 진행되고 있다. 이들 진언음악은 독특하게 민요가락을 활용한 대표적인 경제 범패에 해당하여, 개성에서 (서도)민요가락을 선호했던 사실을 엿볼 수 있다. 제2장의 논의를 통해 근세기 정치, 사회, 문화적 격동기를 겪으며 경제 범패에서는 나름 시대적 어려움을 극복하고, 민요가락을 활용하여 대중들과 교감할 수 있는 쇄신된 형태의 염불들을 마련한 것을 살펴볼 수 있다.

제3장에서는 전형적인 민요가락으로 된 〈화청〉계통 음악(〈축원화청〉, 일반 〈화청〉)을 살펴보았다. 경제 〈화청〉계통 소리에는 상단과 중단의식의 마지막 회향절차에서 부르는 〈축원화청〉과 공식적인 재가 끝난 후에 4.4조의 한글 가사로 부르는 〈화청〉이 있으며, 유일하게 경제 범패에서 전형적

인 민요가락으로 이루어져있다.

〈축원화청〉은 조선시대 불교의식집에 보통 염불들처럼 사성四聲점이 표기되어있거나, 여느 안채비소리 및 홑소리처럼 가사 율격의 규칙성(7언절구)이 있어, 조선시대에는 민요가락이 아닌 순수 염불가락이었던 것으로 판단된다. 근세기까지 '축원'이라는 명칭으로 공식적인 불교의식에 속한 소리였던 점도 이러한 사실을 뒷받침해준다. 〈화청〉도 최근 현행과 달리 조선시대 불교의식집에는 순한문 가사로 되어있고 공식적인 재의식에 나타나, 염불가락이었던 사실이 밝혀진 바 있다. 그리고 이들 소리는 모두 현행과 달리 본래 서도음악어법인 수심가토리를 근간으로 하거나 그 특징이 많이 나타난다. 또한 〈축원화청〉은 개성 범패에서 발생한 〈사다라니〉와 일부 선율이 같고, 〈화청〉은 "과거 서도지역이 최고였고, 개성 신도들이 무척 좋아했다."는 어장스님들의 증언으로 볼 때, 이들 〈화청〉 계통도 모두 개성 지역 불교음악과 밀접한 연관성이 있는 것으로 보인다.

즉, 경제 〈화청〉 계통 소리는 근세기 경제, 특히 개성 불교음악 문화권에서 현행과 같은 민요가락으로 변화를 겪은 것으로 판단된다. 그리고 지금은 모두 서울 중심으로 전승되며 경기음악어법인 경토리로 전이되었다.

마지막으로 제4장은 경제에서 연주되는 태평소 음악을 살펴보았다. 감

로탱 및 조선시대 불교의식집을 통해 불교의식에서 태평소 음악의 역사를 유추해보면, 현행과 같은 태평소 중심의 불교 취타악은 일러도 19세기 이후에나 불교의식에서 보편화되기 시작한 것으로 보여, 現 경제의 태평소 음악도 그 이후에 수용 및 활용되었을 가능성이 높아 보인다. 특히 〈능게타령〉 및 민요가락 같은 여흥 기능의 레퍼토리는 근세기 이후 수용된 것으로 보인다. 그리고 현재 전승되고 있는 대표적인 경제 태평소 음악은 벽응스님과 동하스님의 가락인데, 대표적인 승려 연주자였던 벽응스님은 장단, 동하스님은 파주 출신으로, 모두 과거 개성을 중심으로 한 경기 서북부지역 불교 음악권의 영향을 많이 받았다. 개성은 예전에 태평소의 인기가 대단하여, 벽응스님은 태평소 및 전통 불교의식의 가락들(〈천수〉·〈염불〉·〈자진염불〉·〈요잡〉·〈법고〉 가락)은 그 지역에서 배운 것으로 보인다. 다만 이운의식 또는 회향의식 때 행진 및 경쾌하게 푸는 가락으로 연주되는 〈취타〉, 〈드렁조〉, 〈능게타령〉, 민요가락은 서울에서 습득한 것으로 보인다. 그런데 벽응스님은 젊었을 때 개성, 장단에서 주로 공부하고 분단이후에는 서울 백련사 및 봉원사에서 많이 활동하며 평생을 전통 범패승으로 지냈다면, 동하스님은 젊었을 때 대표적인 극장이자 연예기획사였던 단성사에서도 태평소 주자로 잠깐 활동하며 일반 민중들의 음악적 기호를 가까이 경험했던 사실이 확인된다. 따라서 이런 배경으로 인해, 벽응스님의 태평소 가락이 불교적 전통성(소위 '고제')을 더 잘 지니고 있고, 동하스님은 민중 가락인 민요를 즐겨 활용하며 고음역에서 '쇠는 가락'을 많이 구사한 것으로 보인다. 즉, 두 스님의 태평소 가락의 차이는 '전통성'과 '대중성'의 차이로 볼 수 있을 것 같다.

현재 벽응스님의 가락은 수제자로 꼽히는 동방불교대학 교수 원허스님과 안산 천수사 주지 지허스님이 중심이 되어 계승하고 있고, 동하스님은 現 영산재 보유자인 구해스님이 주로 잇고 있다. 그런데 벽응스님이 2000년 열반하기 전에는 경제에서 그 가락의 세가 훨씬 컸지만, 현재는 동하스님 가락처럼 흥겹고 경쾌한 스타일의 가락이 대중들의 기호에 부합되며 '경제 태평소 음악의 세태'라는 말이 나오고 있다.

이에 전통성을 잘 지니고 있는 벽응스님의 가락을 중심으로 경제 태평소 음악을 살펴본 결과, '불교에서 태평소 가락은 부처님께 공양을 올리는 것으로 단순하고 재미없지만 근엄한 것이 가장 제 맛이다'라는 말도 있듯이, 민간 취타에 비해 가락이 단순 평이하면서 꿋꿋한 불교 의식음악 특유의 특징을 잘 보여준다. 그리고 민간 취타 풍류와 연계되는 대부분의 태평소 가락들(〈천수〉, 〈염불〉, 〈대취타〉, 〈드렁조〉, 〈능게타령〉)이 현존 취타 풍류보다 전통적인 음악 특징이 더 많이 나타나, 경제의 태평소 가락이 종교음악이라는 보수성 아래 전통 취타 가락을 보다 잘 유지하고 있는 것으로 보인다. 특히 전통 불교의식의 가락들(〈천수〉, 〈염불〉·〈자진염불〉, 〈요잡〉·〈법고〉)은 취타 풍류보다 음악적으로 더 진중하며 다양하고, 불교음악에서 그 기능이나 활용도가 훨씬 커, 본래 불교음악에서 만들어졌을 가능성도 보인다. 또한 과거에는 지금보다 민요가락(〈방아타령〉, 〈태평가〉, 〈양산도〉, 〈창부타령〉 등)을 잘 활용하여 일반 대중들과 음악적 소통을 활발하게 한 사실도 살펴볼 수 있다.

즉, 경제 태평소 음악(벽응스님과 동하스님系)은 서울과 함께 개성 불교음악 문화권의 영향도 받았으며, 서울과 개성의 경제 불교음악이 모두 민간음악(취타 풍류 및 민요)과의 활발한 교류를 통해 민중들과 교감 및 소통을 적극적으로 했던 사실을 엿볼 수 있다. 그리고 작법과 범패에 있어 '태평소가 없으면 김빠진 사이다 같다'는 우스갯소리가 범패승들 사이에 있어, 재의식의 기능을 승화시키고 환희심을 일으키는데 태평소 가락의 음악적 역할과 중요성을 가늠케 한다.

이상 현재까지 발견된 개성지역에서 발생한 염불의 특징을 보면, 음악적으로 상당히 짜임새 있고 구성진 소리들이 많다. 예컨대 경제에서 재 의식의 하이라이트를 많이 이루는 바라춤 관련 진언 반주음악(〈천수바라〉, 〈사다라니〉, 〈화의재진언〉, 〈보공양진언〉, 〈보회향진언〉)은 모두 개성 범패에서 비롯된 것이다. 또한 민중들과 소통이 잘 되면서 그들에게 음악적 전달력인 좋은 민요가락을 많이 활용한 사실도 확인된다. 바라춤 관련 진언 반주음악은 보통 안채비소리와 달리 민요가락의 특징이 섞여있으며, 〈화청〉계통(〈축원화청〉과 〈화청〉) 소리는 재 의식에서 유일하게 전형적인 경쾌한 민요가락으로 되어있다. 그런데 이들 염불은 모두 현재 분단이라는 현실 아래 빠르게 서울화(서도음악어법→경기음악어법)가 진행되고 있다. 그리고 경제의 대표적인 반주음악인 태평소 가락도 '호적이 유명했던' 개성 불교음악의 영향을 받았으며, 여기서도 민간음악을 적극 활용한 사실을 살펴볼 수 있다.

현재 남한과 북한의 중요한 완충지역의 역할을 하고 있는 개성은 과거 불교 왕조였던 고려의 수도로 불교의 세와 영향력이 매우 컸던 지역인데, 경제에 수용된 음악들로 볼 때 불교 의식음악에서도 그 영향이 지대했던 것으로 보인다. 또한 개성의 불교의식음악은 회중들을 위한 화창하고 친숙한 가락을 통해 보다 효과적인 교화의 방편으로 활용되어, 상구보리上求菩提 하화중생下化衆生이라는 보살의 수행도가 잘 발현되는 면모를 살펴볼 수 있다. 이는 장엄하고 어려운 의식내용으로 회중들과의 소통이 원활하지 못해 점점 전승의 어려움을 겪고 있는 現 불교의식음악에 시사해 주는 바가 크다고 생각된다.

A Study on the Interrelationship Between Gyeongje and Gaeseong Buddhist Music

Gyeongje Buddhist music京(山)制 佛教音樂, as currently transmitted around Seoul and its vicinity, is the most influential of all forms of Korean Buddhist ritual music. Although largely thought to have originated and developed around Seoul, Yeombul displayed more traces of Seodo musical language around the 1960s and 1970s, and monks who teach the music also suggest that it has been influenced by the Buddhist music of Gaeseong. This book is an overview of the characteristics and transmission of Gyeongje Buddhist music, which has a great deal to do with the Buddhist music of Gaeseong. The following is a summary of the book:

Chapter 1 examines how the Buddhist music of Seoul and Gaeseong were mutually influential as they developed in the past. It looks into the close relations between the two in the context of traditional musical culture, and reveals that monks from the two cities and their vicinities actively engaged in musical exchange. The two regions appear to have shared a large amount of Buddhist music in common, seeing that older monks have verified that Yeombul of the Seoul, Incheon, and Gaeseong areas can all be classified into the genre of Gyeongje Beompae. But there are also testimonies as to the regional characteristics of some Yeombul and rituals (e.g. Gaeseong style). Evidence of young Beompae monks, who were originally from the northwestern part of Gyeonggi Province, studying in Gaeseong suggests that the city once exercised an immense influence in Buddhism and Beompae. Monk Guhae has added that when he was young he heard the northern city of Gaeseong was the one most actively exchanging Beompae with Seoul and that he would learn to add thick vibration (characteristic of Susimgatori) when he was young. The vestiges of Seodo musical language present in some forms of modern-day Gyeongje Beompae bolster the fact that Gyeongje incorporated a good deal of the Buddhist music from Gaeseong.

Chapters 2 through 4 closely examine the transmission of Gyeongje Buddhist music. Chapter 2 covers a repertoire for Bara dance. Bokcheongge 福請偈 is sung immediately before Cheonsubara千手哮囉, the most representative piece of music for Bara dance. In the past, a "special" variation entitled Byeolbokcheongge別福請偈 would be sung at solemn rituals, in which the two versions were incorporated into Gyeongje. Byeolbokcheongge over time inherited the original form of Bokcheongge, becoming longer and more flexible. Although there were few differences between the two variations of Bokcheongge sung in Seoul and Gaeseong, that of Gaeseong had additional melodic elements, but it eventually disappeared, as did Byeolbokcheongge, so that only the Seoul variation remains.

Bara dance was most typically accompanied by such songs as Cheonsubara 千手哮囉, Sadarani四多羅尼, Bogongyang Jineon普供養眞言, Bohoeyang Jineon 普回向眞言, and Hwauijae Jineon化依財眞言, which were based upon the Seodo mode of Susimgatori. Of all the renditions, those sung by a monk from Gaeseong, named Yongam, had the most traits characteristic of the original form, reinforcing the belief that the Yeombul songs originated in his hometown. Furthermore, Bara music in its entirety employs the four tones 四聲 of classic Chinese like general Buddhist chants in ancient literature, which implies that Gyeongje Bara music was derived from the typical

Buddhist chant and has developed into its current style: a combination of Buddhist chant and folk vocal music, and more recently an addition of Gyeonggi provincial music.

Chapter 3 covers Hwacheong和請 versions which are related to the Buddhist music of Gaeseong: Chugwon Hwacheong祝願和請 and Hwacheong 和請 are the only official Buddhist chants embracing the typical style of Gyeonggi folk songs. The Hwacheong versions adhered to strict rules for the text and the use of Chinese four tones much as Bara music did. They are also said to have been well known in the Seodo region and popular with the residents of Gaeseong as they were based upon Susimgatori. It is thus reasonable to conclude that they were derived from the typical Buddhist chant, and have subsequently evolved into the current style in Gaeseong, and more recently an addition of Gyeonggi provincial music as Bara music did.

The book concludes with an investigation into the origin and main characteristics of Gyeongje taepyeongso太平簫 music, which was practiced mostly by Monks Byeogeung and Donghwa until the 20th century. The two men were born and performed in Gaeseong, where taepyeongso music was popular, again suggesting that Gyeongje taepyeongso music had been influenced by the Buddhist music of both Gaeseong and Seoul. The music of Gaeseong was particularly famous for its use of the taepyeongso. Byeongeung's renditions, however, had more traditional elements than Donghwa's, and served as a reference point for of Gyeongje taepyeongso music's simplification and establishment as religious music. It is now assumed to have developed from secular music, Chwita吹打. While pieces such as Daechwita大吹打, Deureongjo드렁조, Neungge taryeong능게타령, all performed on the periphery of Chwita, have secular origins, Cheonsu千手, Yeombul念佛, and Yojab繞匝, part of the traditional Buddhist ceremony, were characteristic Buddhist compositions. By incorporating melodies from popular folk songs, Gyeongje taepyeongso music resonated with wider audiences.

Since the early 20th century, Gyeongje Buddhist ritual chants have taken on new forms in the process of their restoration. That this restoration was influenced by the music of Gaeseong is important, because it was widespread at the time, and in turn, helped disseminate Buddhism. The city of Gaeseong, currently serving as a buffer zone between North and South Korea, was once the capital of the ancient Buddhist kingdom of Goryeo. This realm seems to have been immensely influential on Buddhist ritual music, as its own music was incorporated into Gyeongje. The accessible melodies of Gaeseong Buddhist ritual music were useful in proselytizing Buddhism because they embodied a search for enlightenment and mercy 上求菩提 下化衆生.

참고문헌

□ 보고서 및 자료집

강우방, 김승희, 『감로탱』, 예경, 1995.

『고려사』 권93 열전 제6.

김한규(은파), 『상용천도집』, 범음범패제작연구소, 불기 2541(1997).

박세민 편, 『한국불교의례총서』 권4, 삼성암, 1993.

『불교의식』, 국립문화재연구소, 1989.

백파 긍선 편, 刊者 미상, 『作法龜鑑』, 서울대학교 규장각 소장, 1929.

안진호 편, 『석문의범』, 법륜사, 1931.

이보형, 「한국의 종교음악(2)」, 『하룡남 불교음악』 해설집, 서울음반, 1994.

장상철(일암), 『상주권공 음보』, 태고종 실상사, 1970~80년대.

정창관 국악CD음반세계 www.gugakcd.kr 정창관국악녹음집(13) 〈오한수의 국악세계〉.

『한국전통음악자료분류법』 '불교음악' 항, 국립문화재연구소, 1997.

홍윤식, 「범패자료조사기」, 『문화재』 제2집, 국립문화재연구소, 1966.

_____, 무형문화재 조사보고서 제65호 「화청」, 국립문화재연구소, 1969.

慧空, 『범패 상주권공 제반의식집』 1권, 한국불교전통의식대학, 2005.

□ 단행본

김성배, 『한국불교가사의 연구』, 아세아문화사, 1973.

김용환 · 윤소희 공저, 『신라의 소리 영남범패』, 정우서적, 2010.

김응기(법현), 『영산재 연구』, 운주사, 1997.

__________, 『불교무용』, 운주사, 2002.

__________, 『불교음악감상』, 운주사, 2005.

__________, 『한국의 불교음악』, 운주사, 2005.

__________, 『불교의식음악악보』 Ⅰ · Ⅱ · Ⅲ, 운주사, 2012.

__________, 『불교의식음악연구』, 운주사, 2012.

김종진, 『불교가사의 연행과 전승』, 이회문화사, 2002.

김종형(능화), 『천수바라무』, 한국불교무용연구소, 2002.

__________, 『한국의 불교무용』, 푸른세상, 2006.

김해숙 · 백대웅 · 최태편 공저, 『전통음악개론』, 어울림, 1997.

박범훈, 『한국불교음악사연구』, 장경각, 2000.

송경록, 『북한 향토사학자가 쓴 개성이야기』, 푸른숲, 2000.
심상현(만춘), 『불교의식각론』 Ⅲ, 한국불교출판부, 2001.
__________, 『불교의식각론』 Ⅴ 常住勸供(上), 한국불교출판부, 2001.
__________, 『한국불교각론』 Ⅱ 시련 · 재대령 · 관욕, 한국불교출판부, 2002.
이상보, 『한국불교가사전집』, 민속원, 1996.
임근동, 『신묘장구대다라니강해』, 솔바람, 2002.
임기중, 『불교가사연구』, 동국대학교출판부, 2001.
임봉식, 『開城誌』, 경인문화사, 2000.
정재국, 『대취타』, 은하출판사, 1996.
채해련, 『영산재와 범패』, 국학자료원, 2011.
_____, 『영산재와 선율』, 국학자료원, 2011.
한만영, 『한국불교음악연구』, 서울대출판부, 1992.
홍윤식, 『영산재』, 대원사, 2001.

□ 논문

강영근, 「대취타 변천과정에 대한 연구 - 태평소 선율을 중심으로」, 서울대학교 석사학위눈문, 1998.
김민재, 「중요 무형문화재 제50호 영산재 바라춤 음악 연구」, 동국대학교 문화예술대학원 석사학위논문, 2007.
김응기(법현), 「불교무용 천수바라춤의 반주음악 채보」, 『불교문화연구』 제3집, 동국대학교경주사학 국사학회, 2002.
__________, 「영산재 작법무 범패의 연구」, 원광대 음대 박사학위논문, 2004.
김원선, 「영산재에 연주되는 태평소 가락 분석」, 동국대학교 문화예술대학원 석사학위논문, 1998.
김정림, 「취타계열 음악 연구 - 유예지 이후 현행까지 - 」, 이화여자대학교 박사학위논문, 2008.
김현주, 「영산재 바라춤에 관한 연구」, 숙명여자대학교 전통예술대학원 석사학위논문, 2007.
노명열(혜일), 「불교 법고 리듬에 관한 연구」, 중앙대학교 석사학위논문, 2007.
__________, 「현행 생전예수재와 조선시대 생전예수재 비교 고찰 : 의식 절차와 음악을 중심으로」, 중앙대 박사학위논문, 2010.
__________, 『불교, 화청의식 복원에 관한 연구』, 북랩, 2013.
노재명, 「20세기 한국전통불교음악 음반 총목록과 인간문화재 증언자료」, 『한국음반학』 제11호, 한국고음반연구회, 2001.
박유진, 「민속 취타풍류 중 취타, 별곡타령 선율비교 연구 - 해금과 피리 선율을 중심으로 - 」, 중앙대학교 석사학위논문, 2011.
백일형, 「범패의 종지형」, 『국악원논문집』 제5집, 국립국악원, 1993.
_____, 「불교 음악의 짜임새 : 짓소리를 중심으로」, 『한국음악연구』 제22집, 한국국악학회, 1994.
백재화, 「영산재 바라춤 연구」, 동덕여자대학교 석사학위논문, 1998.
서정매, 「천수바라의 리듬구조에 관한 연구」, 『영산재학회논문집』 제7집, 옥천범음대학, 2009.
_____, 「영남지역에 전승되는 〈복청게〉 선율 연구 - 부산 · 마산 · 밀양을 중심으로 - 」, 『한국음악문화연

구』 제3집, 한국음악문화학회, 2012.
성기련, 「화청 회심곡과 염불 회심곡」, 『한국음반학』 제9호, 한국고음반연구회, 1999.
손인애, 「경기민요 방아타령 연구」, 서울대학교 석사학위논문, 2000.
_____, 「20세기 전・후반기 경・서도 통속민요의 변모 양상」, 『경기전통예술 시리즈 Ⅱ - 경기잡가』, 경기도국악당, 2006.
_____, 「19세기 말, 20세기 초 경・서도 통속민요 형성의 일면 - 〈원・중・자진 난봉가〉를 중심으로 - 」, 『한국음반학』 제18호, 한국고음반연구회, 2008.
_____, 「불교 축원화청 연구」, 『영산재학회 논문집』 제7집, 옥천범음대학, 2009.
_____, 「경제 〈四多羅尼〉 연구」, 『한국음악사학보』 제44집, 한국음악사학회, 2010.6.
_____, 「경제 홑소리 〈보공양진언〉과 〈보회향진언〉 연구」, 『한국음악사학보』 제46집, 한국음악사학회, 2011.6.
_____, 「범패 〈천수바라〉의 음악 형성사적 연구 - 경제와 개성 및 영남제 〈천수바라〉를 중심으로」, 『한국음반학』 제21호, 한국고음반연구회, 2011.
_____, 「개성 범패 〈천수바라〉 연구 - 개성 출신 용암스님 창을 대상으로」, 『한국음악연구』 제51집, 한국국악학회, 2012.6.
_____, 「경제 〈복청게〉계통 소리의 음악사적 연구」, 『한국음악사학보』 제48집, 한국음악사학회, 2012.6.
_____, 「20세기 전반기 〈회심곡〉의 전승 양상」, 『한국민요학』 제37집, 한국민요학회, 2013.4.
_____, 「불교음악 〈화청〉의 음악사적 연구 - 서울, 경기일대(경제) 소리를 중심으로」, 『한국음악사학보』 제50집, 한국음악사학회, 2013.6.
_____, 「京制 불교음악의 태평소 가락 연구 - 벽응스님의 가락을 중심으로」, 『한국음악연구』 제54집, 한국국악학회, 2013.12.
심상현(만춘), 「작법무 거행의 배경과 의의 - 영산재를 중심으로」, 한국공연문화학회 편, 『영산재의 공연문화적 성격』, 박이정, 2006.
유현수, 「이충선 능게가락 선율 연구」, 서울대학교 석사학위논문, 2010.
윤소희, 「영남범패 전승에 관한 연구」, 『한국음악사학보』 제41집, 한국음악사학회, 2008.12.
_____, 「영남범패 분석 연구 : 국립문화재연구소 희귀음반 『영남범패』를 통하여」, 『한국음악사학보』 제48집, 한국음악사학회, 2012.6.
윤지수, 「한응태 〈취타국거리〉의 음악적 연구」, 『한국음악사학보』 제44집, 한국음악사학회, 2010.6.
이동복, 「대취타와 취타와의 관계」, 서울대학교 석사학위논문, 1978.
이보형, 「경・서토리 음구조 유형에 관한 연구」, 국립문화재연구소, 1992.
_____, 「리듬형의 구조와 그 구성에 의한 장단분류 연구」, 『한국음악연구』 제23집, 한국국악학회, 1995.
_____, 「장단의 여느리듬형에 나타난 한국음악의 박자구조 연구」, 『국악원논문집』 제8집, 국립국악원, 1996.
_____, 「吹鼓手 音樂 部門의 指示 用語를 위한 音盤考察」, 『한국음반학』 제9호, 한국고음반연구회, 1999.
_____, 「토리의 개념과 유용성」, 『韶巖權五聖博士回甲紀念 音樂學論叢』, 민속원, 2000.
_____, 「조선말기 사찰 밖의 불교음악개관」, 『한국전통음악학』 제6호, 한국전통음악학회, 2005.
_____, 「영산재 의식에서 세속 취고수 음악의 수용 방법론」, 제6회 동아시아 불교음악 국제학술회의, 2009.
이성운, 「수륙재의 몇 가지 문제」, 『정토학연구』 18집, 한국정토학회, 2012.

_____, 「전통수륙재 복원을 위한 고찰」, 『봉은사수륙재세미나 자료집』, 2013.8.14.
이숙희, 「불교 취타악의 형성 배경」, 『한국음악연구』 제37집, 한국국악학회, 2005.
이연경(도경), 「사다라니 바라춤에 관한 연구 - 경제와 완제의 비교를 통하여」, 동국대 문화예술대학원 석사학위논문, 2009.
_________, 「경제 四多羅尼 바라춤에 관한 연구」, 제6회 동아시아 불교음악 국제학술대회, 2009.12.
이용식, 「영산재와 불교음악의 연구」, 『전통문화연구』 제4호, 용인대학교전통문화연구소, 2005.
_____, 「불교의식의 태평소 음악」, 제6회 동아시아 불교음악 국제학술회의, 2009.
이종미, 「화청의 지역별 음악특성 연구」, 단국대학교 박사학위논문, 2010.
이진희, 「길타령계 음악의 변주 양상」, 한양대학교 석사학위논문, 2003.
임미선, 「호남 범패의 전승과 특징 - 전북 영산작법을 중심으로」, 『한국음악연구』 제38집, 한국국악학회, 2005.12.
장경희, 「조선시대 국행수륙재의 儀式法具 연구 - 왕실 의례용 공예품과의 비교를 통하여 - 」, 『진관사 국행수륙대재의 조명학술세미나』 제3집, (사)진관사수륙재보존회, 2010.
장휘주, 「범패 반짓소리 연구」, 『영산재학회 논문집』 제4집, 옥천범음대학, 2006.
_____, 「영산재의 齋儀구조와 음악적 짜임새」, 『공연문화연구』 제12집, 한국공연문화학회, 2006.
_____, 「화청의 두 유형 - 축원화청과 불교가사 화청」, 『이화음악논집』, 이화여대 음악연구소, 2006.
_____, 「범패 홋소리의 음조직 유형 연구」, 『한국음악연구』 제45집, 한국국악학회, 2009.6.
정남근(지현), 「불교의식과 태평소에 관한 연구」, 동국대학교 문화예술대학원 석사학위논문, 2000.
정영서(탄봉), 「재의식의 태평소 선율에 관한 연구 - 중요무형문화재 제50호 영산재를 중심으로」, 동국대학교 문화예술대학원 석사학위논문, 2010.
차형석, 「〈四多羅尼〉의 음악적 연구」, 『한국음악연구』 제48집, 한국국악학회, 2010.12.
_____, 「범패 경문의 사설에 표기된 부호의 음악적 해석」, 『한국음악연구』 제50집, 한국국악학회, 2011.12.
_____, 「유치성의 '직촉' 연구」, 『한국음악문화연구』 제3집, 한국음악문화학회, 2011.
_____, 「경제 안채비소리 '성聲'에 대한 연구」, 한양대학교 박사학위논문, 2013.
한만영, 「범패 짓소리와 홋소리의 비교연구 - 특사가지에 기하여」, 서울대학교 석사학위논문, 1969.
_____, 「허덜품에 관하여 : 박운월소장 판본 동음집을 중심으로」, 『한국음악연구』 제1집, 한국국악학회, 1971.
_____, 「동음집에 관한 연구 - 박운월소장 석본동음집에 기하여」, 『한국음악연구』 제5집, 한국국악학회, 1975.
_____, 「불교음악개설」, 「홋소리의 〈聲〉과 形式」, 「동음집의 복원」, 「화청과 고사염불」, 『한국불교음악연구』, 서울대출판부, 1980.
한정미(해사), 「불교의식의 작법무 연구」, 동국대학교 문화예술대학원 석사학위논문, 2010.
황인식, 「국립국악원 취타와 민속풍류 취타의 선율 비교 연구 - 피리 선율을 중심으로」, 단국대학교 석사학위논문, 2002.
황준연, 「범패 짓소리 선율의 구조와 미」, 『영산재학회 논문집』 제5집, 옥천범음대학, 2007.

찾아보기